KB163534

아이의 인성을
꽃피우는 두뇌 코칭

아이의 인성을
꽃피우는 두뇌 코칭

다니엘 J. 시겔 · 티나 페인 브라이슨 지음

김선희 · 김창기 옮김

행복
포럼

한 가지 질문

씨리얼 그릇이 부엌을 가로질러 날아가고 우유가 튀며 온 벽이 씨리얼 범벅이 된다.

뒷마당에서 달려 들어온 개에게 납득할 수 없는 푸른색 페인트가 칠해져 있다.

자녀들 중 한 명이 동생을 위협한다.

이 달에만 교장 선생님으로부터 세 번째 호출 전화를 받는다.

여러분은 어떻게 하겠는가?

여러분이 대답하기 전에, 우리는 자녀교육에 관해 여러분이 알고 있는 것을 모두 잊어버릴 것을 요청한다. 여러분이 생각하는 그 단어의 의미를 잊어라. 그리고 자녀가 예상치 못한 행동을 할 때 부모가 어떻게 반응해야 하는가에 관해 여러분이 들은 얘기는 잊어라.

대신에 자신에게 한 가지 질문을 하라. "나는 다른 자녀교육 방법에도 최소한 열린 생각을 가지고 있는가?" 즉, 자녀를 좋은 사람(행복하고, 성공적이며, 친절하고, 책임감 있으며, 자기 관리까지 잘 하는 사람)으로 만드는 장기 목표뿐 아니라, 이 순간 자녀가 옳은 일을 하게 만드는 눈앞의 목표 달성에 유용한 방법들에 대해서, 나는 열린 생각을 가지고 있는가?

만약 그렇다면 이 책은 여러분을 위한 것이다.

핵심용어 정리

이 책을 읽기에 앞서 독자 여러분의 이해를 돕기 위해 이 책의 핵심 용어를 간략하게 정리한다. (편집자)

● '노 드라마no-drama' 자녀교육: 드라마 같은 상황(울고, 고함 치고, 속상하고, 죄책감 느끼는 것 등)이 아닌, 평온 침착한 상태에서의 자녀교육.

● '전체 두뇌whole-brain' 자녀교육: 뇌의 일부가 아닌, 뇌의 전부를 골고루 잘 사용하고 잘 발달시키는 자녀교육.

● 두뇌 이동: 자녀교육 상황에서 부모와 자녀 모두는 처음에 아래층 뇌(감정 담당)에 따라 반응하기 쉽다. 이때 아래층 뇌 대신 위층 뇌(이성 담당)가 상황을 주도하도록, 두뇌 활동의 중심을 아래층 뇌에서 위층 뇌로 급속히 이동시키는 것. 영어 동사는 redirect.

● 유대감 형성: 부모와 자녀 사이에 정서적 일체감과 공감을 형성하는 것. 영어 동사는 connect.

● 1-2-3 자녀교육: 두뇌 이동을 할 때 하나의 정의定義, 두 가지 원칙, 세 가지 바라는 성과에 초점을 맞추는 자녀교육법.

▮목차

'노 드라마' 자녀교육

뇌 형성기에 아이와의 협력 촉진하기

여러분은 결코 혼자가 아니다.

자녀와 말다툼은 적게 하면서, 서로 존중하는 태도로 대화하는 것이 당혹스러운가. 어린 자녀를 2단 침대의 위층으로 올라가지 못하게 하거나, 현관 벨소리를 듣고 나가기 전에 옷을 입게 하는 방법을 알지 못하는가. 같은 말(가령 "서둘러라. 학교 늦겠다."처럼)을 반복해야 하는 것에 좌절감을 느끼는가. 취침 시간이나 숙제, TV · 영화 시청 시간마다 아이들과 매번 씨름하는가.

만약 이 같은 어려움 중 어느 하나라도 경험했다면, 여러분은 결코 혼자가 아니다. 여러분이 이상한 것은 결코 아니다. 여러분은 자신이 누구인가 알고 있다. 부모. 인간, 그리고 부모이다. 자녀를 어떻게 키울 것인가를 이해하는 것은 어려운 일이다. 단지 그뿐이다. 모든 일이 너무 자주 이렇게 진행된다. 아이들은 해서는 안 되는 일을 한다. 우리는 화를 낸다. 그들은 속이 상한다. 눈물이 흐른다(종종 그것은 아이들의 눈물이다).

그것 때문에 우리는 진이 빠진다. 그것은 우리를 화나게 한다. 그것에는 드라마의 상황(고함 치고, 속상하고, 죄책감 느끼며, 머리 아프고, 그리고 단절되는 것 등)이 모두 들어가 있다. 자녀와 힘든 고통의 시간을 보낸 뒤에 여러분은 "이보다 더 잘 할 수 없을까? 나 자신을 더 잘 다룰 수 없을까? 더 효율적인 부모가 될 수 없을까? 상황을 더 혼란스럽게 만들지 않고 진정시키는 방식으로 자녀교육을 할 수 없을까?"라고 묻는 자신을 발견한 적이 있는가?

여러분은 그 나쁜 행동을 중단하기를 원한다. 자녀와의 관계를 소중히 하고 관계를 강화하는 방식으로 반응하기를 원한다. 여러분은 관계 형성을 원하지 관계 손상을 원하지 않는다. 드라마의 상황을 줄이기를 원한다.

여러분은 할 수 있다.

사실 이것이 이 책의 핵심 메시지이다. 여러분은 존중과 보살핌이 충만한 자녀교육을 할 수 있다. 하지만 그것 또한 분명하고 일관성 있는 한계 설정을 필요로 한다. 달리 말해 여러분은 더 잘 할 수 있다. 여러분은 자녀와 좋은 관계를, 높은 존중심을 유지하면서도 드라마 같은 상황이나 갈등이 적은 방식으로 자녀교육을 할 수 있다. 그 과정에서 여러분은 좋은 관계의 기술을 발전시킬 수 있다. 또 자녀가 좋은 결정을 내리고, 타인을 배려하며, 일생의 성공과 행복을 준비할 능력을 갖추게 할 수 있다.

우리는 전 세계 수많은 부모들에게 이야기해 왔다. 그들에게 뇌의 기본 법칙들과 그것이 자녀와의 관계에 어떤 영향을 미치는가를 가르쳤다. 그리고 부모들이 얼마나 간절하게, 더 존중심을 갖고 더 효율적인 방식으로 자녀의 행동을 다루는 방법을 알고 싶어 하는지를 봐 왔다.

부모들은 자주 고함치는 것, 자녀들이 속상하는 것을 보는 것, 자녀들이 계속 잘못된 행동을 하는 것에 지쳐 있다. 이런 부모들은 자신이 사용하길 원치 않는 교육법을 알고 있다. 반면에 자신이 사용해야 할 교육법은 알지 못한다. 그들은 자상하고 사랑이 충만한 방식으로 교육하기를 원한다. 그러나 자녀를 자신이 원하는 방식으로 행동하게 만들어야 하는 현실에 부딪히면 피곤함과 당혹감을 느낀다. 그들은 효과 있고 동시에 자신이 좋은 기분을 느낄 수 있는 자녀교육법을 원한다.

이 책에서 우리는 여러분에게 '노 드라마no-drama, 전체 두뇌whole-brain' 교육법을 소개할 것이다. 이 방법은 자녀교육에서 전형적으로 나타나는 흥분 상황과 격해진 감정의 대부분을 피할 수 있는 원칙과 전략을 제공한다. 결과적으로 부모로서 여러분의 삶은 훨씬 수월해지며 자녀교육은 더 효과적으로 바뀔 것이다. 더 중요한 것은 현재뿐 아니라 일생에 걸쳐 자녀에게 중요한 정서와 사회적 기술을 계발하는 신경 연결망을 자녀의 뇌에 형성하게 된다는 점이다. 자녀와의 관계를 강화하는 것은 물론이다.

훈육이 요구되는 순간이 사실은 자녀교육에서 가장 중요한 시점이다. 즉, 우리가 가장 강력하게 자녀를 만들어 나갈 수 있는 기회이다. 우리는 여러분이 이런 사실을 깨닫길 바란다. 자녀교육에서 힘든 일들이 생기더라도 여러분은 그것을 단순히 화, 좌절, 흥분 상황이 가득한 어려운 시간으로 보지 않게 된다. 대신 자녀와의 유대를 강화하고, 자녀가 자신과 가족 모두에게 유익한 행동을 하도록 변화시키는 기회로 여기게 될 것이다.

만약 여러분이 아이의 성장·복지에 책임 있는 교육자, 치료사, 코치라면 이 같은 기술이 여러분의 학생, 환자, 고객, 팀에게도 효과가 뛰어나다는 사실을 알게 될 것이다. 두뇌에 관한 최신 발견들을 통해 우리는 아이들에 관한 깊은 통찰력을 가지게 되었다. 아이들이 필요로 하는 것, 아이들이 최선의 성장을 하도록 교육하는 방법을 잘 파악할 수 있게 되었다.

우리는 아이를 돌보는 사람들, 그리고 아이들의 성장을 돕는 전략에 관심을 가진 사람들을 위해 이 책을 썼다. 물론 이 같은 전략은 사랑이 충만한 과학적 정보에 기초한 효율적인 것들이다.

우리는 이 책을 통틀어 '부모'라는 단어를 사용할 것이다. 그러나 여러분이 조부모, 교사 혹은 아이의 인생에 중요한 다른 사람일지라도 이 책은 여러분을 위한 것이다. 우리의 삶은 협력을 통해 더 큰 의미를 갖는다. 이런 협력은 아이가 아주 어릴 때부터 양육을 돕는 많은 성인들이 시작할 수 있다. 우리는 모든 아이들이 자신의 삶에서 많은 보호자를 갖길 바란다. 이들 보호자는 아이와 상호작용하는 방법에 관해 나름대로의 인식이 있고, 필요한 경우 아이의 능력을 계발하고 인간관계를 향상시키는 사람들이다.

'자녀교육' 용어의 재정립

자녀교육의 실제 목표에서부터 시작하자. 아이가 잘못된 행동을 할 때 여러분은 무엇을 성취하길 원하는가? 징벌이 여러분의 궁극적인 목표인가? 달리 말해서 그 목표는 벌을 주는 것인가?

물론 아니다. 화날 때 우리는 아이에게 벌주고 싶은 생각이 들 수 있다. 짜증, 조급함, 좌절 또는 단지 확신의 결여로 인해 우리는 그렇게 느낀다. 그것은 전적으로 이해 가능하며 평범한 것이다. 그러나 일단 흥분을 가라앉히고 그런 상황에서 벗어났을 때 우리는 징벌이 궁극적인 목표가 아님을 안다.

그렇다면 우리는 무엇을 원하는가? 무엇이 자녀교육의 목표인가?

형식적인 정의에서부터 시작하자. 여기서 '자녀교육'이란 뜻으로 사용되는 단어 discipline은 바로 라틴어 disciplina에서 나왔다. 이 라틴어는 11세기로 거슬러 올라가는데 교육, 학습, 훈육을 의미한다. 따라서 영어의 기원에서 보면 '자녀교육'은 '가르치다'를 의미했다.

오늘날 대부분의 사람들은 단지 '벌'과 '응징'만을 자녀교육과 연관시킨다. 그것은 마치 아들이 18개월이 됐을 때 "나는 아들에게 많은 것을 가르치고 있다. 그런데 자녀교육은 언제 시작해야 할까?"라고 묻는 엄마와 같다. 그 엄마는 아들의 행동을 진지하게 다뤄야 한다고 생각하면서, 벌이 자녀교육을 의미한다고 가정한다. 앞으로 이 책에서 읽게 되겠지만 우리는 그 질문에 대한 대답을 여러분 마음에 새기길 원한다. 아이들을 훈육할 때마다 우리의 전반적 목표는 벌주거나 응징하는 것이 아니라 가르치는 것이다.

Discipline이란 단어의 어원은 disciple인데 이 단어는 학생, 배우는 사람을 의미한다. 따라서 discipline을 받는 사람인 disciple은 죄수나 벌을 받는 사람이 아니다. 교육을 통해 배우는 사람이다. 벌은 단기간에 어떤 행동을 제어할지 모르지만 교육은 평생의 능력을 제공한다.

우리는 제목에 discipline이란 단어의 사용을 놓고 심사숙고했다. 아이에게 정서적으로 동조하면서 한계를 설정하는 이런 방식, 우리 아이들이 좋은 선택 능력을 계발하도록 가르치고 돕는 이 방법을 무엇이라고 불러야 할지 확신이 서지 않았다. 결국 우리는 discipline이란 단어를 본래의 의미대로 사용하기로 결정했다. 우리는 모든 논의를 전적으로 재구성하기를 원한다. 자녀교육discipline을 벌punishment과 구분하기를 원한다.

우리는 보호자들이 자녀교육을 가능한 한 사랑을 많이 주고, 정성을 다해 보살펴 주는 것으로 생각하기를 각별히 원한다. 우리 아이들은 충동 억제와 분노 조절 능력, 그리고 자신의 행동이 타인에게 미칠 영향을 생각하는 능력을 배울 필요가 있다. 삶과 인간관계에서 필수적인 이런 것들을 배우는 것이 아이들에게 필요하다. 만약 여러분이 이런 능력을 아이들에게 줄 수 있다면, 그것은 아이들뿐 아니라 가족 전부에게, 심지어 이 세상에까지 중요한 선물을 주는 것이 될 것이다. 진심이다. 이것은 단순한 과장법이 아니다.

앞으로 우리가 이 책에서 사용할 '노 드라마no-drama' 자녀교육법은 아이들이 운명적으로 정해진 사람이 되는 데 유익할 것이다. 아이들에게 자기통제 능력을 향상시키고, 타인을 존중하며, 원숙한 인간관계를 형성하고, 도덕적이며 윤리적 삶을 살게 함으로써 그렇게 할 것이다. 그리고 아이들이 이런 재능·능력을 가지고 성장함에 따라 이 자녀교육법이 미칠 세대 간 영향을 생각하라. 여러분의 아이들이 이 같은 재능을 다음 세대로 전달하도록 양육하라!

그 일은 자녀교육의 의미를 다시 생각하는 것에서 시작한다. 자녀교육을 처벌이나 통제가 아닌, 가르침과 능력 계발의 의미로 생각하는 데서 시작한다. 사랑, 존중, 정서적 유대의 장場에서 그렇게 하는 것이다.

'노 드라마' 자녀교육의 이원적 목표

효과적인 자녀교육은 두 가지 중요한 목표를 지향한다. 첫째 목표는 아이들과의 협력을 통해 그들이 옳은 일을 하게 만드는 것이다. 아이가 레스토랑에서 장난감을 던지거나 버릇없이 굴고, 또는 숙제하기를 거부하는 바로 그 순간 우리는 아이들이 제대로 행동하기를 원한다. 아이는 장난감 던지기를 중단해야 한다. 존중심을 갖고 의사소통을 해야 한다. 숙제를 해야만 한다.

어린 아이에게서 협력이라는 첫째 목표 달성은 길을 건널 때 아이가 여러분의 손을 잡게 하는 것이 포함될 수도 있다. 또는 식료품점 4번 통로에서 아이가 야구 방망이처럼 휘두르고 있는 올리브유 병을 내려놓게 하는 것이 포함될 수도 있다. 더 큰 아이에게 그것은 적절한 시기에 아이의 힘든 일을 함께 해결하는 것을 의미할 수 있다. 또는 아이의 여동생이 "가슴 뚱뚱한 외톨이 계집애!"라는 말에 어떤 상처를 받을지 토론하는 것을 의미할 수도 있다.

우리는 이 책에서 이 점을 반복적으로 말할 것이다. 모든 아이는 서로 다르다. 언제나 항상 효과를 발휘하는 자녀교육법이나 전략은 없다. 이 모든 상황에서 가장 명확한 목표는 협력을 이끌어내 아이가 용인되는 행동(좋은 말을 쓰고, 더러운 옷을 빨래통에 집어넣는 것 등)을 하고, 용인되지 않는 행동(누굴 때리거나, 누군가가 도서관 책상 밑에 붙여놓은 껌을 만지는 것 등)을 하지 않게 하는 것이다. 이것이 자녀교육의 단기 목표이다.

많은 사람들에게 이것이 유일한 목표가 되고 있다. 당장 협력을 이끌어내는 것. 그들은 아이들이 해서는 안 되는 행동을 중단하고 해야 할 일을 하길 원한다. 그 때문에 우리는 부모들이 "당장 그만해!"라고 말하는 것을 자주 듣는다. 그리고 "내가 그렇게 말했으니까!"라는 말을 시도 때도 없이 듣게 된다.

그러나 실제로 우리는 단순한 협력 이상의 것을 원하지 않을까? 물론 우리는 아침식사 때 숟가락이 무기가 되는 것을 원치 않는다. 친절하고 존중심 있는 행동을 촉진하길 원한다. 모욕과 호전성을 줄이길 원한다.

그런데 마찬가지로 중요한 둘째 목표가 있다. 아이의 협력을 이끌어내는 것이 단기 목표라면 둘째 목표는 훨씬 장기적이다. 그것은 통제력을 잃을 수 있는 어려움, 절망, 감정 폭풍의 상황에서 우리 아이들이 탄력성을 가지고 그런 상황을 잘 처리할 수 있는 자질·능력을 계발하도록 지도하는 것이다.

이런 것들은 그 순간의 당면한 행동을 뛰어넘어야 일반화할 수 있으며, 현재뿐 아니라 미래의 다양한 상황에서 사용할 수 있는 내적 능력이다. 이 내적인, 자녀교육의 둘째 목표는 아이들이 자기통제력과 도덕적 잣대를 계발하도록 돕는 것이다. 그래서 권위 있는 인물이 주변에 없더라도 아이들이 사려 깊고 양심적인 사람이 되도록 하는 것이다. 그것은 아이들이 친절하고 책임 있는 사람으로 성장해, 성공적인 인간관계와 의미 있는 삶을 즐기도록 하는 것이다.

우리는 이것을 자녀교육의 '전체 두뇌whole-brain' 방법이라고 부른다. 왜냐 하면 부모로서 뇌 전부를 사용할 때 우리는 목전의 외적 교육과 장기적인 내적 교육 둘 다에 집중할 수 있기 때문이다. 그리고 우리 아이들이 이런 계획된 교육을 받을 때 그들 역시 전체 두뇌를 사용하게 된다. 여러 세대에 걸쳐 '어떻게 우리 아이들을 올바로 키울 것인가'에 관한 무수한 이론들이 등장했다. '매를 아끼면 자식을 망친다'는 이론도, 이와 정반대로 '자유롭게 너와 내가 되라'는 이론도 있었다.

그러나 최근 20여 년 즉, '두뇌의 10년'이라고 불리는 기간과 이후 10여 년 간 과학자들은 뇌의 작동 방식에 관한 방대한 정보를 발견했다. 그리고 사랑이 가득하고, 존중하고, 지속적이고, 효과적인 자녀교육에 관해 많은 것들을 말해 주었다. 이제 우리는 아이가 최선의 성장을 하도록 돕는 방법은 아이 뇌(전체 두뇌)에 신경 연결망을 형성하는 것임을 안다. 그 신경 연결망은 더 좋은 인간관계, 더 나은 정신 건강, 그리고 더 의미 있는 삶으로 가는 능력을 계발한다.

여러분은 그것을 '두뇌 조각' '두뇌 양육' '두뇌 형성'이라고 부를 수 있다. 여러분이 어떤 표현을 좋아하든 간에 그 핵심은 중요하며 가슴 설레게 하는 것이다. 우리의 말과 행동에 따라 아이들의 뇌는 변화하며, 새로운 경험에 따라 아이들의 뇌가 만들어질 것이다.

효과적인 자녀교육은 나쁜 행동을 중단시키고 좋은 행동을 촉진한다. 그뿐 아니라 아이의 능력을 키우고 뇌에서 신경 연결망이 만들어지게 한다. 그것이 미래에 아이들이 더 좋은 결정을 내리고 자신을 잘 관리하게 만든다. 자동적으로 그렇게 된다. 왜냐 하면 그것은 아이의 뇌에서 형성되는 물질적 구조이기 때문이다.

우리는 아이들이 감정 관리, 충동 통제, 타인의 감정 배려, 결과 고려, 사려 깊은 결정 등이 의미하는 바를 이해하도록 돕고 있다. 아이들이 뇌를 계발하고 더 나은 친구, 더 나은 형제, 더 나은 아들 딸, 더 나은 인간이 되도록 돕고 있다. 그러면 언젠가 아이들 스스로 더 나은 부모가 될 것이다.

여기에 덧붙여 엄청난 보너스가 있다. 우리가 아이들의 두뇌 계발을 도우면 도울수록 협력 도출이라는 단기 목표의 달성을 위해 애쓸 필요성은 줄어든다. 협력 도출과 두뇌 계발. 이것이 자녀교육에 사랑이 충만하며 효율적인 '전체 두뇌' 방법을 도입하는 이원적(외적이며 내적인) 목표이다. 그것이 두뇌를 고려한 자녀교육이다!

우리의 목표 달성하기
행동에는 '노'라고 해도
아이에게는 '예스'라고 말하는 것

전형적으로 부모는 어떻게 자녀교육의 목표를 달성할까? 협박과 처벌이 가장 흔하다. 아이가 잘못 행동할 때 목전의 부모 반응은 쌍권총이 불을 뿜는 것과 같다.

아이는 행동하고 부모는 반사적으로 대응하고 아이는 다시 반발한다. 썻고 비누거품을 내고, 그것이 반복된다. 많은(아마도 대부분의) 부모에게 응징은 적당히 소리 지르면서 매우 초보적인 자녀교육 전략을 구사하는 것이다. 중단시키고, 엉덩이를 때리고, 특혜를 뺏고, 타임아웃timeout시키는 것 등이다. (역주: 타임아웃은 방밖 외출 금지, 구석에 세우기, 생각 의자에 앉히기 같이 일정 시간 동안 문제의 자극에 접근할 기회를 제한하는 것.)

드라마 같은 상황이 이렇게 많은 것은 놀랄 일이 아니다! 하지만 우리가 즉각적인 반응을 하는 많은 이유들을 제거한 뒤 자녀교육 하는 것이 실제로 가능하다. 이 점에 대해서는 앞으로 설명하겠다.

더 나아가 응징과 처벌은 두뇌 계발의 관점에서뿐만 아니라 아이의 협력을 유도할 때조차도 실제로는 역효과를 내는 일이 흔하다. 두뇌 계발에 관한 최신 과학뿐 아니라 우리의 개인적 임상 경험을 바탕으로 우리는 여러분에게 말할 수 있다. 자동적인 응징은 자녀교육의 목표를 성취하는 데 최선의 방법이 아니다.

그럼 최선의 방법은 무엇일까? 그것은 '노 드라마no-drama' 방법의 바탕인데, 한 문장으로 간단히 표현할 수 있다. '유대감을 형성해 두뇌를 이동시켜라.'

유대감 형성과 두뇌 이동

다시 말하지만, 자녀교육의 모든 상황처럼 모든 아이들은 서로 다르다. 그러나 거의 모든 경우에 적용되는 한 가지 변함없는 사실은 효과적인 자녀교육의 첫 걸음은 아이들과 정서적 유대를 맺는 것이다. 우리 아이들과의 관계는 우리가 하는 모든 일의 중심이어야 한다. 자녀교육을 할 때에는 물론이고 아이들과 놀거나, 이야기하거나, 같이 웃을 때에 우리는 충만한 사랑의 힘을 아이들이 뿌리 깊이 체험하기를 원한다. 그것은 우리가 아이의 친절한 행동에 감사하거나, 잘못된 행동을 다룰 때에도 마찬가지다.

유대감 형성은 아이에게 관심을 쏟고, 그들의 말에 귀 기울일 정도로 아이들을 존중하며, 그들의 문제해결 능력을 높이 평가하는 것을 의미한다. 또 아이들의 행동방식이 좋든 싫든 우리가 그들 편이라는 것을 알 수 있게 의사소통하는 것을 의미한다. 우리는 자녀교육을 할 때, 우리가 얼마나 아이들을 사랑하는가를 보여줄 수 있을 정도로 깊은 유대감을 형성하길 원한다. 실제로 아이들이 잘못된 행동을 하는 것은 종종 우리와 유대감 갖기를 절실히 원할 때이다.

자녀교육적인 반응은 상황 맥락과 함께 아이의 나이, 기질, 성장 단계를 바탕으로 변해야 한다. 그러나 자녀교육의 전 과정을 통해 부모와 자녀 사이의 강한 유대감 교감은 변하지 말아야 한다. 이 관계는 어떠한 행동보다 중요하다.

유대감 형성은 방임주의와 다르다. 자녀교육에서 아이와 유대감을 갖는 것은 아이가 원하는 것을 무엇이든 하게 하는 것을 의미하지 않는다. 실제로는 정반대이다. 아이를 진정으로 사랑하고 아이에게 원하는 것을 준다는 것은 부분적으로, 분명하고 확실한 한계를 설정해 주는 것을 의미한다. 또 부분적으로 아이에게 높은 기대감을 갖는 것뿐 아니라 그들의 생활에 예측 가능한 구조를 만들어 주는 것을 의미한다.

아이들은 세상이 작동하는 방식을, 무엇이 허용되고 무엇이 허용되지 않는가를 이해할 필요가 있다. 규칙과 한계에 관한 명확한 이해는 아이들이 인간관계와 삶의 다른 영역에서 성공하는 데 유익하다. 아이들이 집의 안전함 속에서 구조에 관해 배우면 바깥 환경(학교, 직장, 인간관계)에서도 성공할 가능성이 더 크다. 바깥 환경에서 그들은 적절한 행동을 바라는 무수한 기대감에 직면할 것이다.

우리 아이들에게는 두뇌의 구성을 발달시킬 수 있는 반복적인 체험이 필요하다. 이것은 아이들이 만족을 뒤로 늦추며, 타인에게 공격적 반응을 하려는 충동을 억제하고, 자기 뜻대로 안 되는 상황을 유연하게 처리하는 데 유익한 두뇌 구성을 말한다. 제한·한계 없는 상황은 실제로 큰 스트레스를 유발한다. 그리고 스트레스를 받은 아이들은 더 반발적으로 변한다.

따라서 우리가 아이들에게 '노no' 라고 말하고 제한을 설정하면, 그렇지 않을 경우 혼란스러울 수 있는 세상에서 아이들이 예측가능성과 안전성을 발견하는 데 도움이 된다. 그리고 그것은 아이들에게 미래에 난관을 잘 극복할 수 있는 뇌의 신경 연결망을 만들어 주는 것이다. 바꿔 말하면 강하고 공감적인 유대감은 아이들의 인생에 필요한 두뇌 구성을 형성하는, 분명하고 확실한 한계와 결합될 수 있다. 또 그렇게 되어야만 한다. 그것이 '두뇌 이동' (아래층 뇌→위층 뇌)의 출발점이다.

일단 우리가 아이와 유대감을 형성해 아이가 자신을 진정시키는 데 도움이 된다고 하자. 그렇게 해서 아이들이 우리의 말을 경청하고 전적으로 이해한다고 하자. 그때 우리는 아이가 더 적절한 행동을 하도록 두뇌 이동을 시도할 수 있다. 또 아이가 자신을 다스리는 더 나은 방법을 찾는 데 도움을 줄 수 있다.

그러나 기억하라. 아이가 흥분 상태에 있을 때 두뇌 이동은 거의 성공하지 못한다. 아이가 속상해 여러분의 훈계를 경청할 수 없는 경우에 응징과 훈계는 효과가 없다. 그것은 다른 개와 싸우고 있는 개에게 '앉아' 를 가르치려고 하는 것과 같다. 싸우고 있는 개는 결코 앉지 않을 것이다. 그러나 만약 여러분이 아이를 진정시키면, 아이는 받아들이고자 하는 마음이 생겨나 여러분이 말하려고 하는 것을 이해할 수 있게 된다. 여러분이 아이를 벌하거나 훈계할 때보다 훨씬 더 빨리 그렇게 된다.

그것이 유대감 형성의 필요성에 관한 우리의 설명이다. 어떤 사람은 이렇게 말할지 모른다. "그것은 존중감과 사랑이 가득한 자녀교육법처럼 들린다. 그 방법이 나중에 내 아이에게 어떤 도움이 되며, 심지어 장래에 자녀교육을 얼마나 더 쉽게 만들지 나는 알 수 있다. 그렇다고 치자! 나는 직장인인데다 아이를 또 가지게 되었다! 그래서 저녁 준비, 피아노, 발레, 어린이 야구 리그 그리고 100가지 다른 일들. 지금 형편에서 나는 겨우 머리만 물 밖에 내놓고 있는 실정이다. 이런 내가 어떻게 자녀교육에서 유대감 형성과 두뇌 이동에 필요한 여분의 시간을 찾을 수 있을까?"

이해한다. 정말로 이해한다. 우리 두 사람(공저자) 모두 직장생활을 하고 있으며, 우리 배우자들도 일을 하고 있다. 그리고 우리 모두는 헌신적인 부모들이다. 그것은 쉬운 일이 아니다. 그러나 우리가 추후 논의하는 원칙과 전략을 실천하면서 깨달은 것은, '노 드라마no-drama' 자녀교육은 오직 여분의 시간이 많은 사람에게만 유용한 사치스러운 것이 아니라는 점이다. (그런 부모가 실제로 존재하는지도 의문이다.)

자녀와 올바른 행동에 관해 논의할 때 '전체 두뇌whole-brain' 방법이 아주 많은 여유 시간을 요구하는 것은 아니다. 사실 '노 드라마' 자녀교육은 전적으로 평범하고 일상적인 자녀교육 상황에 관한 것이다. 그리고 그런 상황을 아이와 가까워지고 아이에게 무엇이 중요한가를 가르치는 기회로 활용하는 것에 관한 것이다.

여러분은 "그만해!" 또는 "징징대지 마!" 또는 즉각적인 제지가 아이와 정서적 유대감을 갖는 것보다 더 빠르고, 더 간편하고, 더 효과적일 것이라고 생각할지 모른다. 그러나 곧 설명하겠지만, 아이의 정서에 집중하는 것이 대개 아이를 더 효과적으로 진정시키고 아이의 협력을 더 많이 이끌어낸다. 부모가 극단적 감정 폭발을 통해 모두의 감정을 흥분시키는 것보다 훨씬 더 빨리 그렇게 한다.

여기에 가장 중요한 것이 있다. 우리가 자녀교육 상황에서 추가적인 혼돈과 극단을 피할 때, 달리 말해서 명백하고 확실한 한계를 사랑·공감과 결합시킬 때 모두가 승자가 된다. 왜냐고? 우선 한 가지 이유는 '노 드라마, 전체 두뇌' 접근은 부모와 아이 모두에게 삶을 더 쉽게 만들기 때문이다.

스트레스가 높은 순간(가령 자녀가 여러분이 애시청하는 병원 드라마의 마지막 회를 몇 초 앞두고 TV 리모컨을 변기에 던져 버리겠다고 협박할 때) 여러분은 차원 낮은, 반발심이 큰 뇌 부위보다 차원 높은, 뇌의 사고 부위에 호소할 수 있다. (이 전략에 대해서는 제3부에서 자세히 설명하겠다.) 결과적으로 여러분은 자녀교육에서 흔히 발생하는 소리 지르고 울부짖고 화내는 것을 대부분 피할 수 있을 것이다. 리모컨을 젖지 않게 유지하며, 첫 앰뷸런스가 화면에 비춰지기 훨씬 전에 그 프로그램을 보게 되는 것은 말할 필요도 없을 것이다.

더 중요한 것은 가장 단순하게 말해서, 유대감 형성과 두뇌 이동(아래층 뇌→위층 뇌)은 현재뿐 아니라 성인으로 성장하는 과정에서 아이가 더 나은 인간이 되는 데 효과적이라는 점이다. 그것은 일생을 통해 아이에게 필요한 내적 능력들을 계발한다. 아이들은 반발심이 큰 상태에서 교육이 가능한 수용적 상태로 바뀔 것이다. 그것은 외적인 협력이다. 그뿐 아니라 아이들 뇌에 신경 연결망이 형성될 것이다. 이 신경 연결망 덕분에 아이들은 자신을 통제하고, 타인을 생각하며, 감정을 관리하고, 좋은 선택을 하는 법을 아는 사람으로 점점 성장할 수 있다.

여러분은 아이들이 의지할 수 있는 내적 나침반을 형성하는 데 도움이 될 것이다. 아이들에게 단순히 '무엇을 해야 하는가'를 말하거나, '내 요구에 따르라'고 하지 마라. 그보다는 '실행 기능executive functions'을 강화하는 경험을, 그리고 공감, 개인적 통찰력, 도덕성 관련 능력을 발전시키는 경험을 제공해야 한다. 그것은 내적인, 두뇌 계발 부분에 속한다.

이 점에 관해서는 연구 결과가 아주 명확하다. 인생에서 가장 뛰어난 결과(정서, 인간관계, 심지어 교육의 측면에서)를 낸 아이들에게는 높은 수준의 유대감 형성과 애정으로 그들을 키운 부모가 있었다. 물론 이들 부모는 의사소통, 분명한 한계와 높은 기대감을 유지했다. 그들의 부모는 사랑, 존중, 연민을 주고받는 방식으로 아직도 확고히 그들과 상호작용한다. 결과적으로 아이들은 더 행복하고, 학교에서 더 잘 하고, 문제를 덜 일으키고, 더 의미 있는 인간관계를 즐긴다.

여러분이 항상 유대감 형성과 두뇌 이동의 방식으로 자녀교육을 할 수는 없을 것이다. 그러나 유대감 형성과 두뇌 이동을 더 많이 하면 할수록, 우리가 아이들의 잘못된 행동에 흥분하는 일은 적어진다. 그리고 더 좋은 점은 아이들이 더 많이 배운다는 것이다. 아이들은 더 나은 인간관계와 갈등 해소 능력을 갖추게 되며, 성장하면서 우리와 더 끈끈한 유대를 갖게 되는 것이다.

이 책에 관하여

자녀와 좋은 관계를 유지하면서 드라마 같은 상황이 적은 자녀교육 전략을 세우는 것은 무엇과 관련 있을까? 이 책 다음 부분에서 그것을 설명하겠다.

제1부 '자녀교육 다시 생각하기' 는 자녀교육이 무엇인가에 관해 몇 가

지 질문을 던진다. 동시에 '노 드라마no-drama' 전략을 염두에 둔 상태에서 여러분의 자녀교육 전략을 확인하고 발전시키는 데 도움이 되고자 한다.

제2부 '자녀교육을 관장하는 뇌'는 자녀교육에서 두뇌 계발과 그 역할에 관해 논의한다.

제3부 '흥분에서 평온으로'는 자녀교육의 유대감 형성 측면에 초점을 맞출 것이다. 그리고 우리가 현재 모습 그대로의 자녀를 사랑하고 포용한다는 사실(한창 자녀교육을 하고 있을 때도 마찬가지)을 자녀에게 소통하는 것이 중요하다고 강조한다.

제4부는 아이들과 유대감 형성을 통해 아이들이 부모 말을 경청하고 배울 수 있는 평정심을 회복하며, 그들이 장·단기적으로 좋은 결정을 내릴 수 있게 하는 구체적 전략과 제안들을 제시한다.

제5부는 두뇌 이동에 초점을 맞춘다. 그래서 여러분이 자녀교육의 한 가지 정의(가르침), 두 가지 원칙(아이가 준비될 때까지 기다림, 경직되지 않되 일관성 있을 것), 세 가지 결과(통찰력, 공감, 치유)를 기억하게 할 것이다.

제6부는 매 순간 아이의 협력을 이끌어내기 위해, 아이에게 개인적 통찰력과 인간관계의 공감을 가르치기 위해, 좋은 결정을 내리도록 하기 위해, 여러분이 사용할 수 있는 구체적 두뇌 이동 전략에 집중한다.

마지막 부(결론)는 자녀교육 과정에서 여러분이 받는 압력을 경감하기 위한 네 가지 희망의 메시지를 제시한다.

나중에 설명하겠지만 자녀교육을 할 때 우리 모두는 혼란스럽다. 우리는 모두 인간이다. 그러나 만약 우리가 아이와 함께 자신을 치유할 수 있다면, 아이 잘못에 대한 우리의 완벽하지 못한 반응조차도 가치가 있을 수 있다. 그리고 아이에게 어려운 상황을 잘 다루고 새 능력을 계발할 수 있는 기회를 줄 수 있다. (휴!)

'노 드라마' 자녀교육은 완벽에 관한 것이 아니다. 그것은 개인적 유대감 형성, 그리고 파열(어쩔 수 없이 그런 상황이 생길 때)을 바로잡는 것에 관한 것이다.

여러분은 이 책 뒷부분에서 '참고자료'를 보게 될 것이다. 우리는 여러분이 이 참고자료를 읽고 여러분의 가정에서 '유대감 형성과 두뇌 이동' 전략을 실천하는 데 도움 받기를 희망한다.

우리가 '냉장고에 붙여두기'라고 부르는 첫째 자료는 이 책에서 가장 핵심적인 개념을 담고 있다. 여러분은 이것을 이용해 '노 드라마' 원칙과 전략의 핵심을 쉽게 떠올릴 수 있다. 이 내용을 자유롭게 복사해 여러분의 냉장고와 자동차 계기판 그리고 도움이 될 만한 곳이면 어디든 붙여라.

다음으로 여러분은 '자녀교육 전문가도 참지 못할 때'라는 부분을 보게 될 것이다. 이 부분은 우리(공저자인 단Dan과 티나Tina)가 '뚜껑 열린' 상태에서 '노 드라마, 전체 두뇌' 자녀교육을 하지 못하고 '저차원의 부모' 역할을 했을 때의 이야기를 담고 있다.

이런 이야기를 여러분과 공유함으로써, 우리들 중 어느 누구도 완벽하지 않으며 우리 모두는 자녀교육에서 실수를 한다는 점을 단순히 인정하고 싶다. 우리는 여러분이 이 글을 읽으면서 웃어 주기를 바란다. 그러나 우리를 가혹하게 평가하지는 말았으면 한다.

그 다음은 '아이 보호자에게 주는 노트'이다. 이 부분은 여러분이 기대하는 그대로이다. 여러분의 아이들을 돌보는 사람들에게 줄 수 있는 노트이다. 우리들 중 많은 사람들이 아이 양육을 아이의 조부모, 베이비시터, 친구 그리고 타인에게 의존한다.

이 노트에는 '노 드라마' 원칙들의 간략한 핵심 리스트가 담겨 있다. 그것은 '냉장고에 붙여두기'와 유사하지만, 이 책을 읽지 못한 사람들을 위해 쓴 것이다. 그러므로 여러분은 인척들에게 이 책을 사 읽으라고 부탁

할 필요가 없다. (만약 여러분이 원한다면, 그렇게 하는 것을 아무도 막지는 않는다!)

보호자용 노트 다음에 여러분은 '최고 부모들도 저지르는 20가지 실수'를 보게 된다. 이것은 앞으로 우리가 제기하는 원칙과 이슈들에 입각해서 생각하는 데 도움을 주는 기억 재생용 참고자료이다.

그런 다음 이 책은 우리가 앞서 출간한 책 〈The Whole-Brain Child〉의 발췌부로 끝난다. 이 발췌부를 읽음으로써 여러분은 우리가 '전체 두뇌'의 관점에서 자녀교육을 이야기할 때 그것이 의미하는 바를 더 잘 알 수 있다.

여기서 우리가 제시하는 것을 이해하기 위해 반드시 이 발췌부를 읽을 필요는 없다. 그러나 이런 아이디어들을 더 깊이 이해하고, 자녀의 뇌를 계발하기 위해 다른 개념·전략을 배우며, 자녀를 건강·행복·탄력성으로 이끌고자 하면 읽을 필요가 있다. 이 책에서 우리의 전반적인 목표는 자녀교육을 이해·실천하는 법을 바꿀 희망의 메시지를 전달하는 것이다.

아이들과 함께 할 때 전형적으로 가장 유쾌하지 못한 것들 중 한 가지가 실제로는 가장 의미 있는 것이 될 수 있다. 그리고 그것이 여러분과 아이 모두에게 흥분과 반발을 계속 고조시키지는 않는다. 여러분과의 관계, 그리고 아이 뇌 내부의 변화라는 관점에서 볼 때 아이의 잘못된 행동이 실제로는 더 나은 유대감을 형성할 수 있다.

'전체 두뇌' 관점에서 자녀교육을 해 보라. 그러면 여러분은 아이가 잘못 행동할 때 아이와의 상호작용에 관한 사고방식을 완전히 바꿀 수 있다. 이런 순간들을 현재뿐 아니라 어른이 되어서도 아이에게 도움 되는 능력을 계발하는 기회로 인식할 수 있다. 가족 구성원 모두의 생활이 더 쉽고 더 즐거워지는 것은 말할 필요도 없다.

제1부

자녀교육 다시 생각하기

함께 일하는 부모들로부터 들은 실제 이야기가 있다. 여러분은 이것들(다음 쪽 그림 참조) 중 어느 하나라도 공감하는 것이 있는가? 이런 말들이 친숙하게 들리는가? 많은 부모들이 그렇게 느낀다. 그들은 자녀가 옳은 일을 하려고 애쓸 때 상황을 잘 처리하길 원한다. 그러나 명확한 원칙 · 전략에 따라 상황을 처리하기보다 대개 반사적 대응으로 끝낸다. 그들은 자동조종장치로 바뀌며 사려 깊은 부모로서의 통제를 포기한다.

자동조종장치는 여러분이 비행기를 조종할 때에는 훌륭한 도구일 수 있다. 단지 스위치를 젖히고 의자에 편안히 앉아 휴식을 취하면 컴퓨터가 프로그래밍된 목적지로 여러분을 데려다 준다. 그러나 자녀교육과 관련해 사전 프로그래밍된 자동조종장치는 그렇게 좋지가 못하다. 그것은 부모와 자식 모두에게 험난한 여정의 예고豫告일 수 있으며, 우리를 캄캄하고 폭풍우 치는 짙은 구름 속으로 데려갈 수도 있다.

우리는 반사적 대응보다 아이들에게 사려 깊게 반응하기를 원한다. 이

전에 우리가 생각하고 동의한 원칙에 입각해 의식 있는 결정을 내리길 원한다. 의식적이 된다는 것은 미리 여러 가지 가능성을 생각하며, 우리의 의도에 맞는 사려 깊은 방법을 선택한다는 의미이다. '노 드라마no-drama' 자녀교육에서 이것은 행동의 한계와 구조라는 단기적 외적 결과뿐 아니라 삶의 능력을 가르치는 장기적 내적 결과를 의미한다.

예를 들어 4살 자녀가 여러분을 때린다고 하자. 여러분이 "레고 놀이를 하기 전에 먼저 이메일을 마무리해야 해."라고 말했기 때문에 아이는 화가 났을지 모른다. 그래서 아이는 여러분의 등을 찰싹 때렸을지도 모른다. (그렇게 작은 아이가 여러분에게 그토록 큰 고통을 가할 수 있다는 것은 언제나 놀라운 일 아닌가?)

여러분은 어떻게 반응하는가? 만약 여러분이 자동조종장치에 있다면, 잘못된 행동을 어떻게 다룰 것인가에 관해 구체적 철학을 가지고 대응하지 않는다면, 성찰·생각 없이 단순하고도 즉각적인 반응을 할지 모른다. 아마도 여러분은 도에 지나치게 아이를 단단히 붙잡을지도 모른다. 이를 꽉 다물고 "때리면 안 돼!"라고 말할지도 모른다. 그리고 아이에게 방에 들어가 나오지 못하게 하는 등의 벌을 줄지도 모른다.

이것이 부모로서 최악의 반응일까? 아니, 그렇지 않다. 그러면 더 잘할 수 있었을까? 분명히 그렇다. 자녀가 잘못 행동할 때 필요한 것은 여러분이 실제로 무엇을 성취하길 원하는가를 분명히 깨닫는 것이다.

그것이 이 부部의 전반적인 목표이다. 그것이 아이의 잘못된 행동에 대해 사려 깊은 철학 그리고 분명하고도 한결 같은 전략에 입각해 행동하는 것이 얼마나 중요한가를 깨닫는 데 도움이 될 것이다. 앞서 말했듯이 자녀교육의 이원적 목표는 단기적으로 외적 행동을 바른 방향으로 이끄는 것 그리고 장기적으로 더 나은 행동과 더 나은 인간관계 능력 계발을 위한 두뇌의 내적 구조를 만드는 것이다.

자녀교육은 궁극적으로 가르침에 관한 것임을 명심하라. 만약 여러분이 이를 악문 채 규칙을 내뱉고 징벌을 가하면 그것이 손찌검에 대한 교훈을 가르치는 데 효과적일까? 그럴 수도 있고 아닐 수도 있다. 그것은 아이가 여러분을 때리지 않게 하는 단기적 효과를 거둘 수 있을지는 모른다. 공포와 벌은 그 순간에 효과적일 수도 있지만 효과가 장기적으로 지속되지는 않는다.

정말로 공포와 벌, 흥분 상황을 아이의 주된 동기 부여 수단으로 사용하기를 원하는가? 만약 그렇다면 우리는 원하는 것을 타인에게 시킬 때 힘과 통제가 가장 좋은 수단이라고 가르치는 셈이다. 다시 말해 우리가 화났을 때, 특히 누군가가 우리에게 육체적 정서적 고통을 가할 때, 반사적으로 대응하는 것은 전적으로 정상이다. 그러나 더 나은 반응들이 있다. 장래에 원치 않는 행동을 할 가능성을 줄이면서 동일한 단기 목표를 성취할 수 있는 반응들이 그것이다.

그럴 경우 자녀는 단지 여러분의 반사적 대응이 두려워 충동을 억제하기보다, 단순한 공포의 결합을 뛰어넘는 내적 능력을 계발하게 된다. 좋은 교육적 경험이 될 것이다. 자녀교육이 공포감 조성은 더 줄이고 능력은 더 계발하게 하려면 어떻게 반응해야 할까? 이제 이 문제에 관해 이야기해 보자.

세 가지 질문
왜? 무엇을? 그리고 어떻게?

자녀의 잘못된 행동에 반사적으로 대응하기 전에, 먼저 여러분 자신에게 세 가지 간단한 질문을 할 시간적 여유를 가져라.

1. 왜 아이가 이렇게 행동했을까?

아이가 화낼 때 우리 대답은 "버릇없는 놈이니까." 또는 "날 열 받게 하려고 하니까." 등일 수 있다. 그러나 우리가 추정 대신 호기심을 가지고 접근할 때, 잘못된 특정 행동 뒤에 무슨 일이 벌어지고 있는가를 깊이 들여다볼 때, 단순히 자녀가 적절히 다루지 못하는 어떤 것을 표현·시도하려고 한다는 것을 흔히 알 수 있다. 만약 우리가 이를 이해하면 스스로, 더 효과적으로, 더 공감하면서 반응할 수 있다.

2. 지금 어떤 교훈을 가르치길 원하는가?

다시 말해 자녀교육의 목표는 징벌을 가하는 것이 아니다. 우리는 교훈을 가르치길 원한다. 그것이 자기통제, 공유의 중요성, 책임 있는 행동 혹은 다른 어떤 것일지라도.

3. 어떻게 하면 이 교훈을 가장 잘 가르칠 수 있을까?

그 상황과 관련해 아이의 나이와 성장단계를 고려해 보라. (가령 아이는 확성기를 개의 귀에 들이대기 전에 확성기의 스위치가 켜져 있다는 것을 알았을까?) 우리는 전달하고자 하는 것을 어떻게 가장 효과적으로 전할 수 있을까? 우리는 마치 징벌이 자녀교육의 목표인양 반응하는 일이 너무 흔하다. 가끔 징벌은 아이의 결정에서 시작된다. 그리고 우리는 즉각 그 교훈을 가르친다. 그러나 우리의 뜻을 아이에게 이해시키는 데는 보편적 징벌보다 더 효과적이며 더 사랑이 가득한 방법들이 있다.

우리가 좋아하지 않는 행동을 자녀가 할 때, 우리는 이 세 가지 질문(왜? 무엇을? 어떻게?)을 스스로 함으로써 자동조종장치 분위기에서 더 쉽게 벗어날 수 있다. 이 방법을 통해 우리는 단기적으로 그 행동을 중단시키는 데 효과적인 방식으로 반응할 가능성이 훨씬 크다. 또 더 큰, 장기간 지속되는 삶의 교훈과 능력을 자녀에게 가르칠 수 있다. 그 교훈과 능력은 아이의 성격을 형성하고 아이가 미래에 좋은 결정을 내리도록 준비시키는 것들이다.

여러분이 이메일을 보내는 동안 등을 찰싹 때리는 4살 자녀에게 반응할 때, 이 세 가지 질문이 어떻게 도움이 되는지를 상세히 살펴보자. 찰싹 때리는 소리를 듣고, 등에 난 작은 손바닥 자국과 아픔을 느낄 때, 단순한 반사적 대응을 침착하게 피하는 데는 한 순간이면 족하다. 하지만 그렇게 하는 것이 항상 쉬운 일은 아니지 않겠는가?

사실 우리의 뇌는 육체적 아픔을 위협으로 간주하도록 만들어져 있다. 그것이 우리를 더 반사적으로 대응하게 하고, 우리를 '전투' 분위기에 들어가게 하는 신경회로를 활성화한다. 따라서 통제력을 유지하고 '노 드라마no-drama' 자녀교육을 실천하기 위해서는 어느 정도의 노력이, 가끔은 강도 높은 노력이 필요하다.

이런 일이 생길 때 우리는 원초적인 반사적反射的 뇌를 눌러야 한다. 그것은 쉽지 않은 일이다. (그런데 만약 우리가 수면 박탈, 배고픔, 당황 상태에 있거나 자기관리를 우선적으로 하고 있지 않다면, 이것을 실천하기는 훨씬 더 힘들다.) 반사와 반응 사이의 이 멈춤은 부모로서의 선택, 계획, 능숙함의 시작이다.

따라서 여러분은 가능한 한 빨리 멈춰서 자신에게 이 세 가지 질문을 하려고 노력해야 한다. 그러면 여러분은 자녀와의 상호작용에서 무슨 일이 진행되고 있는가를 훨씬 더 명쾌하게 알 수 있다. 모든 상황은 서로 다르며 많은 다른 요소들이 작용한다. 그러나 이 질문들에 대한 대답은 다음과 비슷한 것들이다.

1. 왜 아이가 이렇게 행동했을까?

아이는 여러분의 관심을 원했으나 얻지 못했기 때문에 여러분을 때렸다. 4살 아이에게 아주 전형적인 대답으로 들리지 않는가? 바람직한 것인가? 아니다. 성장단계상 적절한가? 확실히 그렇다. 이 나이대의 아이들은 기다리는 것이 힘들다. 그리고 격한 감정들이 수면 위로 떠올라 기다리는 것을 더욱 힘들게 한다. 아이는 침착함을 잘 유지할 만큼, 성급한 행동을 하지 않을 만큼 성숙한 나이가 아니다.

여러분은 아이가 자신을 잘 달래서 침착하게 다음과 같이 말하기를 원한다. "엄마, 엄마가 계속 기다리라고 하는 말이 너무 실망스러워요. 그래서 지금 엄마를 때리고 싶은 강한 공격적 충동을 느껴요. 그러나 저는 그렇게 하지 않고 말로 해결하기로 했어요."

그러나 이런 일은 생기지 않을 것이다. (만약 이런 일이 생긴다면 그것은 매우 웃기는 일일 것이다.) 그 순간 손찌검은 큰 실망감과 참을 수 없음을 표현하는 자녀의 기본 전략이다. 아이가 만족을 뒤로 늦추고 화를 적절히 관리하는 법을 배우기 위해서는 시간과 능력 계발이 필요하다. 그것이 아이가 여러분을 손찌검한 이유이다.

그것이 훨씬 덜 개인적이지 않을까? 대부분의 경우 아이들이 무례하기 때문에, 혹은 우리가 부모로서 실패했기 때문에 우리에게 손찌검하는 것이 아니다. 아이들은 대개 감정을 조절하거나 충동을 통제할 능력이 아직 없기 때문에 손찌검을 한다. 최악의 상태에서도 아이들은 '우리와 함께 있으며 우리의 사랑을 받고 있다' 는 사실을 알 정도로 안전감을 느낀다. 사실 4살 아이가 손찌검을 하지 않고 항상 '완벽하게' 행동할 때, 우리는 아이와 부모 사이의 유대에 문제가 있지 않을까 우려한다.

부모와 안정적인 애착 관계에 있을 때 아이들은 그 관계를 시험해 볼 만큼 안정감을 느낀다. 달리 말해 자녀의 잘못된 행동은 흔히 여러분에 대한 신뢰와 안정감의 표현이다. 자녀는 '부모를 위해 그런 감정을 모두 비축해' 집에서보다는 학교에서 또는 다른 어른에게 더 잘 행동한다. 많은 부모들은 그 같은 사실을 인식한다. 이것이 그 이유이다. 이런 돌발적 감정 표출은 반항이 아니라 안정감과 신뢰감의 신호이다.

2. 지금 어떤 교훈을 가르치길 원하는가?

그 교훈은 '잘못된 행동은 징벌을 받는다' 는 것이 아니다. 그 교훈은 '폭력에 의존하지 않고도 여러분의 관심을 끌며 자신의 화를 조절하는 더 나은 방법이 있다' 는 것이다. 여러분은 '손찌검은 합당하지 않으며 격한 감정을 표현하는 적절한 방법이 많다' 는 점을 아이가 배우기를 원한다.

3. 어떻게 하면 이 교훈을 가장 잘 가르칠 수 있을까?

타임아웃timeout 또는 다른 무관한 징벌을 내리면 다음번에는 아이가 손찌검에 관해 두 번 생각하게 만들 수도 있고, 그렇지 않을 수도 있다. 하지만 더 나은 대안이 있다. (역주: 타임아웃이란 방밖 외출 금지, 구석에 세우기, 생각 의자에 앉히기 등 일정 시간 동안 문제의 자극에 접근할 기회를 제한하는 것.)

만약 여러분이 자녀를 끌어당겨 충분한 관심을 받고 있다는 사실을 알게 해, 아이와 유대감을 형성하면 어떨까? 그러면 여러분은 아이의 감정을 인정하고 그 감정을 교감하는 방법을 만들어 놓을 수 있다. "기다린다는 것은 힘든 일이야. 넌 정말로 나랑 놀고 싶어서 내가 컴퓨터에 있는 것에 화났어. 그렇지?" 거의 대부분 여러분은 "예!"라는 화난 대답을 들을 것이다. 그것은 나쁜 일이 아니다. 아이는 여러분의 관심을 받고 있다는 사실을 알게 될 것이다. 그리고 여러분 또한 아이의 관심을 받게 될 것이다.

이제 아이가 더 침착해지고 경청할 준비가 됨에 따라, 여러분은 아이와 대화할 수 있다. 아이와 눈을 맞추고 '손찌검은 안 된다'는 점을 설명할 수 있다. 다음번에 아이가 여러분의 관심을 얻고자 할 때 선택할 수 있는 다른 대안들(말로써 실망감을 표현하는 것 등)에 관해 이야기할 수 있다.

이 방법은 더 큰 아이들에게도 통한다. 부모들이 어디서나 직면하는 가장 보편적인 문제들 중 하나를 살펴보자. 숙제를 둘러싼 다툼. 공부할 시간이 됐는데 자녀가 심하게 떼를 쓴다고 생각해 보자. 정기적으로 계속 그렇게 반복된다고 하자. 적어도 일주일에 한 번 아이는 분노발작을 한다. 아이는 좌절하고 눈물로 끝난다. 여러분에게 소리 지르고 어려운 숙제를 내줬다며 선생님을 '야비한 자'라고 부른다. 그리고 힘들어 하는 자신을 '바보'라고 부른다. 이렇게 말하고 양 팔에 얼굴을 묻고 테이블 위 눈물바다에 쓰러진다.

부모로서 이 상황은 4살 아이에게 등짝을 맞는 것과 다름없이 열 받는 일이다. 자동조종장치 반응은 그 좌절에 굴복하는 것일 것이다. 그래서 화가 폭발해 아이와 언쟁하고 훈계하며, 시간을 적절히 관리하지 못하고 수업시간에 충실하지 못한 것을 비난한다. 아마 여러분은 "내가 이야기했을 때 진작 숙제를 시작했더라면, 지금쯤 다 끝냈을 거야."라는 훈계에 익숙할 것이다.

단순 반응 대신에…

세 가지 질문을 하라

우리는 그런 훈계에 아이가 다음과 같이 반응하는 것을 들어본 적이 없다. "맞아요, 아빠. 아빠가 말씀하셨을 때 제가 정말 숙제를 시작했어야 했어요. 제 때에 시작하지 않은 것에 대해 책임질게요. 저도 깨달았어요. 내일은 더 일찍 숙제를 시작할게요. 이렇게 가르침을 주셔서 감사해요."

여러분이 훈계 대신에 '왜-무엇을-어떻게' 질문을 하면 어떻게 될까?

1. 왜 아이가 이렇게 행동했을까?

다시 말해 자녀교육적인 접근은 자녀가 누구인가, 어떤 개성을 가졌는가에 따라 바뀔 것이다. 아마 숙제는 아이에게 힘든 일이며, 아이는 결코 이길 수 없는 싸움처럼 좌절을 느낄 것이다. 이와 관련해 아이가 너무 힘들거나 압도당한다고 느끼는, 그리고 자신에 대해 나쁜 감정을 느끼게 만드는 뭔가가 있을 것이다. 혹은 아이는 더 많은 신체 활동을 필요로 한다는 뭔가가 있을 것이다. 여기서 주된 감정은 좌절과 무력감일 것이다.

학교가 늘 아이에게 힘든 곳은 아닐 것이다. 그러나 오늘 아이는 피곤하며 압도당하는 느낌 때문에 분노발작을 일으켰다. 아이는 일찍 일어났고, 등교해 6시간을 학교에서 보냈으며, 저녁식사 시간까지 계속된 걸스카우트 모임에 참가했다. 이제 식사를 마쳤으므로 아이는 식탁에 앉아 45분간 분수 문제를 풀어야 할까? 아이가 기겁하는 것은 놀랄 일이 아니다. 그것을 9살 아이(어른도 마찬가지!)에게 요구하는 것은 과도하다.

그것은 아이가 숙제를 할 필요가 없다는 것을 의미하지는 않는다. 그러나 앞서 아이가 어디에 있다가 왔는가를 여러분이 인식할 때, 그것은 여러분의 관점(그리고 여러분의 반응)을 바꿀 수 있다.

2. 지금 어떤 교훈을 가르치길 원하는가?

여러분은 효율적인 시간 관리와 책임감에 관해 가르치길 원할 수 있다.

또는 어떤 특별활동에 참가할까를 결정하는 문제에 관해. 또는 좌절감을 어떻게 잘 수용할 것인가에 관해.

3. 어떻게 하면 이 교훈을 가장 잘 가르칠 수 있을까?

여러분이 두 번째 질문에 어떻게 대답하든 아이가 속상해 있을 때 잔소리는 최선책이 아님이 분명하다. 이때는 교육을 할 수 있는 시점이 아니다. 아이 뇌에서 감정·반사反射 부위가 흥분돼 침착, 이성, 사고, 수용 부위를 압도하기 때문이다. 따라서 여러분은 아이의 분수 문제 풀이를 도와 이 위기 상황을 헤쳐 나가고 싶을지도 모른다. "이 숙제를 오늘 밤 다 하기에는 양이 많고 너는 지쳤다. 내가 도와줄 테니 함께 끝내자. 너는 할 수 있다."

그러니 일단 아이가 침착해지고 여러분이 아이와 함께 아이스크림 한 그릇을 같이 먹으면(그것이 내일일지라도) 여러분은 아이의 스케줄이 과중한지 논의할 수 있다. 또는 아이에게 개념 이해하기가 정말로 힘든지 신중히 생각해 볼 수 있다. 또는 아이가 교실에서 친구와 수다 떠느라 학교에서 끝내야 할 과제를 집으로 가져왔기 때문에 숙제가 더 많아졌는지 그 가능성도 알아볼 수도 있다.

무슨 일이 있는지 알기 위해 아이에게 질문하고 함께 문제를 풀어보라. 아이가 숙제를 끝내는 데 무엇이 방해가 되는지, 왜 아이가 잘 안 풀린다고 생각하는지, 아이의 의견이 무엇인지를 물어보라. 모든 경험을 함께 노력하는 기회로 삼고 숙제 해결 능력을 향상시켜라. 실천 가능한 해결책을 찾는 능력 계발에 아이는 어느 정도 도움을 필요로 할 수 있다. 그러나 아이가 가능한 한 많이 관여하게 만들어라.

잊지 말고 여러분과 아이에게 모두 좋은, 수용적인 마음상태인 시점을 선택하라. 그리고 다음과 같은 이야기로 시작하라. "숙제를 해야 하는 상황이 아주 나쁘지? 우린 틀림없이 더 좋은 방법을 찾을 수 있을 거야. 넌 무엇이 효과적이라고 생각하니?"(그런데 우리는 이런 형태의 대화에 도움이 되는 많은 구체적 실용적 제안들을 제6부에서 할 것이다. 여기서 '노 드라마' 두뇌 이동 전략들을 논의한다.)

'왜-무엇을-어떻게' 질문에 대해 아이들은 각각 서로 다른 반응을 요구할 것이다. 따라서 우리는 이들 구체적 대답 중 어떤 것이 특정 시점에서 여러분 자녀에게 반드시 통할 것이라고 말하지 않는다. 요점은 자녀교육을 새로운 방식으로 살펴보고 다시 생각하라는 것이다.

그러면 여러분은 자녀와 상호작용할 때 종합적인 철학의 안내를 받을 수 있다. 여러분이 좋아하지 않는 행동을 아이가 할 때 갑자기 떠오르는 그 무엇을 가지고 단순히 반응하는 것을 지양하게 된다. '왜-무엇을-어떻게' 질문들은 우리를 반사적反射的 자녀교육에서 수용적, 계획적 '전체 두뇌' 자녀교육 전략으로 나아가게 한다.

맞다! 여러분이 항상 이 세 가지 질문을 통해 생각할 시간을 가지지는 못한다. 거실에서의 가벼운 레슬링이 피 튀기는 철망 속 경기로 바뀔 때, 또는 여러분의 어린 쌍둥이가 발레 수업에 늦었을 때, 세 가지 질문 계획서에 맞춰 실천하기란 쉽지 않다. 그 점을 우리도 알고 있다. 한창 열 받는 그 순간에 여러분이 이렇게 사려 깊은 시간적 여유를 가져야 한다는 것은 전적으로 비현실적일 수 있다.

우리는 여러분에게 매번 그렇게 하라고 말하는 것은 아니다. 그리고 자녀가 속상해 있을 때 여러분이 어떤 반응을 할지를 즉각 그리고 충분히 생각할 수 있다고 말하는 것도 아니다. 그러나 여러분이 이 방법을 더 많이 생각하고 실천할수록, 빠르게 상황을 평가하고 계획적으로 반응하는 것이 더 자연스럽고 더 자동적이 될 것이다. 심지어 그것이 여러분의 기본값이

혼계 대신에…

세 가지 질문을 하라

될 수 있다.

이전처럼 반사적인 상호작용을 해도 여러분은 이들 질문을 통해 계획적, 수용적인 태도를 유지할 수 있다. '왜-무엇을-어떻게' 질문을 하면 외부적으로 혼돈에 직면해도 내면적으로는 명확성을 확보할 수 있다.

결과적으로 여러분은 적게, 더 적게 자녀교육하는 보너스를 받게 될 것이다. 그것은 아이가 좋은 결정을 내리고 감정과 행동의 관계를 잘 알 수 있도록 아이의 뇌를 계발하기 때문이다. 또 아이에게 일어나는 일(아이가 무슨 일을, 왜 하는지)을 잘 알 수 있게 되기 때문이다. 그것은 일이 커지기 전에 여러분이 아이를 잘 계도할 수 있다는 의미이다.

게다가 여러분은 더욱 더 자녀의 관점에서 사물을 볼 수 있게 된다. 이 덕분에 여러분은 언제 아이가 여러분의 도움(벌이 아니라)을 필요로 하는가를 알게 된다.

'할 수 없다' 대 '하지 않겠다'
자녀교육은 천편일률적인 것이 아니다

간단히 말해 '왜-무엇을-어떻게' 질문을 하면 우리 자녀가 누구이며 무엇을 필요로 하는가를 기억하는 데 도움이 된다. 이 질문을 통해 우리는 자녀 개인의 나이와 그들 나름의 요구를 인식하게 된다. 결국 한 아이에게 효과가 있는 것은 그 아이의 형제의 요구와는 정반대일 수 있다. 그리고 한 아이에게 효과가 있는 것은 10분 뒤 그 아이에게 효과가 없을지도 모른다. 따라서 자녀교육을 천편일률적인 해결책으로 생각지 마라. 대신 이 순간 이 아이를 자녀교육 하는 것이 얼마나 중요한가를 기억하라.

자동조종장치에 따라 자녀교육을 할 때, 우리는 특정 시점에서 아이에게 필요한 것보다 우리의 마음상태에 따라 상황에 반응하는 일이 너무 흔하다. '아이는 단지 아이' 라는 사실을 잊은 채 아이의 성장단계를 뛰어넘는 행동을 기대하기가 쉽다. 예를 들면 9살 아이가 언제나 숙제에 기껍하는 일이 없길 기대할 수 없듯이, 4살 아이에게 엄마가 계속 컴퓨터에 앉아 있을 때의 화난 감정을 잘 다루길 기대할 수 없다.

최근 티나Tina(공저자)는 어떤 엄마와 할머니가 쇼핑하는 것을 보았다. 그들은 약 15개월 남자 아기를 안전벨트를 착용해 카트에 태우고 있었다. 그들이 지갑과 신발을 살펴보는 동안 아기는 분명히 카트에서 내려달라는 의사표시로 계속 울어댔다. 아기는 움직이고 걷고 탐구하는 것이 필요했다. 그런데 엄마는 아무 생각 없이 아기의 주의를 돌리기 위한 물건들을 건넸다. 그것이 아기를 더 실망시켰다.

아기는 말을 할 수 없었지만 메시지는 분명했다. "엄마는 내게 너무 많은 것을 요구하고 있어요! 내가 무얼 필요로 하는지를 엄마가 잘 살펴봐 주세요!" 아기의 행동과 감정적 울부짖음은 충분히 이해할 수 있었다. 사실 아이들은 때때로 '반항' 할 뿐 아니라 감정 반응을 경험·노출한다고 '추정' 해야 한다. 성장단계에서 아이들은 아직 완전히 성숙한 뇌를 가지고 행동하지 않는다(이 책 제2부에서 설명하겠다).

따라서 그들은 말 그대로 항상 우리 기대를 충족시킬 수는 없다. 그것은 우리가 자녀교육을 할 때 상황뿐 아니라 성장단계, 특정한 기질, 감정 스타일을 항상 고려해야 한다는 의미이다.

하나의 가치 있는 구분은 '할 수 없다(can't)' 대 '하지 않겠다(won't)' 의 개념이다. 우리가 이 둘을 구분하면 부모의 좌절감은 근본적으로 확연히 줄어든다. 가끔 우리는 자녀가 우리 희망대로 행동 '하지 않을' 것이라고 추정한다. 그러나 현실에서, 적어도 이 특정 시점에서 자녀는 단순히 그렇게 '할 수 없다'. 모든 잘못된 행동의 많은 부분은 '할 수 없다(can't)'와 '하지 않겠다(won't)'에 관한 것이 더 많다. 그것이 진실이다. 다음에 자녀가 자기관리에 힘들어 할 때 자문하라. "나이와 환경을 고려할 때 아이의 행동방식이 합당할까?" 종종 그 대답은 '그렇다'일 것이다.

3살 아이를 차에 태워 수 시간 동안 이리저리 볼 일을 보러 다녀보라. 아이는 짜증을 낼 것이다. 11살 아이가 전날 밤 늦게까지 불꽃놀이를 하고 다음날 아침 학생자치위원회 세차洗車 행사를 위해 일찍 일어나야 한다고 하자. 아이는 이 날 언젠가 짜증이 폭발할 가능성이 크다. 그것은 아이가 하지 않으려고 해서가 아니라 할 수 없기 때문이다.

우리는 항상 부모들에게 이 점을 강조한다. 그것은 티나의 사무실을 방문한 한 싱글파더에게 특히 효과적이었다. 5살 아들은 적절하게 행동하며 좋은 결정을 내리는 능력을 분명히 보여주었다. 그러나 때때로 아들은 아주 사소한 일에 분노발작을 보이곤 했기 때문에 그는 어쩔 줄 몰랐다. 티나는 다음과 같이 그와 대화했다.

『나는 처음에 아들은 종종 자신을 통제 '할 수 없었다'는 점을 이 아빠에게 설명하려고 노력했다. 그것은 아들이 고집이나 반항을 '선택'하는 것이 아니라는 의미라고 설명했다. 내 설명에 대한 그 아빠의 몸짓은 분명했다. 그는 팔짱을 끼고 몸을 의자 깊숙이 기댔다. 그는 말 그대로 눈동자를 굴리지는 않았지만 우리 팬클럽을 창단하려는 것이 아님은 분명했다. 그래서 나는 "지금 당신이 내 말에 동의하지 않는다는 느낌을 받고 있다."라고 말했다.

그는 이렇게 대답했다. "당신의 말은 타당하지 않다. 지난 주 하키 게임에 가지 않았을 때 아들은 큰 실망감을 매우 잘 처리했다. 아들은 가끔씩 그런 능력을 보여준다. 그런데 푸른 색 컵이 식기세척기 안에 들어 있어 그 컵을 찾을 수 없었을 때에는 완전히 이성을 잃었다. 어떤 때에는 그런 모습을 보인다. 이것은 아들이 할 수 없는 것에 관한 문제가 아니다. 아들은 버릇이 나빠졌기 때문에 더 엄격한 양육법이 필요하다. 아들은 복종하는 법을 배울 필요가 있다. 아들은 '할 수 있다'! 아들이 자신을 다루는 법을 온전히 선택할 수 있음은 이미 입증됐다."

나는 치료상의 위험(결과를 알지 못한 채 특이한 어떤 일을 해 보는 것)을 감수하기로 했다. 나는 고개를 끄덕이며 "당신은 늘 자녀를 사랑하는, 인내심 많은 아빠가 맞죠?"라고 물었다. 그는 "대부분 그렇죠. 물론 가끔 그렇지 않은 때도 있지만요."라고 대답했다.

나는 유머와 농담을 섞어가며 의사소통을 시도했다. "그러니 당신은 인내심·사랑이 충만 '할 수 있으나', 가끔씩 그렇지 않기로 선택하고 있는 것이죠?" 다행히 그는 미소 지으며 내 말의 의미를 이해하기 시작했다. 나는 더 나아갔다. "만약 당신이 아들을 사랑한다면, '항상' 더 나은 결정을 내리고 좋은 아빠가 되지 않겠어요? 왜 당신은 인내심 부족과 반발심을 선택해요?" 그는 고개를 끄덕이기 시작하면서 더 큰 미소를 지었다. 그리고 내 농담에 핵심이 담겨 있음을 깨달았다.

나는 계속 말했다. "당신의 인내심을 흔드는 것은 무엇인가요?" 그는 "피곤하거나 직장에서 힘든 하루를 보냈을 때 등과 같이, 내가 어떻게 느끼는가에 달려 있어요."라고 대답했다. 나는 웃으며 말했다. "이제 내가 무엇을 말하고자 하는지를 이해하지요?"』

물론 그는 이해했다. 더 나아가 티나는 '상황을 잘 처리하고 좋은 결정을 내리는 인간의 능력은 현실에서는 환경과 주어진 상황의 맥락에 따라 계속 변동할 수 있다'는 점을 설명했다. 단지 우리는 인간이기 때문에 우리 자신을 통제하는 능력이 안정적이거나 지속적이지 않다. 그것은 5살 아이 경우에는 더욱 명확하다.

그 아빠는 티나의 말을 확실히 이해했다. 아들이 한 순간 자신을 잘 관리한다고 해서, 항상 그럴 수 있다고 추정하는 것은 잘못임을 깨달았다. 그리고 아들이 감정과 행동을 잘 처리하지 못하는 경우가 있다고 해서, 아들이 버릇없으며 더 엄한 훈육이 필요하다는 증거가 될 수 없다는 점도 이해했다. 오히려 아들은 이해와 도움을 필요로 했다.

정서적 유대감과 한계 설정을 통해 그 아빠는 아들의 능력을 증대시키고 향상시킬 수 있을 것이다. 우리 모두의 능력은 마음상태와 몸 상태에 따라 지속적으로 변동한다. 그것이 진실이다. 그리고 몸과 마음의 상태는 수많은 인자因子들의 영향을 받는다. 특히 성장 중인 아이의 경우 성장하는 뇌의 상태에 따라 그렇게 된다.

티나와 그 아빠는 더 깊은 이야기를 나눴다. 그리고 그는 티나가 말하는 핵심을 완벽하게 이해했다. 그는 '할 수 없다(can't)'와 '하지 않겠다(won't)'의 차이점을 파악했다. 그리고 아들뿐 아니라 그 여동생에게도 엄격하며 성장단계상 부적합한(천편일률적인) 기대에 부응할 것을 강요하고 있음을 알았다.

이런 새 관점은 그에게 자녀교육의 자동조종장치를 끄는 힘을 부여했다. 그래서 그는 계획적이며, 자녀들과 함께 상황에 따른 결정을 내릴 수 있게 됐다. 자녀들은 자신의 고유한 개성이 있으며, 시점에 따라 서로 다른 요구를 가지고 있었던 것이다.

그 아빠는 아직도 분명하고 확고한 한계를 설정할 수 있을 뿐 아니라, 훨씬 더 효과적이며 더 존중하는 방법으로 그렇게 할 수 있었다. 그는 그 사실을 깨달았다. 그것은 그가 주어진 상황의 맥락에 따라 자녀 개개인의 기질과 변동하는 능력을 고려하기 때문이다. 결과적으로 그는 두 가지 자녀교육 목표를 성취할 수 있을 것이다. 아들에게서 전반적인 비협조성을 줄이는 한편 성인으로 성장하면서 도움 되는 중요한 능력과 삶의 교훈을 가르치는 것.

그 아빠는 자기 생각의 특정 가정假定에 도전하는 법을 배우고 있었다. '잘못된 행동'은 감정과 행동을 관리하면서 겪는 일시적 어려움이 아니라, 항상 고집 부리면서 반대하는 것이라는 등과 같은 가정들에 대해서. 티나와의 계속된 대화 덕분에 그는 이런 가정들뿐 아니라 아들딸에게 무조건적으로 예외 없는 '복종'을 강조한 것에 의문을 제기했다.

그렇다. 그는 합리적으로 정당하게 자신의 자녀교육이 자녀들과의 협력을 촉진하기를 원했다. 그런데 의문 없는 전적인 복종? 그는 자녀들이 일생을 통해 모든 이에게 복종하는 사람으로 성장하기를 원했을까? 아니면 자녀들이 자신의 개성과 정체성을 발전시키도록 돕는 것이 나을까? 그래서 권력 가진 사람들에게 맹목적으로 복종하기보다 타인과 잘 지내고, 한계를 관찰하며, 좋은 결정을 내리고, 스스로 생각해 난관을 헤쳐 나가는 것의 의미를 배우게 하는 것이 나을까? 다시 말해 그는 핵심을 파악했으며 그것이 자녀들에게 중요한 영향을 미쳤다.

그 아빠가 도전하기 시작한 자기 내부의 다른 한 가지 가정은, 어떤 행동상의 문제나 관심사를 다룰 때 사용할 수 있는 묘약이나 마법의 지팡이가 있다는 생각이다. 우리도 그 같은 만병통치약이 있었으면 한다. 하지만 그런 것은 없다. 모든 상황에서 언제나 효과 있는, 또는 며칠 사이에 아이를 완전히 바꿀 수 있는 한 가지 자녀교육법의 실천은 몰입하고 싶을 만큼 유혹적이다. 그러나 아이와 상호작용하는 역학관계는 항상 그 이상으로 훨씬 복잡하다. 행동 문제는 모든 환경, 모든 여건, 모든 아이에게 통용되는 천편일률적인 방법으로 쉽게 해결할 수는 없다.

잠시 여유를 가진 뒤 부모들이 의지하는 두 가지 가장 흔한 '천편일률적인' 자녀교육 기술에 관해 논의해 보자. 엉덩이 때리기와 타임아웃 timeout.

엉덩이 때리기와 두뇌

많은 부모들이 의존하는 한 가지 자동조종장치 반응은 엉덩이 때리기다. 우리는 '그 주제에 관한 입장이 무엇인가' 라는 질문을 흔히 받는다.

실제로 우리는 한계와 경계 설정을 적극 옹호하지만 엉덩이 때리기에는 강력하게 반대한다. 체벌은 복잡하며 팽팽한 긴장감이 감도는 주제이다. 그리고 그 같은 연구, 체벌이 발생하는 다양한 맥락, 엉덩이 때리기의 부정적 충격 등에 관한 충분한 논의는 이 책의 범위를 벗어난 것이다.

그러나 연구 논문들에 관한 우리의 신경과학적 관점과 연구에 기초해 보면 아이와의 존중 관계 형성, 우리가 원하는 교훈 가르치기, 최선의 성장 촉진의 측면에서 엉덩이 때리기는 역효과를 낼 가능성이 크다. 또 아이들은 폭력으로부터 자유로울 권리를 가져야 한다고 우리는 믿는다. 특히 아이들이 자신을 보호하기 위해 가장 신뢰하는 사람들의 손에서는 더욱 그래야 한다.

무수한 부모들, 무수한 아이들, 자녀교육이 이루어지는 무수한 상황이 있음을 우리는 안다. 자녀에게 옳은 일을 하고자 하는 욕구와 함께 좌절감으로 인해 일부 부모들이 자녀교육 전략의 하나로 엉덩이 때리기를 사용한다는 사실을 우리는 확실히 이해한다. 그러나 여러 연구들은 부모가 따뜻하고 사랑에 기초한 양육을 할 때에도, 자녀를 때리는 것은 장기적으로 행동교정 효과가 더 적다는 점을 끊임없이 보여준다. 그것은 많은 영역에서 부정적 결과와 결부돼 있다.

맞다, 엉덩이 때리기만큼이나 해로울 수 있는, 엉덩이 때리지 않는 많은 자녀교육법들이 있다. 장시간 격리, 모욕, 위협적 고함으로 겁주기, 다른 형태의 언어적 심리적 학대 등은 모두 아이 마음에 상처를 주는 자녀교육 사례들이다. 부모가 신체적 접촉을 하지 않았음에도 그렇다.

따라서 우리는 공격적이며, 고통을 가하고, 공포를 조장하는 '어떠한' 교육법도 피할 것을 부모들에게 권장한다. 우선 한 가지 이유는 그것이 역효과를 낳기 때문이다. 아이의 관심은 자신의 행동 그리고 그것을 어떻게 바로잡을 것인가에서, 그 행동에 대한 보호자의 반응으로 옮겨간다.

그것은 아이가 더 이상 자신의 행동에 관해서는 신중하게 생각지 않는다는 의미이다. 대신에 아이는 자신에게 마음의 상처를 준 부모가 얼마나 공정하지 못하고 야비한가(혹은 부모가 얼마나 두려운가)에 관해서만 생각한다. 그렇게 해서 부모의 반응은 자녀교육의 두 가지 기본 목표(행동교정과 두뇌 계발)를 잠식한다. 아이가 생각하고, 자기 행동에 관해 건강한 죄책감이나 후회를 느낄 기회를 박탈하기 때문이다.

엉덩이 때리기의 다른 중요한 문제는 생리학적 그리고 신경과학적으로 아이에게 무슨 일이 생기는가이다. 뇌는 고통을 일종의 위협으로 경험한다. 따라서 부모가 아이에게 신체적 고통을 가하면, 아이는 해결할 수 없는 생물학적 역설에 직면한다. 우리 모두는 정신적 상처를 받거나 두려울 때 보호받기 위해 보호자에게 가고자 하는 본능을 가지고 태어났다. 그러나 우리 보호자들이 고통과 공포의 '원천'일 때, 부모가 행동으로 아이 내부에 공포 상태를 야기할 때 그것은 뇌에게 매우 혼란스러운 것이다. 심지어 정보처리 방식을 와해시킨다.

뇌의 한 회로는 아이에게 고통을 가하는 부모를 피하라고 유도한다. 다른 뇌 회로는 아이에게 안전을 위해 애착 대상을 '향해' 가도록 유도한다. 따라서 부모가 두려움과 고통의 원천일 때 해결책이 없기 때문에 뇌는 기능이 와해될 수 있다. 우리는 극단적으로 이것을 불안정혼란 애착의 한 형태라고 부른다.

스트레스 호르몬인 코르티솔은 그 같은 혼란스러운 내적 상태와 반복적인 분노·공포의 인간관계를 체험할 때 분비된다. 이 호르몬은 뇌 독성 물질이며 건강한 뇌 성장을 방해하므로 장기간 뇌 성장에 부정적 충격을 줄 수 있다. 가혹한 벌은 실제로 뇌신경 연결망과 뇌세포의 죽음 같은 유해한 변화를 초래할 수 있다.

엉덩이 때리기의 다른 문제점은, 부모는 신체적 고통을 가하지 않으면 효과적인 전략이 없다는 점을 아이에게 가르치게 된다는 것이다. 그것은 모든 부모가 심각하게 생각해야 할 직접적인 교훈이다. 우리는 아이들에게 갈등을 해결하는 방법은 신체적 고통을 가하는 것(특히 공격에 무방비인 사람에게)이라고 가르치기를 원하는가?

두뇌·신체의 렌즈를 통해 볼 때 인간으로서 우리는 본능적으로 고통을 피하도록 프로그래밍돼 있다. 그리고 사회적 거부에 수반되는 육체적 고통을 중재하는 것도 뇌의 같은 부위이다. 따라서 육체적 고통은 또한 그 아이의 뇌에서 사회적 거부를 야기한다. 아이들은 완전할 수 없기 때문에 엉덩이 때리기가 자주 특정 시점의 잘못된 행동을 멈추게 한다. 하지만 장기적으로 행동교정에 효과적이지 않다. 우리는 이 점을 보여주는 연구들에 동의한다.

대신 아이들은 흔히 그들이 한 일을 숨겨줄 때 더 좋아진다. 달리 말해서 정말 위험한 것은 아이들이 체벌의 고통을 피하기 위해서라면 무엇이든 할 것이라는 점이다. 그것은 거짓말과 감추기를 더 많이 하게 된다는 의미이다. 그것은 의사소통 능력도, 가르침에 개방적인 능력도 아니다.

엉덩이 때리기에 관한 마지막 관점은 우리가 자녀교육을 통해 뇌의 어느 부위에 호소하고자 하는가와 관계있다. 다음 부部에서 설명하겠지만, 부모는 아이 뇌에서 고차원인 사고思考 부위에 관여할 것인가, 반사성 강한 저차원의 파충류 뇌 부위에 관여할 것인가를 선택할 수 있다.

만약 여러분이 어떤 파충류를 위협하거나 물리적 공격을 하면 어떤 종류의 반응이 돌아올 것이라고 생각하는가? 구석에 몰려 여러분에게 독을 뿜는 코브라를 생각해 보라. 우리가 위협 받거나 물리적 공격을 당할 때 우리 뇌의 파충류 부위 또는 원시인 부위가 나선다. 우리는 적당한 '생존' 방식(흔히 '싸우다, 도망가다, 꼼짝하지 않다'로 불리는 것)으로 변한다. 또한 '기절'할 수도 있다. 기절은 우리가 완전 무력함을 느낄 때 종종 생기는 반응이다.

우리가 자녀에게 공포, 고통, 화를 경험하게 할 때에도 마찬가지이다. 이때에 우리는 원시적 반사적 뇌 부위의 에너지 · 정보 흐름을 증대시킨다. 이 때문에 에너지와 정보가 논리 · 생각을 담당하는, 더 정교하며 잠재적으로 현명한 뇌 부위(아이가 건강하며 유연한 선택을 하고, 감정을 잘 조절하게 하는 곳)로 흐르지 않게 된다. 여러분은 자녀에게서 원시인 뇌의 반사성反射性을 촉발하기를 원하는가, 아니면 사고 · 이성 부위가 세상에 더 열려 있기를 원하는가? 우리가 뇌의 반사성을 활성화할 때, 뇌의 사고思考 부위를 계발할 기회를 놓친다.

한 술 더 떠서 우리에게는 자녀교육에서 더 효과적인 수많은 다른 선택의 기회가 있다. 그것은 아이가 고차원의 뇌 부위를 훈련해 그것을 더 강하게 만들고 더 발달시키는 전략들이다. 그것은 아이가 대개 옳은 일을 하는, 책임 있는 인간이 될 가능성을 훨씬 더 높인다. (상세한 내용은 이 책 제3~6부를 보라.)

타임아웃은 효과적인 자녀교육 수단일까?

과거에 엉덩이 때리길 원치 않았던 부모들이 요즘은 대부분 타임아웃 timeout이 최선의 유용한 선택이라고 생각한다. 정말일까? 그것이 우리의 자녀교육 목표를 달성하는 데 도움이 될까? (역주: 타임아웃이란 방밖 외출 금지, 구석에 세우기, 생각 의자에 앉히기 같이 일정 시간 동안 문제의 자극에 접근할 기회를 제한하는 것.)

종합적인 관점에서 우리는 그렇게 생각지 않는다.

자녀 사랑이 강한 많은 부모들이 타임아웃을 자녀교육의 주요 수단으로 사용한다. 우리는 이런 사실을 알고 있다. 우리는 연구논문들을 읽고, 수천 명의 부모들과 대화하고, 자녀들을 키워봤다. 그 결과 우리는 타임아웃이 최선의 자녀교육 전략이 아닌 여러 가지 이유들을 찾았다.

한 가지 중요한 이유는 부모들이 타임아웃을 사용할 때 흔히 지나치게 (그리고 화가 나서) 그 방법을 쓴다는 것이다. 그러나 부모는 자녀가 타임아웃보다 더 긍정적이며 의미 있는 경험(협력 도출과 두뇌 계발이라는 우리의 이원적 목표를 더 잘 달성하게 하는 경험)을 하게 만들 수 있다.

다음 부部에서 더 상세히 설명하겠지만, 두뇌의 신경 연결망은 경험 반복에서 형성된다. 그러면 타임아웃timeout은 아이에게 어떤 경험이 될까? 격리. 자녀가 실수를 저질렀을 때 사랑이 담긴 타임아웃을 시킨다고 하자. 그럼에도 자녀의 반복된 경험이 '홀로 있는 시간'이기를 바라는가? 그것은 흔히, 특히 어린 아이에게는 거부拒否로 경험된다.

그보다는 아이가 올바른 행동의 의미를 경험하는 것이 더 좋지 않겠는가? 따라서 여러분은 타임아웃 대신 그 상황에서 다른 행동을 연습시킬 수 있다. 만약 아이의 말이나 어투가 무례하다면 그것을 다시 시킬 수도 있고,

예의를 갖춰 말하게 할 수도 있다. 만약 아이가 형제에게 비열했다면, 자기 전에 형제를 위해 할 수 있는 친절한 일 세 가지를 찾으라고 할 수도 있다.

그 같은 긍정적 행동의 반복 경험은 아이의 뇌 구성에 변화를 초래하기 시작한다. (반복하지만 이 주제는 다음 부部에서 상세히 다루겠다.) 요약해서 타임아웃은 흔히 그 목적(아이가 평정을 되찾고 자신의 행동을 반성하게 하는 것)을 달성하는 데 실패한다.

우리 경험에 따르면 타임아웃은 아이를 더 화나게 만들고, 더 통제불능으로 만드는 일이 잦다. 결과적으로 아이가 자신을 통제하고 자기 행동에 관해 생각게 만들 여지를 더 줄인다. 아이는 자신의 행동을 반성하는 데 타임아웃을 얼마나 많이 이용할까? 여러분을 위해 준비한 뉴스가 있다. 그것은 타임아웃 동안 아이가 곰곰이 생각하는 것은 '나를 이렇게 벌세운 부모는 얼마나 야비한가'이다.

그렇게 야비하고 공정치 못한 엄마 아빠를 둔 자신의 불운不運을 곰곰이 생각하는 동안 아이는 통찰력, 공감력, 문제해결력을 계발할 기회를 놓친다. 아이를 타임아웃timeout시키는 것은 아이가 적극적이며 공감하는 의사결정자(이해력을 부여받은 사람)가 되는 연습 기회를 박탈한다.

우리는 아이들에게 문제 해결자가 될 기회, 좋은 결정을 내릴 기회, 시련에서도 마음이 평온해질 기회를 주길 원한다. 여러분은 단순히 다음과 같이 말하기만 해도 자녀에게 많은 도움을 줄 수 있다. "상황을 좋게 만들고 이 문제를 해결하기 위해, 넌 어떤 생각을 가지고 있니?" 일단 아이에게 평온해질 기회를 주면 아이는 옳은 일을 하면서 그 과정에서 배움을 얻게 된다. 게다가 지나치게 자주 시키는 타임아웃은 직접적 논리적으로 효과적인 학습의 핵심인 특정 행동으로 연결되지 않는다.

아이가 화장지를 풀어 산더미로 만드는 것은 아이가 청소를 도와야 한다는 의미이다. 아이가 헬멧 없이 자전거를 타는 것은 2주간 자전거를 차

타임아웃에 대한 부모의 기대

타임아웃 동안 실제로 생기는 일

고에서 꺼낼 때마다 부모로부터 '안전점검'을 요구받는다는 뜻이다. 아이가 야구방망이를 연습장에 둔 것은 다른 야구방망이가 나올 때까지 팀 동료에게 야구방망이를 빌려야 한다는 의미이다. 이것은 그 행동과 확실히 연결된 부모의 반응이다. 이것은 결코 처벌적이거나 보복적이지 않다. 이것은 아이에게 교훈을 주고 아이가 옳은 행동을 이해하는 데 초점을 두고 있다.

하지만 타임아웃timeout은 아이의 서툰 의사결정 그리고 통제를 벗어난 반발과 관련성이 별로 없는 경우가 흔하다. 결과적으로 타임아웃은 행동교정의 관점에서 효과적이지 못한 경우가 흔하다. 부모들이 좋은 의도를 가진 경우에도 타임아웃은 종종 부적절하게 사용된다. 우리는 타임아웃이 자녀에게 평온과 자기 수습의 기회를 주길 원할 수도 있다. 그렇게 해서 자녀가 내면의 혼란에서 벗어나 평정과 협력 상태로 바뀔 수 있기를 바랄지도 모른다.

그러나 많은 경우 부모는 타임아웃을 처벌 목적으로 사용한다. 그 목적은 아이를 평정 상태로 되돌아오게 하거나 중요한 교훈을 주려는 것이 아니라, 잘못된 행동에 벌을 주려는 것이다. 평정과 가르침이라는 성격을 완전히 상실한 것이다.

우리가 타임아웃의 가치에 의문을 제기하는 가장 큰 이유는 유대감 형성(그리고 아이의 뿌리 깊은 요구)과 관련이 있다. 잘못된 행동은 아이의 감정 혹사酷使의 결과인 경우가 흔하다. 요구의 표현이나 격한 감정이 공격적이고 무례하고 비협조적인 방식으로 표현된 것이다.

아이는 배가 고프거나 피곤할 수 있다. 혹은 그 순간에 자신을 통제하고 좋은 결정을 내릴 수 없는 다른 이유가 있을 수 있다. 아이가 단지 3살이라는 것이, 감정을 이해하고 차분하게 표현할 만큼 뇌가 정교하지 않다는 것이 그것에 대한 설명이 될 수 있다. 그래서 아이는 남은 포도주스가 없는 것에 대한 최선책으로, 주체할 수 없는 실망감과 화난 감정을 전하기 위한 최선책으로 장난감을 여러분에게 던지기 시작한다.

우리가 위안을 주고 차분하게 있어 주는 것이 가장 필요로 하는 때가 바로 이 즈음이다. 아이를 떼놓고 혼자 앉아 있게 하는 것은 아이에게 버림받았다는 느낌을 줄 수 있다. 특히 아이의 감정이 이미 통제를 벗어났을 때에는 더욱 그렇다. 그것은 아이가 '옳은 일을 하지 않으면' 여러분은 아이 곁에 있길 원치 않는다는 미묘한 메시지를 줄 수 있다.

여러분은 '자녀가 좋은 상태이거나 행복할 때에는 자녀를 사랑하지만, 그렇지 않을 때에는 애정을 철회할 것'이라는 메시지를 자녀에게 보내길 원치 않는다. 여러분은 그런 관계를 유지하길 원하는가? 우리는 10대 자녀가 실수했을 때 그렇게 대하는 친구나 파트너는 피하라고 충고하지 않겠는가?

짧은 시간의 타임아웃timeout은 최악의 자녀교육 기술이다, 그것이 트라우마를 야기할 수 있다, 또는 그렇게 한 사례가 없다고 우리는 말하지 않는다. 만약 진정鎭靜의 시간이 사랑의 유대감을 가지고 적절하게 행해진다면, 가령 아이와 함께 앉아서 대화하며 위안을 주면(흔히 '타임인time-in'이라고 부른다) 아이에게 도움이 될 수도 있다.

사실 아이에게 잠시 멈추는 법과 반성 시간 갖는 법(일종의 타임인)을 가르치는 것은 충동성을 줄이고 주의 집중력을 활용하는 능력의 계발에 필수적이다. 그러나 타임인은 완전 격리가 아니라 관계에서 만들어진다. 그것은 특히 어린 아이에게서 더 그렇다. 아이는 성장하면서 주의력을 자기 내면에 집중하기 위해 내적 성찰, 타임인time-in의 혜택을 활용할 수 있다. 이것이 아이들이 '내면의 바다를 보는' 법을 배우고, 내면의 폭풍우를 침잠시키는 능력을 계발하는 방식이다.

그 같은 타임인은 마인드사이트mindsight의 기초이며, 통찰력·공감으로 타인의 마음뿐 아니라 우리 자신의 마음을 보는 능력의 기초이다. 마인드사이트는 내면의 상태를 혼돈·완고함에서 조화·유연성으로 바꾸는 통합의 과정을 포함한다. 마인드사이트(통찰력, 공감, 통합)는 사회적 정서적 지능의 기초이다. 따라서 우리가 타임인time-in을 사용하면 아이와 청소년은 내적 성찰 능력과 관련된 뇌 회로망을 유용하게 형성할 수 있다. '노 드라마no-drama' 자녀교육은 잘못된 행동을 중단시키고(제1목표), 실천력 계발에 필수적인 성찰을 위해(제2목표) 타임인을 사용한다.

효과적일 수 있는 한 가지 전향적 전략은 아이가 장난감, 책, 좋아하는 박제 동물을 가지고 '마음을 가라앉히는 장소calm zone'를 만들게 하는 것이 될 수 있다. 이곳은 아이가 차분해지기 위한 시간·장소가 필요할 때 들르는 곳이다. 그것은 내적 자기통제의 근본 기술이다. (이것은 부모에게도 적용되는 좋은 아이디어이다! 아마도 초콜릿, 잡지, 음악, 적포도주 등이 사용될 수 있을 것이다.)

그것은 처벌에 관한 것, 또는 아이가 자기 잘못에 대한 대가를 치르게 하는 것에 관한 것이 아니다. 그것은 아이의 자기통제와 감정 조절을 돕는 선택과 장소를 제공하는 것에 관한 것이다. 그것은 감정의 과부하에서 벗어나 진정하는 것을 포함한다.

곧 설명하겠지만, 아이에게 반응할 때 자동적으로 타임아웃(잘못된 행동에 대한 천편일률적 기본값인 징벌)을 시키는 것보다 더 교육적이며, 관계를 더 돈독히 하고, 더 효과적인 수십 가지 다른 방법이 있다. 그것은 엉덩이 때리기도 마찬가지이며, 일반적인 징벌에 대해서도 동일하다. 다행스럽게도 엉덩이 때리기, 타임아웃, 자동적으로 장난감·특혜를 박탈하는 것보다 더 나은 대안들이 있다. 이들 대안은 논리적으로 그리고 자연스럽게 아이의 행동과 연결되며, 부모와 자녀 사이에 강한 유대감을 지탱해 준다.

여러분의 자녀교육 철학은 무엇인가?

이 부部에서 우리가 전하고자 하는 요점은 '자녀가 잘못 행동할 때 부모는 사려 깊게 반응해야 한다'는 것이다. 흥분된 감정적 반응 또는 상황 맥락과 아이의 성장 단계를 무시한 천편일률적 전략으로 모든 일탈에 반응해서는 안 된다. 부모는 원칙과 전략에 따라 행동해야 한다. 그것은 자신의 신념체계와 일치하며, 자녀를 있는 그대로 존중하는 것이어야 한다.

'노 드라마' 자녀교육은 단기적인 그리고 즉각적인 행동교정에 초점을 맞춘다. 그뿐 아니라 능력 계발과 두뇌의 신경 연결망 형성에도 초점을 맞춘다. 결국 그것은 아이가 사려 깊은 선택을 하고 감정을 잘 처리하는 데 도움 될 것이다. 그렇게 되면 자녀교육의 필요성이 갈수록 줄어들 것이다.

이 점과 관련해 여러분은 어떻게 하고 있는가? 여러분은 얼마나 사려 깊게 자녀교육을 하는가?

잠시 시간을 내서 자녀의 행동에 대한 여러분의 평소 반응에 관해 생각해 보라. 자동적으로 엉덩이를 때리거나, 타임아웃 시키거나, 소리를 지르는가? 자녀가 말썽 피울 때 즉시 조언을 구하는 다른 대상이 있는가?

아마도 여러분은 그냥 여러분의 부모들이 했던 대로 할 것이다. 혹은 단순히 그 반대일 수도 있다. 현실적 질문은 '여러분의 자녀교육 전략 중 얼마나 많은 부분이 사려 깊고 일관된 방법(단순 반발 또는 오랜 습관이나 기본 메카니즘에 반대되는 것)에서 나오는가?'이다.

전반적인 자녀교육 철학과 관련해 여기에 여러분이 자문自問해야 할 질문들이 있다.

1. 나는 자녀교육 철학을 가지고 있는가? 아이의 행동방식이 마음에 들

지 않을 때, 나는 얼마나 목적 지향적이며 일관성 있는가?

2. 내가 하는 일이 효과가 있는가? 인간으로서의 성장뿐 아니라 당면한 행동의 관점에서, 내 방법으로 아이에게 내가 원하는 교훈을 가르칠 수 있는가? 그리고 나는 아이의 행동에 관한 고심을 점점 줄여야 한다고 보는가, 아니면 같은 행동을 반복해서 교육해야만 하는가?

3. 내가 하는 일이 내 마음에 드는가? 내 자녀교육법은 자녀와의 관계를 더 즐겁게 만드는 데 도움이 되는가? 나는 자주 자녀교육 당시를 되돌아보고 내 자기관리법에 만족하는가? 나는 더 좋은 방법이 있을까 하고 생각하는 일이 흔히 있는가?

4. 아이는 그것을 좋아하는가? 자녀교육은 인기 있는 경우가 드물지만 아이는 내 방법을 이해하고 내 사랑을 느끼는가? 나는 아이가 자신에게 좋은 감정을 가질 수 있게 의사소통하며 존중의 본보기를 보이고 있는가?

5. 내가 아이에게 전하는 메시지가 내 마음에 드는가? 나는 아이가 내면화하기를 원치 않는 교훈을 가르친 적이 있는가? 예를 들면, 내 말에 복종하는 것이 좋은 결정을 내리는 방법을 배우는 것보다 더 중요하다고. 또는 힘과 통제가 우리가 원하는 것을 사람들에게 시키는 최선책이라고. 또는 아이가 좋아한다면 단지 아이 주변을 맴돌기를 원한다고.

6. 내 양육법은 내 부모의 양육법을 얼마나 닮았는가? 내 부모는 나를 어떻게 양육했는가? 나는 양육의 구체적 경험을 기억할 수 있는가? 그 경험에 대해 나는 어떤 느낌을 가졌는가? 나는 그 옛날 방식을 단순 반복하

고 있는가? 아니면 그것에 저항하고 있는가?

7. 내 양육법은 아이의 진정한 사과로 연결되는가? 정기적이지는 않더라도 적어도 그 사과의 실마리를 제공하는가?

8. 내 자신의 행동에 책임지고 사과하는 것이 가능한가? 나도 실수한다는 사실에 관해, 나는 아이에게 얼마나 솔직한가? 실수를 다 털어놓는다는 의미에서 나는 아이에게 본보기가 될 의향이 있는가?

이런 질문들을 받고 보니, 지금 여러분은 어떤 느낌이 드는가? 많은 부모들은 효과가 없었던 것들을 인정할 때 후회, 죄책감, 수치심, 심지어 무력감을 경험한다. 그리고 자신이 할 수 있는 최선을 다할 수 없지 않을까 걱정한다. 그러나 여러분은 가능한 최선을 다했다. 그것이 진실이다. 만약 여러분이 더 잘 할 수 있었으면 그렇게 했을 것이다. 새 원칙과 전략을 배우는 목적은 기회를 놓쳤다고 자신을 질책하는 것이 아니라, 새 기회를 창출하기 위해 노력하는 것이다.

우리는 더 잘 알 때 더 잘 할 수 있다. 우리는 전문가로서 수년에 걸쳐 깨달은 것들이 있다. 그것은 우리 자녀들이 아기였을 때 우리가 알았더라면 혹은 생각했더라면 하는 것들이다. 우리 자녀들의 뇌(경험에 대한 반응으로 그 구조를 바꿀 수 있다)는 극도로 유연해 새로운 경험에 매우 빨리, 매우 생산적으로 반응할 수 있다. 여러분은 자신에 대한 동정심이 많으면 많을수록, 자녀에게 더 많은 동정심을 가질 수 있다. 자녀교육법과 관련해 심지어 가장 우수한 부모들조차 '더 사려 깊고, 더 효율적이며, 더 존중심을 가질 수 있을 텐데…' 라고 생각할 때가 항상 있다.

다음 부部들에서 우리의 목표는 자녀의 지도와 교육을 위해 여러분이 원하는 것을 생각하도록 돕는 것이다. 우리들 중 어느 누구도 완벽할 수는 없다. 그러나 자녀가 난장판을 만들 때 우리는 모범적으로 침착함과 자기 통제를 보여줄 수 있다. '왜-무엇을-어떻게' 질문을 할 수 있다. 천편일률적인 자녀교육법을 피할 수 있다. 외적으로 행동을 교정하고 내적인 능력을 계발한다는 두 가지 목표를 달성할 수 있다. 그리고 상황에 단순 반응 (혹은 과잉 반응)하는 것을 효과적으로 줄일 수 있다. 대신에 자녀에게 필요하다고 여겨지는 것(특정 시점에서, 그리고 청소년과 성년으로 성장함에 따라)을 수용적 태도로 분명히 인식하며, 그에 따라 반응하는 횟수를 효과적으로 늘릴 수 있다.

제2부

자녀교육을 관장하는 뇌

리즈Liz는 아침 시간을 잘 보내고 있었다. 두 자녀는 아침을 먹고 옷을 잘 챙겨 입었다. 그녀와 남편 팀Tim은 두 딸을 각각의 학교로 데려다 주기 위해 문을 나서고 있었다. 리즈가 현관문을 잠그면서 표면적으로 가장 사소해 보이는 말("니나Nina는 아빠 차를 타고, 베라Vera는 밴을 타.")을 했을 때 돌연 모든 것이 무너져버렸다.

팀과 7살 베라가 이미 진출입로를 향해 가기 시작했고, 리즈가 현관문을 잠그고 있었을 때, 장례식장의 비명이 그녀의 심장을 멎게 했다. 리즈는 재빨리 돌아서 4살 니나를 보았다. 현관 맨 아랫계단에 서 있던 니나가 귀청이 찢어질 듯한 높은 소리로 "노!"라고 비명을 지르고 있었다.

리즈는 팀, 그리고 베라를 쳐다보았다. 두 사람은 움츠러들었고 당혹감에 눈이 휘둥그레졌다. 길게 지속된 니나의 "노!" 비명은 "노! 노! 노!"라는 스타카토로 이어졌다. 그 스타카토는 가장 높은 음량으로 반복, 반복됐다. 리즈는 재빨리 무릎을 꿇고 니나를 끌어당겼다. 다행히도 니나의 비명은 점점 작아져 흐느낌으로 변했다.

"니나야, 왜 그래?"라고 리즈가 물었다. 그녀는 이 감정 폭발에 어안이 벙벙했다. "왜 그래?"

니나는 계속 울다가 "어제 엄마는 언니를 데려다줬잖아!"라고 내뱉었다.

리즈는 다시 팀을 바라보았다. 그는 리즈 쪽으로 걸어오면서, '왜 그러는지 몰라 당혹스럽다'는 듯이 어깨를 으쓱해 보였다. 니나가 다시 울자 리즈는 설명을 하려고 노력했다. "알아, 사랑하는 딸아! 그건 언니 학교가 바로 엄마 직장 옆이기 때문이야."

니나는 뒤로 물러나면서 비명을 질렀다. "어쨌든 이번에는 내 차례야!"

딸이 위험에 처해 있는 것이 아니라는 사실을 알고 리즈는 깊은 한숨을 쉬었다. 그리고 잠시 '높은 비명이 유리를 깨뜨리려면 몇 데시벨이 되어야만 할까' 하고 생각했다.

전형적으로 동생의 고충에 매정한 베라는 못 참겠다는 듯 "엄마, 나 늦을 것 같아."라고 말했다.

자녀교육에서 전형적으로 나타나는 이런 상황에서 리즈가 어떻게 대처했는가를 설명하기 전에, 먼저 우리가 해야 할 일이 있다. 인간의 뇌에 관해, 그리고 (자녀가 잘못 행동할 때 또는 이 경우처럼 자기통제를 상실할 때) 뇌가 우리의 자녀교육 결정에 어떻게 영향을 미치는가에 관해 몇 가지 간단한 사실을 소개하는 것이다.

먼저 뇌에 관한 세 가지 근본적인 발견에서 시작하자. 우리는 그것을 세 가지 '브레인 C'라고 부른다. 그것은 여러분이 자녀에게 중요한 교훈(자기통제와 인간관계에 관한 교훈)을 가르치는 한편 효과적이며 흥분을 적게 하는 자녀교육을 하는 데 대단히 유익하다.

'브레인 C' 제1번—Changing
뇌는 변화하고 있다

'브레인 C' 제1번(뇌는 변화하고 있다)은 단순한 것처럼 들린다. 그러나 그 함축된 의미는 막대하며, 자녀교육을 포함해 우리가 자녀와 함께 하는 모든 것에 관한 정보를 줄 것이다.

아이의 뇌는 건설 중인 집과 같다. 뇌의 아래층은 뇌간과 변연계 영역으로 구성된다. 이것들이 '파충류의 뇌' 그리고 '고대 포유류의 뇌'라고 불리는 뇌의 아랫부위를 형성한다. 그것은 여러분의 두개골 안(대략 콧날 높이에서부터 아래로 목 윗부분까지 이어진다)에 존재한다. 그 일부인 뇌간은 태어날 때부터 기능이 매우 활발하다.

우리는 이 아래층 뇌가 가장 근본적인 정신 작용(강한 감정, 어린애를 보호하려는 것 같은 본능, 그리고 호흡, 수면과 각성 통제, 소화 같은 기본 기능)을 책임지기 때문에 훨씬 더 원시적이라고 생각한다. 아래층 뇌는 유아가 자기 마음대로 할 수 없을 때 장난감을 던지거나 사람을 깨물게 만드는 그것이다.

그것은 우리 반사성反射性의 원천일 수 있다. 그것의 모토는 성급한 '발사! 준비! 조준!'이다. (현실에서는 준비와 조준을 생략하는 경우가 자주 있다.) 엄마로부터 자신을 차로 학교에까지 데려다주지 않을 것이라는 말을 들었을 때, 상황을 장악한 것은 니나의 아래층 뇌였다.

여러분이 부모라면 잘 알겠지만 아래층 뇌는 아주 어린 아이인 경우에도 모든 원시적 기능이 잘 살아 있다. 반면 위층 뇌는 더 정교하고 더 복잡한 사고를 담당하는데, 출생 당시에는 발달해 있지 않다가 유아기와 어린 시절에 성장하기 시작한다.

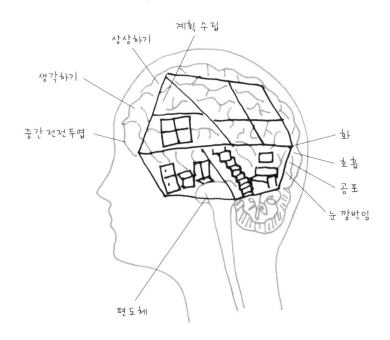

위층 뇌는 대뇌피질로 구성돼 있으며 뇌의 가장 바깥층이다. 그것은 아래층 뇌를 덮고 있는 절반의 돔처럼 이마 바로 뒤에서 머리 뒤쪽으로 이어진다. 종종 사람들은 그것을 '뇌의 바깥 껍질'이라고 부른다. 원시적인 아래층 뇌와 달리 위층 뇌는 모든 기본 기능 외에 사고의 목록과 감정적, 이성적 능력을 담당한다. 그 덕분에 우리는 균형 잡힌, 의미 있는 삶을 살며 건강한 인간관계를 즐길 수 있다.

- 건전한 의사결정과 계획 수립
- 감정과 몸 통제
- 개인적 통찰력
- 유연성과 적응성
- 공감
- 도덕성

이것들이 바로 우리가 아이들에게 주입하길 원하는 자질들이다. 이것들은 모두 잘 발달된 위층 뇌를 필요로 한다. 문제는 위층 뇌는 발달에 시간이 소요된다는 점이다. 그것도 긴 시간. 실제로 위층 뇌는 20대 중반이 될 때까지 완전히 발달하지는 않는다. 이런 사실을 전하는 우리도 유감스럽다. 여러분의 12살 자녀가 숙제장을 학교 라커에 넣어두고 온 것이 이번 주 들어 세 번째라면, 특히 더 그렇다.

그것은 그러는 동안 우리가 그 일에 대해 할 수 있는 일이 없다는 뜻이 아니다. 뇌는 아이일 때 만들어지지만 청소년은 그 뇌를 재형성하는 시기라는 의미이다. 그리고 생후 첫 12년 동안 만들어진 위층 뇌의 기본을 바꿀 것이라는 의미이다. 단Dan(공저자)은 청소년을 위한, 청소년에 관한 자신의 책 〈Brainstorm〉에서 이 모든 문제를 다룬다. 훌륭한 뉴스는 뇌에 관해 알면 (여러분을 위해 아이와 청소년 자녀를 위해) 여러분 각자가 가르침과 행동에 접근하는 방법을 바꿀 수 있다는 것이다. 우리가 뇌에 관해 알 때 삶을 통틀어 튼튼하고 건강한 뇌 성장을 지원하는 방식으로 우리의 마음(어떻게 집중하고, 어떻게 생각하며, 어떻게 느끼고, 어떻게 타인과 상호작용할 것인가)을 잘 안내할 수 있다.

이것은 무엇을 의미하는가. 아이들이 성숙하며 성실한 성인처럼 늘 믿을 수 있는 논리, 감정적 균형, 도덕성을 갖고 행동하기를 우리는 간절히 바란다. 그러나 우리의 바람만큼이나 아이들은 어릴 적에는 그렇게 할 수가 없다. 적어도 항상 그렇게 할 수는 없다.

결과적으로 우리가 아이에게 맞춰 나가야 하며 우리의 기대를 수정해야 한다. 놀랄 만큼 가까운 거리에서 발사된 장난감 총알을 눈에 맞은 5살 자녀를 달래면서, 우리는 9살 자녀에게 "도대체 넌 무슨 생각을 하고 있니?!"라고 묻고 싶다.

물론 아이의 대답은 "몰라요."라든가 "아무 생각 없었어요."일 것이다.

물론 대부분 아이가 옳을 것이다. 동생의 눈동자를 조준했을 때 마치 어제처럼 아이의 위층 뇌가 관여하지는 않았다. 어제 아이는 발꿈치가 베어 그곳에 모래가 들어가면 안 되었기 때문에 사촌의 해변 파티를 실내로 옮겨달라고 요구했었다.

요컨대 여러분의 자녀가 아무리 똑똑하며 책임감 있고 성실하다고 해도, 항상 자신을 잘 관리하기를, 항상 옳고 나쁜 선택을 잘 구분하기를 기대하는 것은 공정치 못하다. 항상 그렇게 하는 것은 성인들조차 불가능한 일이다. 이 점진적 성장의 좋은 예는 뇌의 특정 부위(우측 측두두정엽 경계부)에서 발견될 수 있다. 이 부위는 다른 사람의 마음에서 무슨 일이 일어나고 있는가를 이해하는 특별한 역할을 수행한다.

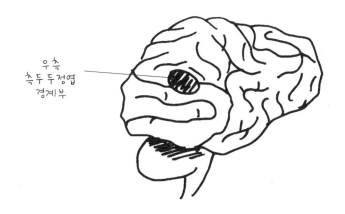

우측
측두두정엽
경계부

다른 사람과 마찬가지로 우리가 상황이나 문제를 볼 때, 이 부위가 활성화하고 전전두엽(바로 이마 뒤의 이 부위로 인해 우리는 다른 사람과 공감할 수 있다) 부위와 함께 작동한다. 이 부위와 다른 부위는 소위 '정신화精神化 회로'의 일부이다. 마인드사이트mindsight을 가지고 다른 사람의 마음, 심지어 우리 자신의 마음을 보는 데 관여하기 때문이다!

자녀가 통찰력, 공감, 도덕적 사고를 갖도록 잘 안내할 때 우리는 자녀의 마인드사이트를 발달시킬 수 있다. 물론 공감은 중요하고 근본적인 방법으로 우리의 도덕적, 이성적 삶에 영향을 미친다. 자녀가 엉망이 되었을 때 만약 그것이 선의라면 우리는 이해해 줄 의사가 있다. 만약 그들의 동기가 이해되면 우리는 속는 셈 치고 믿어 줄 의향이 있다.

어쨌든 아직 성장 중이며 위층 뇌(우측 측두두정엽 경계부와 전전두엽 포함)가 만들어지는 과정에 있는 아이는 상황과 문제를 바라볼 때 동기와 의도를 고려할 수 없는 경우가 흔할 것이다. 윤리적 결정은 훨씬 흑백논리적이며, 정의와 공정함 같은 이슈에 관한 관심은 훨씬 단순할 것이다.

예를 들어, 니나는 언니 학교가 엄마 직장과 얼마나 가까운가에 관한 논의에는 관심이 없었다. 그 자료의 논리적, 사실적 부분은 니나와 무관했다. 니나는 언니가 어제 엄마와 함께 차를 탔기 때문에, 공정함을 따지면 오늘은 그 자리에 자신이 타야 한다는 데에만 오로지 신경을 썼다. 따라서 리즈가 딸의 관점을 이해해야 했다. 니나는 오로지 아직 성장 중인 위층 뇌의 렌즈를 통해 그 상황을 보고 있다는 사실을 인식해야 했다. 성장 중인 위층 뇌는 상황과 관련된 정보를 항상 고려할 수 있는 것이 아니다.

다음 부部에서 설명하겠지만, 아이의 행동 뒤에 있는 마음을 감지하기 위해 우리는 마인드사이트 회로를 사용한다. 그때 우리는 어떻게 아이와 타인의 마음을 감지하는가에 관해 아이에게 본보기가 된다. 마인드사이트는 공감, 통찰력, 도덕심, 동정심의 핵심에 있을 때 가르칠 수 있는 능력이다. 마인드사이트는 사회적 정서적 지능의 토대이다. 그리고 우리는 아이의 변화하는 뇌의 성장을 안내하면서, 이것의 모범을 아이에게 보여줄 수 있다.

핵심은 우리가 아이를 키울 때, 특히 자녀교육을 할 때 자녀의 관점, 성장 단계, 궁극적으로 자녀가 할 수 있는 것을 이해하기 위해 노력해야 한다는 점이다. 이것이 자녀의 행동 이면의 마음을 보기 위해 우리가 마인드 사이트 기술을 사용하는 방법이다. 우리는 단순히 그들의 외적인 행동에 반응하지 않고, 행동 이면의 마음에 조율한다. 그리고 자녀가 할 수 있는 것이 항상 동일하지 않다는 점, 자녀의 능력도 피곤함이나 배고픔, 당황함에 따라 변한다는 점도 역시 기억해야 한다.

이 특별한 '브레인 C' (뇌는 변화하고 있으며 아직 성장 중이다)를 이해함으로써 우리는 더 많은 이해심과 연민을 가지고 아이의 말에 귀 기울일 수 있게 된다. 그리고 왜 아이는 속상하며 자기관리가 힘든 시기를 겪는가를 더 잘 이해할 수 있다. 자녀가 완성된 기능을 하는 뇌를 사용해 결정을 내리며, 우리처럼 세상을 볼 수 있다고 가정하는 것은 정말 불공평하다.

위층 뇌가 담당하는 기능의 목록을 생각해 보라. 그것이 (누구든) 아이의 성격을 현실적으로 묘사한 것일까? 물론 우리는 자녀가 자기 삶의 매 순간, 모든 순간에서 이 같은 행동을 보여주길 간절히 원한다. 앞서 계획하고, 계속 좋은 결정을 내리며, 자신의 감정과 몸을 통제하고, 유연성과 공감과 자기 이해심을 보여주며, 잘 발달된 도덕심에 따라 행동하는 아이를 누가 원하지 않겠는가? 그러나 그 같은 일은 생기지 않는다. 적어도 항상 생기는 것은 아니다. 아이와 나이에 따라서는 심지어 자주 생기지도 않는다.

그렇다면 이것은 자녀의 나쁜 행동에 대한 변명 아닐까? 자녀가 나쁜 행동을 할 때 우리는 단순히 눈을 감고만 있어야 할까? 절대 그렇지 않다. 사실 아이의 성장하는 뇌는, 우리가 분명한 한계를 설정해 무엇이 받아들여지는 것인가를 아이에게 이해시켜야 하는 다른 이유이다.

위층 뇌는 자신의 행동을 지배하는 내적 통제를 제공한다. 그런데 아이가 지속적으로 작동하는 위층 뇌를 가지고 있지 않다는 사실은, 아이가 외부 통제를 받아야 한다는 것을 의미한다. 그리고 그 같은 외부 통제는 어디서 와야 하는가를 생각해 보라. 부모와 다른 보호자, 그리고 그들이 주는 가이드라인과 기대이다.

우리는 아이의 위층 뇌가 성장하도록, 그에 따라 얻을 수 있는 능력을 계발하도록 도와야 한다. 그 기간 동안 우리는 외부에서 아이의 위층 뇌 역할을 해야 할 수도 있다. 아이와 함께 하면서 아이가 아직은 도저히 스스로 할 수 없는 결정을 내릴 수 있게 도와야 할 수도 있다.

곧 우리는 이 생각에 깊이 몰입할 것이다. 그리고 현실적인 실천 방안을 제공할 것이다. 그러나 현재로선 단지 머리글자로 만들어진 '브레인 C'를 마음에 새겨라. 아이의 뇌는 변화하며 성장 중이다. 따라서 우리는 기대수준을 낮추고, 아이의 감정·행동상의 어려움은 아주 당연하다는 점을 이해해야 한다. 물론 우리는 존중받는 행동을 계속 가르치고 기대해야 한다. 그럴 경우에도 우리는 변화하고 성장 중인 뇌를 항상 마음에 새겨야 한다.

일단 이 근본적 현실을 이해하고 수용하면, 우리는 아이와의 관계를 훨씬 더 존중하는 방식으로 반응할 수 있다. 동시에 우리가 유도해야 하는 행동도 잘 다룰 수 있다.

'브레인 C' 제2번 — Changeable
뇌는 변화가 가능하다

두 번째 '브레인 C'는 매우 고무적이며 세상 모든 부모들에게 희망을 준다. 즉, 두뇌는 변화하고(시간이 지나면서 발달하고) 있을 뿐 아니라 변화가 가능하다(경험에 의해 의도적으로 만들어질 수 있다)는 것이다. 만약 여러분이 최근 뇌에 관한 독서를 많이 한다면, 아마도 신경가소성 neuroplasticity(뇌세포의 플라스틱 성질)이란 개념을 접할 것이다. 이것은 뇌가 우리 경험을 기반으로 물리적으로 변하는 방식을 지칭한다.

과학자들의 설명대로 뇌는 플라스틱 같으며 또 만들어 나갈 수 있다. 그렇다. 뇌의 실질적, 물리적 구성은 우리에게 발생하는 일을 바탕으로 변한다. 여러분은 신경가소성의 증거를 보여주는 과학 연구들에 관해 들어 보았을 수도 있다. 우리는 〈The Whole-Brain Child〉이란 책에서 사냥을 위해 소리에 의존하는 동물들의 뇌에서 확장된 청각聽覺 중추를 보여주는 연구를 언급했다. 또 바이올린 연주자는 왼손(놀라운 속도로 바이올린 줄을 만지는 손)을 관장하는 뇌 피질 부위가 정상인보다 크다는 사실을 보여주는 연구들을 언급했다.

최근의 다른 연구들에 따르면 악보를 읽고 건반을 연주하는 법을 배운 아이들은 뇌에서 의미 있는 변화를 경험하며 소위 '공간 감각운동의 도표화圖表化'라는 고급 능력을 갖는다. 달리 말해서 피아노의 기본을 익힌 아이의 뇌는 그렇지 않은 아이와 다르게 성장한다. 따라서 그 아이는 주변 사물들과의 관계에서 자신의 몸을 훨씬 더 잘 이해할 수 있다.

우리는 명상하는 사람들에 관한 연구에서 비슷한 결과를 보았다. 명상은 뇌신경 연결망의 기본적 변화를 유발한다. 그리고 타인과의 상호작용을 얼마나 잘 하는가, 어려운 상황에 얼마나 잘 적응하는가에 의미 있는 영향을 미친다.

그러나 이 점은 명백하다. 이것은 모든 아이는 피아노 레슨을 받아야 한다거나 모든 사람은 명상을 해야 한다는 말이 아니다. (우리는 둘 중 어느 것도 하지 말라고 권하지는 않겠다!) 핵심은 레슨의 경험은 명상(또는 바이올린 연주나 가라데 연습) 경험과 마찬가지로 근본적으로 그리고 물리적으로 플라스틱 뇌를 변화시킨다는 것이다. 이 점은 어린이나 청소년 에게서 특히 더 그렇다. 그렇지만 우리 일생을 통해서도 그대로 적용된다.

더 극단적인 예를 들면 유아기에 학대 받으면 나중에 정신질환에 잘 걸 릴 수 있다. 최근 연구들은 학대를 경험한 젊은 성인의 뇌에서 해마 부위 의 구체적 변화를 찾기 위해 기능성 MRI(fMRI)나 뇌 스캔을 사용했다. 그 들은 우울증, 중독, 외상 후 스트레스 증후군(PTSD)을 경험한 비율이 더 높았다. 그들은 어린 시절에 경험한 정신적 외상에 대한 반응으로 뇌가 근 본적으로 변했다.

신경가소성은 부모로서 우리가 해야 할 일에 관해 막대한 파급 효과를 가지고 있다. 만약 반복된 경험이 실제로 뇌의 물리적 구성을 바꾼다면 무 엇보다도 우리는 아이가 겪는 경험에 신중해야 한다.

여러분이 자녀와 상호작용하는 방식에 관해 생각해 보라. 자녀와 어떻 게 소통하는가? 어떻게 자녀가 자신의 행동에 관해 반성하게 하는가? 인 간관계(그리고 존중, 신뢰, 노력)에 관해 무엇을 가르치는가? 아이가 어떤 기회에 노출되게 하는가? 아이의 삶에 어떤 중요한 사람을 소개하는가?

아이가 보고, 듣고, 느끼고, 만지고, 냄새 맡는 모든 것이 뇌에 영향을 미친다. 그렇게 해서 아이가 자신의 세계(가족, 이웃, 타인, 친구, 급우 그 리고 자기 자신까지 포함)를 보고 그것과 상호작용하는 방식에 영향을 미 친다.

이 모든 것은 세포 차원에서, 신경세포에서, 시냅스synapse라고 불리는 뇌신경 연결망에서 일어난다. 이런 현상에 관한 신경과학자들의 표현들 중 한 가지는 '함께 활성화되는 신경세포들은 서로 연결된다'는 것이다. 이 문구는 캐나다 신경심리학자 도널드 헤브Donald Hebb의 이름을 따 '헤 브의 법칙'으로 알려져 있다.

이 문구는 '신경세포가 경험에 대한 반응으로 동시에 활성화될 때 그

신경세포들은 서로 연결돼 네트워크를 형성한다'는 사실을 본질적으로 설명한다. 그리고 경험이 되풀이되면 이들 신경세포 사이의 연결망은 심화되고 강화된다. 따라서 신경세포가 함께 활성화될 때 서로 연결되는 것이다.

저명한 생리학자 이반 파블로프Ivan Pavlov는 자신의 개가 실제로 앞에 음식이 나왔을 때뿐 아니라, 그가 밥 먹으라는 저녁 종을 울렸을 때에도 침 흘리는 것을 발견했다. 그는 이 아이디어를 받아들이기 위해 노력했다. 그 개의 '침 분비 신경세포들'은 '저녁 종 신경세포들'과 연결돼 있었거나 기능적으로 연관돼 있었다.

동물세계에서 나온 더 최근의 사례는 샌프란시스코 자이언트 야구팀이 홈구장인 AT&T파크에서 야간 경기를 할 때마다 나타난다. 매 경기가 끝날 무렵 바다 쪽 관중석이 비기 시작하면 바다갈매기떼가 핫도그, 땅콩, 팝콘 찌꺼기 축제를 즐기기 위해 나타난다.

생물학자들은 새떼가 어떻게 도착 시각을 정확히 9이닝에 맞추는가에 관해 난감해 한다. 관중의 소음이 더 커지기 때문일까? 관중석 불빛의 유혹? 7이닝 스트레치 시간에 있는 〈나를 야구장에 데려가 주오〉라는 오르간 연주? 어쨌든 한 가지는 분명한 것 같다. 새떼는 경기가 끝나면 음식을 기대하도록 훈련됐거나 사전 지식이 주입됐다. 신경세포들이 함께 활성화됐으며 그 결과 서로 연결됐다.

헤브의 법칙은 유아가 들어 올려주길 원할 때 손을 들어 "안아줘?"라고 외치게 만드는 그것이다. 유아는 정확한 단어의 의미를 거의 이해하지 못하며 자신의 발음조차 명확히 알지는 못한다. 그러나 유아는 누군가 "안아줘?"라는 말을 했을 때 자신을 들어 올려줬다는 사실을 알고 있다. 따라서 유아는 안기길 원할 때 '안아줘?' 신경세포들의 활성화와 상호연결을 요청한다.

신경세포를 서로 연결하는 것은 좋은 일일 수 있다. 수학 선생님과의 긍정적인 경험은 수학을 즐거움, 성취 그리고 학생의 자부심과 연결시키는 신경세포 연결망을 형성할 수 있다. 그러나 그 반대도 사실이다. 엄한 강사와의 부정적 경험, 시간제한이 있는 시험과 그에 동반된 불안감은 뇌에 부정적 신경 연결망을 형성할 수 있다. 이 부정적 신경 연결망은 수학·숫자뿐 아니라 시험과 전반적인 학교생활에도 심각한 장애를 만든다.

핵심은 간단하지만 다음 사실을 이해하는 데에는 결정적이다. 즉, 경험은 뇌의 구성에 변화를 초래한다는 것이다. 그래서 현실에서 우리는 '어떻게 자녀와 상호작용할까' '어떻게 자녀가 시간을 써야 할까'에 관한 결정을 내릴 때 신경가소성neuroplasticity을 기억하길 원한다. 우리는 '어떤 신경 연결망을 형성할까' '그것이 미래에 어떤 작용을 할까'를 고려하길 원한다.

예를 들면 여러분은 자녀에게 어떤 영화를 보여주길 원하는가? 또 자녀가 어떤 활동을 하면서 긴 시간을 보내길 원하는가? 플라스틱 같은 뇌가 경험에 의해 변할 것이라는 사실을 알면, 우리는 특정 TV프로그램을 보면서 또는 폭력적인 비디오 게임을 하면서 보낸 시간들에 편안함을 덜 느낄지도 모른다.

대신 우리는 자녀가 인간관계 능력과 타인에 대한 이해 능력을 계발하는 활동에 참여하길 권장할지도 모른다. 그것이 친구와 노는 것, 가족과 게임하는 것, 운동, 또는 타인과 팀을 이뤄 함께해야 하는 단체활동에 참여하는 것이든 상관없다.

심지어 우리는 어느 여름날 의도적으로 지루한 시간을 만들지도 모른다. 그래서 아이들은 차고로 가 도르래, 밧줄, 강력 접착테이프 한 통으로 '무슨 재밌는 일을 할 수 없을까'를 궁리해야 한다. (만약 아이들 중 누군가 '어린 동생을 위한 강력 접착테이프 낙하산'이란 문구를 구글로 검색하기 위해 집안으로 되돌아온다면, 여러분은 모노폴리Monopoly(부동산 취득 게임) 게임 판을 깨뜨리고 싶을지도 모른다.)

우리는 모든 부정적 경험으로부터 자녀를 보호하거나 구할 수는 없다. 그것을 원하지도 않을 것이다. 이 부정적 경험들은 성장과 회복력 계발의 중요한 일부이다. 이렇게 해서 아이는 스트레스 · 실패에 대응하고 유연하게 대처하는 내적 능력을 얻게 된다. 우리가 할 수 있는 일은 자녀가 자신의 경험을 이해하도록 돕는 것이다. 그렇게 해서 그런 부정적 경험들이 무의식적 연상聯想 또는 장래에 자녀를 제약하는 정신적 상처가 되지 않고, 의식적으로 뇌에 '학습 경험'으로 각인될 수 있게 하는 것이다.

부모가 경험과 기억을 자녀와 함께 얘기할 때 자녀는 그런 경험의 기억에 더 잘 접근하는 경향이 있다. 부모가 자녀의 감정에 관해 얘기할 때 자녀는 정서적, 지적으로 더 강건해지며 결과적으로 자신과 타인의 감정을 더 잘 인식하고 이해할 수 있다. 함께 활성화된 신경세포들은 서로 연결돼 변화 가능한 뇌를 실제로 변화시킨다.

이 모든 것은 '경험에 따라 뇌는 변한다'는 핵심으로 돌아간다. 자녀의 변화 가능한 뇌에 영향을 미칠 그 무엇을 자녀가 경험하기를 원하는가? 어떤 뇌신경 연결망을 만들어 주길 원하는가? 이 책에 더 중요한 것이 있다. 이제 여러분은 아이의 뇌는 변화 가능하다는 사실을 알았다. 따라서 더 중요한 것은 '아이의 잘못된 행동에 어떻게 반응할 것인가'이다. 결국 자녀교육에서 얻는 자녀의 반복적 경험은 뇌신경 연결망도 만들 것이다.

'브레인 C' 제3번 — Complex
뇌는 복합적이다

그렇다. 뇌는 변화하고 있으며, 변화가 가능하다. 또한 뇌는 복합적이다. 이것이 우리의 세 번째 '브레인 C'이다. 뇌는 서로 다른 부위가 서로 다른 역할을 수행하는 다면성을 띠고 있다. 어떤 부위는 기억, 다른 부위는 언어, 또 다른 부위는 공감 담당 등의 방식이다.

이 세 번째 '브레인 C'는 자녀교육할 때 기억해야 할, 가장 중요한 실체 중 하나이다. 뇌 복합성이란 무엇일까? 아이가 속상하거나 우리가 원치 않는 방식으로 행동할 때 우리는 아이 뇌의 다른 회로를 작동시키는 반응을 해야 한다. 그런 반응을 통해 아이 뇌의 다른 부위에 호소할 수 있다는 의미이다. 따라서 우리는 한 가지 결과를 얻기 위해 뇌의 한 부위에 호소하고, 다른 결과를 얻기 위해 다른 부위에 호소할 수 있다.

예를 들어 위층 뇌와 아래층 뇌로 되돌아가 보자. 만약 자녀가 분노발작을 일으키거나 통제불능이 되면, 뇌의 어느 부위에 호소하는 것이 좋을까? 원시적이고 반사성反射性이 큰 부위일까? 아니면 정교하고 논리, 동정심, 자기 이해를 담당하는 부위일까? 파충류 같은(방어 본능과 공격성을 가진) 반사 부위일까? 평정심 회복, 문제해결, 심지어 사과謝過의 잠재성을 가진 부위일까? 답은 명백하다. 우리는 아래층 뇌의 반사성보다는 위층 뇌의 수용성을 적용하길 원한다. 그러면 뇌의 상층부가 더 충동적이며 반사성이 큰 하층부와 의사소통해 하층부를 제어하는 데 도움이 될 수 있다.

우리가 위협(말을 통한 분명한 것이든 어투나 자세, 얼굴 표정 같이 암암리에 두려움을 조장하는 비언어적인 것이든)으로 자녀교육할 때, 반사적이며 파충류적인 아래층 뇌의 방어 회로를 활성화한다. 우리는 이것을

'도마뱀 찌르기'라고 부른다. 그것은 부모와 자녀 모두의 감정을 고조시키기 때문에 권장하지 않는다. 5살 자녀가 식료품점에서 발작할 때 여러분은 아이를 내려다보고 손가락질하며 이를 악물고 "당장 그만해!"라고 말한다. 그것이 도마뱀 찌르기다.

이럴 때 여러분은 아래층 뇌의 반사反射를 유도하는 것이다. 그것은 당사자 모두에게 거의 생산적이지 못하다. 자녀의 감각기관은 여러분의 몸짓과 말을 받아들여 '위협'을 감지한다. 그것은 생물학적으로 주변의 위협으로부터 살아남기(싸우고, 도망가고, 얼어붙고, 기절하는 것) 위한 신경회로를 가동시킨다.

자녀의 아래층 뇌가 작동해 더 신중하고 수용적인 상태에서 대안을 충분히 생각하기보다는 재빨리 반응할 준비를 한다. 얼어붙음으로써 자신을 지킬(필요하다면 공격할) 준비를 할 때 아이의 근육은 긴장할 수 있다. 또는 도망가거나 기절 반응으로 무너져 내릴 수 있다. 이런 각각의 반응은 아래층 뇌의 반사성의 발로이다. 그 순간 생각의, 이성의, 자기통제의 신경회로는 수면 모드, 오프라인, 비활성으로 들어간다.

그것이 핵심이다. 우리의 뇌는 반사적인 아래층 상태와 수용적인 위층 상태에 동시에 있을 수는 없다. 아래층의 반사성反射性이 지배하는 상황에서, 여러분은 더 정교한 자녀의 위층 뇌에 호소함으로써 위층 뇌가 반사적인 아래층 뇌를 지배하게 할 수 있다.

자녀에게 존중심을 보여주고, 충분한 공감으로 양육하고, 협력적 논의를 함으로써 '위협 없음'을 전달할 수 있다. 따라서 파충류의 뇌는 반사성을 해소할 수 있다. 그렇게 할 때 여러분은 매우 중요한 전전두엽을 포함한 위층 뇌를 활성화할 수 있다. 전전두엽은 침착한 의사결정, 그리고 감정과 충동 통제를 관장한다. 그것이 우리가 반사성에서 수용성으로 이동하는 방법이다. 그리고 자녀에게 가르치길 원하는 것이다.

따라서 여러분은 5살 자녀에게 진정할 것을 사납게 요구하지 않고도 아래층 뇌를 달랠 수 있다. 그리고 물리적으로 자녀를 여러분 가까이로 부드럽게 부름으로써, 자녀가 무엇에 속상하는가에 귀 기울임으로써 위층 뇌를 온라인으로 만들 수 있다. (만약 공공장소에서 자녀가 주변 사람을 방해한다면 여러분은 자녀의 위층 뇌에 호소하는 한편 자녀를 밖으로 데려나갈 필요가 있을 수 있다.)

연구 결과는 아래층 뇌보다 위층 뇌를 활성화하는 이 전략을 지지한다. 예를 들어 화났거나 두려워하는 얼굴의 사진을 사람들에게 보여주었을 때, 편도체라는 아래층 뇌 부위의 활동이 증가했다. 편도체는 강한 감정 (특히 화와 공포)의 빠른 처리와 표현을 관장한다.

편도체의 주요 기능 중 하나는 위험에 직면할 때 경계를 유지하고 경보를 울려 재빨리 행동하게 하는 것이다. 화났거나 놀란 얼굴을 한 사람의 사진을 단순히 보는 것만으로도 편도체가 활성화한다는 것이 흥미롭다. 실제로 아이가 인식하지 못할 만큼 잠깐 그 사진을 본 경우에도 잠재의식적인, 본능적인, 감정적인 반응으로 인해 편도체는 점화되고 활성화된다.

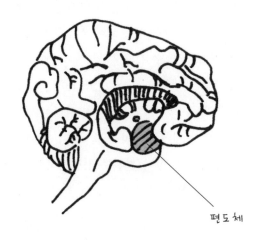

편도체

그 연구에서 더 흥미로운 점은 사진 속 감정을 분류하라는 요청에 따라 아이가 그것을 공포 또는 화로 명명命名했을 때 편도체는 즉각 활성도가 줄어들었다는 것이다. 왜? 위층 뇌 부분(오른쪽 복외측 전전두피질)이 감정 분류와 함께 상황을 장악하고 그 감정을 처리하기 때문이다. 그렇게 해서 생각하는, 분석적인 뇌 영역이 상황을 책임지게 만들고 흥분한 아래층 뇌를 진정시키기 때문이다. 따라서 반사적, 감정적 아래층 뇌가 그 사람의 감정과 반응을 지배하지 못하게 만든다.

이것은 〈The Whole-Brain Child〉에서 상세히 논의한 '그것을 길들이기 위해, 그것에 이름을 붙여라' 전략의 전형적인 사례이다. 단순히 감정에 이름만 붙여도 공포와 화의 수준은 낮아진다. 그것이 위층 뇌가 아래층 뇌를 진정시키는 방법이다. 그리고 그것은 일생 동안 지속되는 능력이다.

이것이 자녀가 속상해 하고 버릇없이 굴 때 자녀를 위해 우리가 하고픈 것이다. 즉, 자녀가 위층 뇌를 활성화하게 돕는 것이다. 위층 뇌의 전전두 부위는 아이가 반사적反射的이 될 때 실제로 아랫부위를 진정시킬 수 있는 위안력慰安力을 가지고 있다. 핵심은 자녀의 이 위안력을 잘 계발하는 것이다. 고통의 순간에 두뇌 이동(아래층 뇌→위층 뇌)에 앞서 유대감을 형성함으로써 이 위안력을 활성화하는 것이다. 우리는 자녀가 감정의 폭풍우를 잠재우고 자기 내부에서 무슨 일이 생기는가를 곰곰이 생각할 수 있는 내적 능력을 계발하길 원한다.

위층 뇌의 기능을 다시 생각해 보라. 좋은 의사 결정, 정서와 몸의 통제, 유연성, 공감, 자기 이해 그리고 도덕성이다. 이것들이 우리가 원하는 자녀의 특성이다. 맞는가? 〈The Whole-Brain Child〉에서 말한 대로 우리는 아래층 뇌보다는 위층 뇌를 활용하길 원한다. 활용하라, 격분시키지 마라. 아래층 뇌를 격분시킬 때 대개의 경우 우리 편도체도 같이 점화되기 때문이다.

그리고 편도체가 무엇을 원하는가를 추측해 보라. 승리! 따라서 부모와 자식에게서 편도체가 최고 속도로 점화될 때 양자는 모두 승리를 기대한다. 실제로 그것은 항상 흥분된 싸움으로 진행되지만 모두의 패배로 끝난다. 아무도 승리하지 못한다. 인간관계의 사상자들만 전장戰場에 널브러질 것이다. 그것은 전적으로 우리가 위층 뇌를 활용하지 못하고 아래층 뇌를 격분시켰기 때문이다.

달리 비유하면, 그것은 마치 여러분이 자녀에 대해 리모컨을 가지고 있는 것과 같다. 자녀와 상호작용할 때 어떤 종류의 반응을 받을 것인가를 결정할 힘을 (적어도 어느 정도는) 여러분이 가지고 있는 것이다. '수용' 버튼(평상심과 생각 버튼)을 누르면 여러분은 위층 뇌에 호소해 차분한 반응을 활성화할 것이다. 그러나 위협과 요구로 '격분' 버튼(감정을 흥분시키고 고조하는 버튼)을 누르면 여러분은 실제로 뇌의 싸움 부위가 활성화하도록 부탁할 것이다. 도마뱀을 찔러 파충류의 반사적 반응을 초래할 것이다. 어느 버튼을 누를 것인가는 여러분에게 달려 있다.

기억하라. 이 중 어떤 경우에도 한계를 설정하고 기대감을 분명히 전해야 하는 부모의 책임이 면제되지 않는다. 앞으로 우리는 그렇게 하기 위한 많은 실용적 제안을 여러분에게 할 것이다. 그러나 여러분이 그 같은 한계를 설정하고 그런 기대감을 전하면 여러분 자신에게, 자녀에게, 격분된 고함을 듣는 모든 사람에게 일이 훨씬 더 쉬워질 것이다. 이 경우 여러분은 자녀의 '도마뱀 반사성反射性'과 아래층 뇌와는 반대되는, 더 나은 자아와 위층 뇌에 호소하는 것이 중요하다.

우리가 위층 뇌에 호소한 이후에 생기는 일은 훨씬 고무적이다. 그것이 반복적으로 적용될 때 그것은 더 강해진다. 함께 활성화되는 신경세포들은 서로 연결된다. 따라서 자녀가 속상했을 때 우리가 위층 뇌를 활성화하면, 그 같은 기능 부전 상태와 기능을 정상화하려는 부위의 활성화 사이에 기능적 유대가 만들어진다. 우리는 전전두 위층 뇌에서 아래층 뇌로 확장되는 이 위안력慰安力을 강화할 수 있다.

그것은 이런 의미이다. 우리가 자녀의 나은 본성에 더 호소할수록, 자녀에게 행동하기 전에 생각하고 타인의 감정을 고려하라고 더 요청할수록, 자녀에게 윤리적으로 또는 공감력을 가지고 행동하라고 말할수록, 자녀는 위층 뇌를 더 많이 사용할 것이다. 그에 따라 자녀의 위층 뇌는 더 강해질 것이다. 왜냐 하면 위층 뇌는 신경 연결망을 형성해 아래층 뇌 부위와 더 많이 통합되기 때문이다.

위층 뇌의 사용은 한층 더 접근 가능한 통로가 될 것이다. 아이의 감정이 흥분됐을 때조차 자동적인 기본값이 될 것이다. 결과적으로 아이는 의사 결정, 감정 조절, 타인 배려를 더 잘하게 될 것이다.

'브레인 C'의 적용

이제 세 가지 '브레인 C'(변화하고 있으며changing, 변화 가능하며changeable, 복합적이다complex)가 어떻게 작동하는가에 관해 이야기해보자.

니나Nina가 현관 계단에서 흥분했을 때 먼저 리즈Liz가 본능적으로 느낀 점은 '교통수단에 관한 결정이 어떻게 내려졌는가'를 논리적으로 설명하는 것이었다. "네 언니의 학교가 바로 엄마 직장 옆이야." 리즈는 남편 팀Tim이 니나를 학교까지 태워다 줄 만큼 시간이 넉넉했으며, 어제 니나도 '아빠와 더 많은 시간을 보내겠다'고 말한 점을 계속 설명할 수 있었다. 이 말은 모두 사실이었다. 그리고 합리적이었다.

그러나 우리가 말했듯이 아이가 심한 분노발작에 있을 때 논리는 비효율적이며 종종 역효과를 낳는다. 이것이 분노에 찬 딸을 바라보면서 리즈가 깨달은 것이었다. 그래서 그녀가 자각한 것은 '브레인 C' 제1번이었다. 니나의 뇌는 변하고 있었다. 성장하고 있었다. 이미 성장한 것이 아니라, 성장하고 있었다. 그것은 어린 딸에게 인내심을 가져야 하며, 성인처럼(심지어 큰 아이처럼) 부단히 자기통제를 하길 기대해선 안 된다는 것을 의미했다. 지각없는 4살, 인내심 없는 7살, 그리고 계속 똑딱거리는 시계로 인한 스트레스에도 불구하고 리즈는 깊은 숨을 쉬고 평정심을 유지했다.

이 상황에서 마찬가지로 중요한 것은 '브레인 C' 제2번(뇌는 변화가 가능하다)이었다. 자신과 남편의 상황 처리 방식이 딸들의 성장 중인 뇌를 좋은 방향 또는 나쁜 방향으로 유도한다는 사실을 리즈는 이해했다. 리즈는 이 같은 사실을 의식하고 즉흥적인 충동을 억눌렀다. 서둘러서 그리고 공격적으로 우는 딸을 들어 올린 뒤 쿵쿵거리는 발걸음으로 남편의 차로 걸어갔다. 그리고 딸을 차에 태우고 안전벨트를 채운 뒤 문을 꽝 닫았다.

만약 리즈의 이런 상황 처리 방식에 몹시 화난다면 여러분만 그런 것이 아니다. 그것은 우리도 이미 다 겪었다. (이 책 뒷부분 '자녀교육 전문가도 참지 못할 때'를 보라.) 배려심 많은 부모들은 자신의 사소한 잘못에 대해 자책하는 일이 흔하다. 여러분은 다음번에는 더 잘 할 수 있을 만큼만 깨달음의 시간을 가져라. 그런 다음에는 자신을 용서하고 관대해져라.

물론 여러분은 자녀를 위해 자녀에게 최선을 다하길 원한다. 이 책 결론 부분에서 상세히 설명하겠지만, 심지어 부모의 실수조차 자녀에게 무한히 가치 있는 일이 될 수 있다. 즉, 우리 모두는 인간이라는 사실을 자녀에게 가르칠 수 있다. 일어난 일에 대해, 무엇을 고쳐야 할 것인가에 대해 책임을 질 수 있다. 그것은 모든 아이들에게 필수적인 교육 경험이다.

리즈는 인간이었고 부모였다. 따라서 우리 모두가 하는 잘못을 그녀도 공유했다. 그러나 그 경우에 그녀는 '노 드라마no-drama, 전체 두뇌whole-brain'의 마음 구조에서 자녀교육을 했다. 어린 딸을 위해 감정적으로 잠깐 시간을 갖고 그곳에 머물기로, 사려 깊은 결정을 했다.

이 때문에 그 가족은 예정보다 늦었지만 지체 시간은 채 1분이 되지 않았다. 니나의 감정은 흥분한 것 같았고 리즈는 그것이 현실임을 깨달았다. 그 순간 니나는 엄마를 필요로 했다. 그래서 리즈는 가장 쉽고 가장 빠른 행동을 하고픈 충동을 거부했다. 다시 니나를 자기 가까이로 끌어당긴 것이다.

구체적으로 리즈가 그 상황에 어떻게 반응했을까? '브레인 C' 제3번(뇌는 복합적이다)을 적용했다. 리즈는 딸의 아래층 뇌를 격분시키지 않고 딸을 충분히 알고 이해하려고 했다. 딸의 아래층 뇌는 이미 매우 활동적이었다. 따라서 리즈는 딸의 위층 뇌를 활성화해야 했다.

그 첫 단계는 유대감 형성이어야 했다. 두뇌 이동(아래층 뇌→위층 뇌)에 앞서 우리는 항상 유대감을 형성한다. 그것이 리즈가 딸을 안았을 때 그녀가 한 일이었다. 그녀는 바빴다. 그러나 니나가 흥분을 어느 정도 가라앉힐 때까지는 상황이 나아질 수 없었다. 니나가 엄마의 팔 안에서 어느 정도 평정을 되찾는 데 긴 시간이 걸리지 않았다. 단 몇 초 만에 리즈는 딸이 깊은 숨을 쉬며 작은 몸의 긴장이 풀리는 것을 느꼈다.

만약 니나가 여러분의 딸이라면 어떨까? 여러분은 자신의 스타일과 딸의 기질에 따라 몇 가지 방법들 중 한 가지를 선택해 이 상황을 처리할 것이다. 아마 리즈처럼 딸을 진정시키는 것을 첫 번째 목표로 삼을 것이다. 그 결과 딸은 위층 뇌가 다시 접속돼 이성에 귀 기울일 것이다.

여러분은 '내일 아침 일찍 일어나 딸을 학교에 데려다 주겠다'고 약속할 수 있다. 또는 '오후에 일찍 퇴근하겠다고 사장에게 요청해 딸과 단 둘이 특별 시간을 보내겠다'고 약속할 수도 있다. 또는 '남편이 딸을 학교로 데려다 주는 동안 여러분 차의 스피커폰으로 이야기 들려주겠다'고 제안할 수도 있다.

판명된 대로 리즈는 이들 전략 중 여러 가지를 시도했다. 하지만 모두 효과가 없었다. 창조적인 생각도 예상을 빗나갔다. 니나는 막무가내였다.

여러분은 어떤 느낌이 드는가? 상황이 현장에서 완전히 잘 해결된 사례를 인용하지 않아 다행이지 않은가? 상황이 항상 완벽한 방향으로 진행되지는 않는다는 점을 알아서 안도하지 않는가?

우리가 아무리 능숙하게 상황을 처리해도, 그리고 세 가지 '브레인 C'처럼 중요한 정보를 인지하고 있다고 해도, 아이들은 가끔씩 우리가 원하는 방식으로 행동하지 않는다. 아이들은 장난감을 정리하지 않는다. 형제들에게 자발적으로 사과하지 않는다. 평정심을 찾지 못한다. 정확히 어떤 것이 여기서 생긴 일일까? 니나는 협조하지 않으려고 했다. 니나의 감정에 귀 기울이고, 바라보고, 계획을 제시하고…. 어느 것도 효과가 없었다.

그러나 리즈는 직장으로 출발해야 했으며 아이들은 등교해야 했다. 따라서 리즈는 평정심과 공감을 유지하면서(그것은 우리 목표이다), 니나에게 '출발해야 하며 예정대로 오늘은 아빠가 학교에 데려다 줄 것'이라고 설명했다. "네가 서운하다는 것을 알아. 내 차를 타고 가길 원한다는 것도 이해해. 나도 그러고 싶어. 그러나 오늘은 그럴 수 없어. 네가 아빠 차를 타겠니? 아니면 아빠가 차에 태워줄까? 아빠가 널 편안하게 학교로 데려다 줄 거야. 사랑해. 나중 오후에 봐." 그것으로 집 앞 현관에서의 상황은 끝났다. 리즈는 우는 니나를 안고 남편의 차로 데려갔다.

여기서 우리가 무엇을 인정하는가를 살펴보라. '노 드라마' 자녀교육이 '자녀의 행동을 다룰 때마다 자녀가 여러분이 원하는 방식으로 행동할 것'이라고 보장할 수 없다. '전체 두뇌' 방법은 단기 목표(자녀의 협조를 이끌어내는 것)를 달성할, 훨씬 많은 기회를 주는 것이 명백하다. 또 그것은 그 상황에서 가장 충동적인 감정을 제거하는 데(최소한 줄이는 데) 도움이 된다. 또 흥분 상태를 완화함으로써 부모가 소리 지르거나 그 문제를 개인화할 때 발생하는 해악과 상처를 피하는 데 도움이 된다.

그러나 그것이 정확히 여러분이 바라는 행동을 달성하는 데 '항상' 효과적이지는 않을 것이다. 어쨌거나 아이들도 인간이다. 그들 나름의 감정, 욕구, 의제를 가지고 있다. 그들은 우리가 원하는 것을 프로그래밍해 놓은 컴퓨터가 아니다. 그러나 여러분이 다음 부部를 읽은 뒤 동의할 것이라고 우리가 확신했듯이, 최소한 '노 드라마' 자녀교육은 부모와 자녀 모두에게 좋은 느낌을 주는 방식으로 상호 의사소통할 훨씬 많은 기회를 제공한다. 또 부모와 자녀 사이에 신뢰와 존중심을 형성하고, 가장 흔한 자녀교육 상황에서 흥분 상태를 완화하는 기회를 제공한다.

게다가 '전체 두뇌' 방법은 심지어 자녀교육을 할 때에도 우리가 자녀를 얼마나 사랑하며 존중하는가를 보여줄 방법을 제공한다. 자녀들은 속상하거나 부적절한 행동을 할 때 우리가 그들을 위해(그리고 그들과 함께) 그곳에 있을 것이라는 사실을 안다. 우리는 그들의 일생을 통해 그 점을 반복해 강화할 것이다. 자녀들이 고통 받을 때 우리는 그들에게 등을 돌리거나 그들을 거부하지 않는다. 그들의 행복은 우리 사랑을 얻기 위해 그들이 충족시켜야 하는 조건이라고 말하지(심지어 암시하지도) 않는다.

'노 드라마no-drama' 자녀교육은 자녀에게 이런 마음을 전달하는 데 유용하다. "우린 너와 함께 해. 널 지지해. 네가 최악의 상태에 있거나 네 행동이 우리 마음에 들지 않을 때에도 우린 널 사랑해. 우린 널 위해 이곳에 있어. 네가 어려운 시기를 보내고 있다는 것을 이해해. 그리고 우리가 여기에 있어." 어떤 부모도 모든 시나리오에서 항상 이런 메시지를 전달할 수는 없다. 그러나 우리는 지속적으로 반복해서 이런 메시지를 보낼 수 있다. 따라서 자녀들의 마음에 어떤 의문도 들지 않게 할 것이다.

이런 종류의(예측 가능하고, 세심하고, 사랑 가득하고, 합리적인) 자녀교육은 아이들에게 안전감을 줄 수 있다. 그 결과 이이들은 생각을 더 잘할 수 있는, 상황에 관한 자신의 느낌을 이해하는, 타인의 관점을 이해하는, 스스로 건전한 결정을 내리는 두뇌 구조를 가진 독립적인 개인이 될 수 있다. 달리 말해 정서적, 육체적 안전감을 경험함으로써 그들은 합리적으로 행동하고 좋은 결정을 내릴 능력을 갖는다.

이와 대조적으로 통제와 공포에 초점을 둔, '아이는 항상 명령에 따라야 한다'고 강조하는 양육 스타일은 그 같은 안전감을 잠식한다. 만약 아이가 '난장판을 만들어 부모의 마음을 불편하게 할지 모른다' '자신이 벌받을지 모른다'는 불안감을 계속 갖고 산다면 어떻게 될까? 위층 뇌를 계발·강화하는 모든 일(타인의 감정을 고려하고, 대안을 탐구하고, 자신을 이해하고, 주어진 상황에서 최선의 결정을 하려고 노력하는 것 등)을 하고픈 마음이 들지 않게 된다.

자녀가 모든 에너지와 뇌신경 자원을 부모의 행복이나 말썽피우지 않는 데 집중해서는 안 된다. 우리 자녀교육이 그 원인이 되는 것을 우리는 원치 않는다. 그 대신 우리는 자녀의 위층 뇌를 계발하는 데 도움이 되길 원한다. 그것이 '노 드라마' 자녀교육이 하는 일이다.

'노 드라마' 자녀교육이 뇌를 만든다

세 가지 '브레인 C'는 중요하며 부정할 수 없는 한 가지 결론에 도달한다. 그것이 이 부部의 중심 개념이다. 즉, '노 드라마no-drama' 자녀교육은 실제로 두뇌 형성에 유익하다는 것이다. 사실이다. 그것은 단지 '전체 두뇌' 교육법이 힘들고 격앙된 자녀교육 상황을 완화할 수 있다는 것만을 의미하지 않는다. 또 단지 여러분이 얼마나 자녀를 사랑하는가를(심지어 자녀 행동에 한계를 설정했기에 자녀가 안전하다는 것을) 더 분명히 전함으로써, 자녀와의 관계 형성에 도움이 된다는 것만을 의미하지 않는다.

그것은 모두 진실이다. 곧 이어 우리가 여러분에게 보여줄 자녀교육 원칙과 전략들은 이 모든 이점을 실제로 제공한다. 자녀와의 관계는 더 돈독하게 만들면서 여러분의 일상을 더 쉽게, 스트레스는 더 적게 만든다.

그러나 이 모든 것을 뛰어넘어 '노 드라마' 자녀교육은 실제로 아이의 뇌를 만든다. 위층 뇌와 아래층 뇌 사이의 신경 연결망을 강화한다. 이들 연결망은 개인적 통찰력, 책임감, 유연한 의사결정, 공감력, 도덕성으로 연결된다. 그 이유는 위층 뇌와 아래층 뇌 사이의 결합 섬유들을 강화할 때, 뇌의 상층부가 더 자주 아이의 원시적 충동과 소통하며 그것을 지배할 수 있기 때문이다. 그리고 자녀교육에 관한 우리의 결정은 이런 신경 연결망이 얼마나 강한가를 결정한다.

자녀가 속상했을 때 우리가 자녀와 상호작용하는 방식은 자녀의 뇌 발달에 중요한 영향을 미친다. 결과적으로 자녀가 지금뿐 아니라 미래에 어떤 사람이 될 것인가에 중요한 영향을 미친다. 이것이 자녀와의 의사소통 방법이 자녀의 내적 능력에 영향을 미치는 방식이다. 이 내적 능력은 변화 중이며, 변화가 가능하고, 복합적인 뇌의 신경 연결망에 박혀 있다!

여러분이 그것에 관해 생각할 때 그것을 완벽하게 이해할 가능성이 크다. 우리가 자녀에게 위층 뇌를 훈련시킬 기회를 줄 때마다 위층 뇌는 더 강해지고 더 많이 발달한다. 우리가 통찰력을 계발하는 질문을 할 때 자녀는 더 큰 통찰력을 가지게 된다. 타인과 공감하라고 권장할 때 자녀는 더 큰 공감력을 갖게 된다. 해야 할 일을 단순히 말하기보다 어떻게 행동해야

할 것인가를 결정할 기회를 줄 때 자녀는 더 좋은 의사결정자가 된다.

자녀가 더 큰 통찰력과 공감력을 갖고 스스로 좋은 결정을 내릴 수 있게 되는 것. 이것이 자녀교육의 궁극적 목표 중 하나이지 않을까? 여러분이 알고 있는 속담이 있다. "생선을 주면 하루 먹고 살지만, 생선 잡는 법을 가르치면 평생 먹고 산다."

우리의 궁극적인 목표는 우리가 지켜보기 때문에(또는 해야 할 일을 우리가 말하기 때문에) 우리가 원하는 것을 자녀가 하는 것이 아니다. (자녀의 여생 동안 우리가 그들과 함께 살고 함께 일하러 가지 않는 한, 그렇게 하는 것은 매우 비실용적일 것이다.) 오히려 우린 자녀가 어떤 상황에 직면하든 긍정적이며 생산적인 선택을 하는 방법을 배우길 원한다. 그것은 자녀의 잘못된 행동을 중요한 능력 계발(그리고 그런 경험의 두뇌 각인)의 실용적인 기회로 봐야 한다는 의미이다.

한계 설정에 의한 두뇌 만들기

이 관점에서 보면, 자녀가 더 좋은 선택을 하도록 도와야 하는 시점에 관한 우리 시각視角이 완전히 달라질 수 있다. 우리가 한계를 설정하는 것이 위층 뇌(아이가 자신을 통제하고 행동과 몸을 관리하게 하는 뇌) 부위를 계발하는 데 도움이 된다. 그렇게 함으로써 우선 아이가 자율신경계의 다른 두 측면 사이의 이동 능력을 계발하는 데 도움이 된다.

자율신경계의 한쪽은 교감신경 줄기이다. 여러분은 이것을 자율신경계의 '가속기'라고 생각해도 좋다. 가속 페달과 마찬가지로 이것 때문에 우리는 충동과 상황에 대한 열정을 가지고 반응하며, 인체가 행동에 대비한다. 다른 쪽은 부교감신경 줄기이다. 자율신경계의 '브레이크' 역할을 하며, 이것 때문에 우리는 자기통제와 충동 통제를 위해 멈출 수 있다. 가속기와 브레이크의 균형을 유지하는 것이 감정 통제의 핵심이다. 따라서 아이들이 (속상했을 때조차) 자기통제 능력을 계발할 때 우리는 그들이 자율신경계의 이 두 신경줄기의 균형 유지법을 배우도록 돕는 것이다.

순수한 뇌 기능의 관점에서 볼 때 (부모가 한계를 설정하는 형태로) 갑자기 브레이크를 사용한 후에 잇따라 (아이에게 부적절하고 충동적인 행동을 낳을지도 모르는) 가속기를 활성화하면, 아이는 멈춰서 수치심을 느끼는 신경계 반응을 종종 겪게 된다. 이런 현상이 생길 때 신체적 표현은 눈 맞춤 회피, 가슴 답답함, 심지어 복부가 가라앉는 느낌으로 나타날 수 있다. 부모들은 이것을 두고 "아이가 자신의 행동에 관해 나쁜 감정을 느낀다."라고 말할지도 모른다.

선을 넘었다는 이 초기 의식意識은 매우 건강한 것이다. 그리고 그것은 아이의 위층 뇌가 계발되고 있다는 증거이다. 그것은 아이가 도덕성 · 자기통제에 관한 이해와 함께 양심 · 내면의 목소리를 형성하기 시작했다는 의미이다.

시간이 흐르면서 아이가 그 순간을 인식하도록 부모가 반복해서 도울 때 아이의 행동은 변하기 시작한다. 그것은 단순히 특정 행동이 나쁘다고 가르치는 것 이상이다. 혹은 부모가 '자녀의 그 행동을 좋아하지 않으니 곤경에 처하지 않으려면 그 행동을 피하는 것이 낫다'고 가르치는 것 이상이다. 이 아이의 내면에서는 '선과 악' '허용과 불용'의 법칙에 대한 단순한 학습보다 더 많은 것들이 일어난다.

실제로 아이의 뇌가 변한다. 아이의 신경계는 무엇이 '옳은 느낌'인가를 아이에게 말하도록 구조화한다. 그것이 아이의 장래 행동을 수정한다.

새 경험은 아이의 신경세포들 사이에 새 연결망을 형성한다. 뇌 회로망에서 일어나는 이 같은 변화는 아이가 세상과 반응하는 방식을 근본적·긍정적으로 바꾼다. 부모가 이 과정을 돕는 방법은 아이에게 어떤 행동이 허용되며, 어떤 행동은 허용되지 않는가를 사랑과 공감으로 가르치는 것이다.

바로 그런 이유 때문에 한계 설정이 중요하다. 경우(특히 뇌에서 규제 회로가 형성되는 초기 몇 년간)에 따라서는 아이가 '노'를 내면화하는 것이 꼭 필요하다. 아이가 각각의 환경에서 규칙·한계를 이해하게 함으로써 우리는 아이의 양심 형성을 돕는다. 그러나 이 일은 자녀를 사랑하는 부모들에게는 어려운 경우가 흔하다. 우리는 자녀가 행복하기를 원한다. 자녀가 원하는 것을 받기를 바란다. 게다가 우리는 아이가 원하는 것을 갖지 못할 때 즐거운 상황이 얼마나 빨리 지나가 버리는지를 알고 있다.

그럼에도 진정으로 자녀를 사랑하며 자녀를 위한 최선을 다하길 원한다면, 한계를 설정할 때 자녀(그리고 우리)가 겪을지 모르는 긴장과 불편함을 극복할 수 있어야 한다. 우린 가능한 한 자주 아이에게 '예스'라고 말하고 싶다. 그러나 종종 '노'라고 말하는 것이 우리가 줄 수 있는 가장 큰 사랑이다.

여기서 경고 한 마디 하고 싶다. '노' 또는 그런 형태의 말을 너무 자주 하는 부모들이 많다. 그들은 자동적으로 (불필요한 경우에도 자주) 그런 말을 한다. "그 풍선을 만지지 마라, 달리지 마라, 흘리지 마라." 여기서 핵심은 우린 자녀가 '노'를 많이 듣길 원하지 않는다는 것이다.

실제로 전적인 '노'보다는 조건을 단 '예스'가 훨씬 더 효율적이다. "그래(예스), 넌 나중에 목욕을 해도 좋아." "그래(예스), 우린 다른 동화책을 읽을 거야. 그런데 그건 내일 해야 해." 달리 말해서 핵심은 으레 '노'를 말하는 것이 아니라, 자녀가 한계를 인식하도록 돕는 것이 얼마나 중요한가를 이해하는 것이다. 그에 따라 필요한 경우 자녀가 갈수록 스스로 브레이크를 더 잘 밟을 수 있게 하는 것이다.

두 번째 경고도 중요하다. 한계 설정과 '노'가 부모의 화, 자녀를 공격하는 부정적인 말을 동반하면 어떻게 될까? 현재 단순히 자신의 행동 제어법을 배우는 자녀의 '건강하고 발전적인 수치심'은 훨씬 복잡한 '유해한 수치심'과 모멸감으로 바뀐다.

한 견해에 따르면 유해한 수치심은 잘못을 저질렀다는 의식(이것은 교정될 수 있으며 교정되어야 한다)뿐 아니라, 내적 자아에 결함이 있다는 고통스러운 의식을 동반한다. 아이는 자아가 손상됐다는 이런 믿음을 불변의 상태(교정할 수 없는 행동)인 것으로 느낀다. '장래에 바뀔 수 있는 행동'이 '근본적인 흠이 있는 자아'로 바뀌는 것에 대해, 일부 연구자들은 '아이들이 자기 행동에 대한 부모의 반복적인 적대감을 경험한 결과'라고 간주한다.

유해한 수치심과 모멸감은 어린 시절을 거쳐 청소년기까지 지속될 수 있다. 심지어 의식의 표면 아래에서 그것은 뿌리 깊은 영원한 결함을 가지고 있다는 숨겨진 '비밀'로 남을 수 있다. 폭포처럼 쏟아지는 부정적 결과(이 숨겨진 비밀을 드러낼 수 있는 친밀한 관계를 갖기 어려움, 가치가 없다는 느낌, 삶의 성공으로 내몰리지만 결코 만족감을 느끼지 못함)는 개인의 삶을 지배할 수 있다. 자녀에게 모멸감을 주지 않고 필요한 구조를 창출하는 법을 배워라. 그러면 부모로서 여러분은 자녀에게 이 폭포수처럼 쏟아지는 부정적인 유해한 수치심을 주지 않을 수 있다. 그것은 달성할 수 있는 목표이다. 만약 여러분이 그것을 선택하면 우리는 여러분이 그 목표를 달성할 수 있도록 헌신할 것이다.

이 모든 것을 요약하면, '노 드라마no-drama' 자녀교육은 자녀가 내면을 성찰하고, 타인의 감정을 고려하도록 권장한다. 또 다르게 행동하고자 하

직설적인 '노' 대신…

조건부 '예스'를 시도하라

는 충동과 욕망을 느낄 때조차 어려운 결정도 잘 내리도록 권장한다. 그것은 아이들이 인간관계 능력과 사회적 능력을 실천할 수 있게 만든다. 이들 능력은 우리가 아이들에게 이해하고 터득하길 원하는 것들이다.

우리가 사랑이 담긴 한계를 설정하고자 할 때 자녀의 능력(인간관계, 자기통제, 공감력, 개인적 통찰력, 도덕성, 그 외에도 무수히)을 향상시키는 신경 연결망 형성에 도움이 될 수 있다. 그것은 마치 '아이들의 뇌는 변화 중이며, 변화가 가능하고, 복합적이다' 는 인식을 가지고 자녀교육을 할 때와 같다. 그리고 아이들은 자기 행동을 고치는 방법을 배우는 동안에도 자신에 대해 개인적으로 좋은 감정을 느낀다.

이 모든 것은 부모들에게 한 가지 흥미진진한 결론을 제시한다. '아이들은 잘못 행동할 때마다 우리에게 그들을 더 잘 이해하고, 그들이 무엇을 학습할 때 도움을 필요로 하는가를 더 잘 파악할 기회를 준다.'

아이들은 아직 특정 영역의 능력을 계발하지 못했기 때문에 말썽 피우는 일이 흔하다. 같은 반 아이가 물고기 모양의 크래커가 가득 담긴 종이컵을 제일 먼저 받았다는 이유로, 여러분의 3살 자녀가 급우의 머리카락을 잡아당겼다고 하자. 실제로 그것은 자녀가 여러분에게 "저는 제 순서를 기다리는 능력 계발이 필요해요."라고 말하고 있는 것이다.

마찬가지로 여러분이 7살 자녀에게 "놀이모임을 끝내고 갈 때가 됐다."고 말했을 때, 자녀가 반항하며 여러분을 "밥맛 떨어지는 방귀장이 아저씨!"라고 불렀다고 하자. 자녀는 실제로 "자신을 다루는 문제에서 저는 능력 계발이 필요해요. 그리고 마음대로 안 될 때 존중심을 가지고 제 실망감을 잘 전달하는 문제에서도 그래요."라고 말하는 것이다. 아이들은 잘못 행동함으로써 실제로 그들이 무엇에 집중해야 하는가를(아직 무엇이 계발되지 않았다거나, 어떤 구체적 능력을 실습해야 하는가를) 우리에게 전달한다.

나쁜 뉴스는 그것은 재미가 거의 없다는 것이다. 아이에게나, 부모에게나. 좋은 뉴스는 그렇게 하지 않으면 얻을 수 없는 정보를 우리가 얻는다는 것이다. 훨씬 더 좋은 뉴스는 우리가 자녀에게 유익한 경험(공유하고, 타인을 생각하고, 친절하게 말하는 것 등의 능력을 향상시키는 데 도움 되는 경험)이 되는, 사려 깊은 조치를 취할 수 있다는 것이다. 우리는 자녀가 잘못할 때 반드시 축하해야 한다고 말하는 것이 아니다. ("오! 나의 사려 깊은 반응으로 아이의 뇌를 최선으로 계발할 수 있는 기회다!")

　아마도 여러분은 자녀교육을 즐기지도, 자녀의 분노발작을 기대하지도 않을 것이다. 그러니 여러분은 이 같은 잘못된 행동의 순간들을 끔찍한 경험이 아니라, 지식과 성장의 현실적 기회라고 인식하라. 그럴 때 여러분은 전체 경험을 재구성해 그것을 아이 뇌를 계발하는(그리고 자녀 인생에 의미 있고 중요한 뭔가를 창조하는) 기회로 인식할 수 있다.

제3부

흥분에서 평온으로
유대감이 핵심이다

마이클Michael은 아들 방에서 목소리가 커지는 것을 들었다. 그럼에도 TV 야구 경기를 보면서 무슨 일인지 알아보지 않고 다음 광고까지 기다리기로 했다. 큰 실수였다.

8살 아들 그레이엄Graham과 그의 친구 제임스James는 직전 30분 동안 그레이엄의 수백 개 레고 조각들을 조심스럽게 정리하고 분류했다. 그레이엄은 용돈으로 낚시용 공구 박스 한 개를 샀다. 그는 모든 레고의 머리, 몸통, 모자, 검, 광선검, 지팡이, 도끼 그리고 덴마크 출신 창조적 천재들이 꿈꿀 수 있는 다른 것들을 위해 공구 박스에 칸을 지정했다. 아이들은 조립의 천국에 있었다. 문제는 마이클의 5살 아들 머타이어스Matthias가 그레이엄과 제임스로부터 점점 소외되고 있었다는 것이다. 세 아이는 함께 그 프로젝트를 시작했지만, 결국 두 아이는 동생이 자신들의 복잡한 분류 시스템을 잘 이해하지 못한다고 느꼈다. 결과적으로 두 아이는 동생이 그 작업에 참여하는 것을 허용하지 않았다.

높아진 목소리가 신호였다. 마이클은 다음 광고까지 시청하지 못했다. 고함 때문에 즉각 자신이 개입해야 한다는 것을 알았다. 그러나 그렇게 빠르지 못했다. 아이들 방에서 세 걸음(단지 세 걸음) 앞이었을 때, 수백 개의 플라스틱 레고 조각들이 딱딱한 나무 바닥에서 폭발하는 분명한 소리를 들었다. 세 걸음 후 그는 아수라장과 대참사를 목격했다. 그것은 대량학살이었다. 떨어진 목들이 온 방에 뒹굴었다. 그 옆에 팔 없는 몸통들, 중세와 미래의 무기들, 그리고 혼돈의 무지개가 통로에서 방 반대편 벽장까지 널브러져 있었다.

거꾸로 된 공구 박스 옆에 숨을 헐떡이며 얼굴이 빨개진 5살 머타이어스가 서 있었다. 그는 약간 반항적이면서 겁먹은 눈으로 마이클을 바라보았다. 마이클이 큰 아들에게로 돌아서자 그레이엄은 "쟤가 모든 것을 망쳤어!"라고 소리 질렀다. 그리고 눈물을 흘리며 방밖으로 뛰쳐나갔다. 그 뒤를 불편해진 제임스가 당황한 얼굴로 따라 나갔다.

자녀교육 시점에 관해 이야기해 보자. 마이클의 두 아들은 시끄럽게 울어대고 아들 친구는 곤경에 빠졌다. 마이클은 몹시 화가 났다. 머타이어스는 형과 그 친구가 해 놓은 일을 모두 망쳐 버렸다. 방에는 청소해야 할 것들이 어지럽게 널려 있었다. (만약 여러분이 레고 조각 밟는 고통을 느껴봤다면, 조각들을 바닥에 널브러진 채 내버려두는 것이 왜 선택사항이 아니었는가를 안다.) 그리고 마이클은 야구 경기 시청을 놓쳤다.

마이클은 먼저 머타이어스를 보살피고 곧 큰 아들과 그 친구를 살펴보러 가기로 했다. 그의 원래 성향은 작은 아들 옆에 서서 손가락을 얼굴에 대고 흔들며 공구 박스를 쏟은 것을 꾸짖는 것이었다. 그런데 그는 화가 나서 바로 벌을 주고 싶었다. "왜 그랬니?!"라고 고함치고 싶었다. 형의 놀이모임에 다시는 참여할 수 없다고 말하고 싶었다. "왜 형들이 네가 레고 갖고 노는 것을 원치 않는지 그 이유를 알겠니?"라고 말해주고 싶었다.

그런데 다행스럽게 마이클의 생각 부위(위층 뇌)가 상황을 지배해 '전체 두뇌' 관점에서 상황을 처리했다. 어린 아들이 지금 당장 얼마나 그를 필요로 하는가를 인식함으로써 더 성숙되고 공감력 있는 접근을 할 수 있었다.

물론 마이클은 머타이어스의 행동을 잘 다뤄야 했을 것이다. 당연히 다음번에는 상황이 겉돌기 전에 개입하면서 좀 더 전향적이어야 할 것이다. 형이 어떻게 느꼈는가에 관해 머타이어스가 생각하게 만들고 싶을 것이다. 우리 행동이 종종 다른 사람에게 심각한 영향을 미칠 수 있다는 점을 그에게 이해시키고 싶을 것이다. 이 모든 가르침, 이 모든 두뇌 이동(아래층 뇌→위층 뇌)이 절대적으로 필요했다.

그러나 지금 당장은 아니다.

지금은 그가 유대감을 형성해야 했다.

머타이어스는 감정적으로 완전히 통제불능이어서 (너무 어려 이해하지 못한다는 비판과 배척에서 생긴) 상처 받은 감정과 슬픔 그리고 화를 달래 줄 아빠를 필요로 했다. 그때는 두뇌 이동이나 교육에 적절한 시점이 아니었다. 또 가족 규칙이나 타인의 물건에 대한 존중심을 이야기할 시점이 아니었다. 유대감을 형성할 시점이었다.

따라서 마이클은 무릎을 꿇고 양팔을 벌렸다. 머타이어스가 그에게로 쓰러졌다. 아들이 흐느낄 때 그를 안고 등을 쓰다듬었다. 그리고 단지 "알았어, 괜찮아."라는 일상적인 말만 했다. 1분 뒤 머타이어스는 눈물 반짝이는 눈으로 아빠를 올려다보며 "제가 레고를 흩트려 버렸어요."라고 말했다. 그 대답으로 마이클은 살짝 웃으며 "얘야, 그러지 말았어야 했는데….".라고 말했다.

머타이어스가 작은 미소를 지었다. 그 순간 마이클은 자녀교육에서 두뇌 이동을 시도할 수 있는 시점임을 깨달았다. 공감에 관한 중요한 교훈과 격한 감정의 적절한 표현을 아들에게 이해시킬 수 있는 시점임을 깨달았다. 마침내 머타이어스가 아빠 말을 듣는 것이 가능했다. 마이클과의 유대감과 편안함 덕분에 머타이어스는 반발적 상태에서 벗어나 수용적 상태(아빠의 말을 듣고 정말로 배울 수 있는 상태)로 바뀔 수 있었다.

유대감을 먼저 형성하는 것은 단순한 관계와 사랑의 문제가 아님을 인식하라. 그것 덕분에 부모들은 자녀와 조율할 수 있으며, 자녀가 속상하고 통제불능일 때에도 감정적으로 침착하게 대응할 수 있다. 앞서 마이클이 했던 것처럼. 그것 덕분에 아이는 자신이 '공감 받고 있음'을 느낄 수 있다. 그 공감의 느낌은 타인이 자신을 바라보고 이해해준다는 내적 감각이다. 공감의 느낌은 혼란을 침착함으로, 소외감으로 유대감으로 바꾼다. 먼저 유대감을 형성하는 것은 자녀교육으로 가는 근본적인 사랑의 방법이다.

마찬가지로 '노 드라마no-drama' 자녀교육법이 얼마나 더 효과적일 수 있는가를 인식하라. 그것은 상황에 대한 마이클의 첫 반응처럼 잔소리가 틀렸을 것이라는 점이 아니다. (비록 우리는 '전체 두뇌' 교육법이 근본적으로 사랑과 동정심이 더 많이 담긴 방법이라고 명백히 주장하지만) 여기서 우리 관점은 자녀교육 방법의 옳고 그름에 관한 것이 아니다.

핵심은 먼저 유대감을 형성한 마이클의 전략은 자녀교육의 두 가지 목표(협력 유도와 두뇌 계발)를 매우 효과적으로 달성했다는 점이다. 그것은 배움을 가능하게 했고, 효과적인 가르침을 성취했으며, 유대감을 형성·유지하게 했다. 마이클의 방법은 아들의 관심을 얻었다. 마이클이 흥분하지 않고 재빨리 그렇게 했기 때문에 아들은 말을 할 수 있었다. 또 그들 부자는 아들이 경청할 수 있는 방법으로 아들의 행동에 관해 대화할 수 있었다. 그것은 아들의 뇌를 형성하는 데 도움이 될 수 있었다. 아들이 마이클의 핵심을 알아듣고 그가 가르치는 중요한 교훈을 이해할 수 있었기 때문이다.

덧붙여 마이클은 아들에게 좋은 유대감 형성의 본보기를 보여주었다. 또 누군가에게 속상했을 때 더 큰 평온과 사랑으로 상호작용하는 방법이 있음을 보여주었다. 이 모든 것은 마이클이 두뇌 이동에 앞서 유대감을 형성했기 때문에 가능했다.

전향적 자녀교육

자녀가 속상했을 때 또는 좋은 의사 결정에 어려움을 겪고 있을 때, 유대감 형성이 왜 그토록 강력한 수단일까? 이에 관해 곧 이야기하겠다. 마이클이 그것을 효과적으로 사용한 것은 명백하다. 그러나 그는 단지 상황에 약간 늦게(세 걸음 늦게) 대응함으로써 자녀교육의 전 과정을 생략할 수 있는 기회를 놓쳤다.

그것은 전적으로 사실이다. 우리는 때때로 자녀교육을 '반작용적으로' 하기보다 '전향적으로' 함으로써, 자녀교육해야 하는 상황을 완전히 피할 수 있다. 우리가 전향적으로 자녀교육할 때 자녀가 잘못된 행동이나 분노 발작을 할 가능성 있는 가까운 시점(자녀의 현 위치에서 지평선 너머)을 주시할 수 있다. 동시에 상황에 개입해 자녀가 지뢰를 피하도록 안내할 시점을 주시할 수도 있다. 마이클은 다음 광고까지 TV를 시청하기를 원했다. 그래서 아이들 방에서 문제가 생기고 있다는 조짐에 빨리 반응하지 못했다.

전향적 자녀교육은 전적으로 다르다. 예를 들어 달콤하지만 늘 투덜대는 여러분의 8살 딸이 수영 강습에 갈 준비를 하고 있다고 하자. 딸은 자외

선차단제를 바를 때 약간 과민반응할지도 모른다. "왜 만날 자외선차단제를 발라야 해요?!" 그리고 여러분이 어린 남동생을 준비시키는 동안 딸은 잠시 피아노 앞에 앉아 자신의 노래 한 곡을 연주한다. 그러나 두 음音을 빠뜨려 좌절감에 팔로 피아노를 꽝 친다.

여러분은 그런 행동을 단발성 사건으로 여기고 간과할 수 있다. 혹은 가능성 있는 경고 신호로 여길 수도 있다. 여러분은 이 까다로운 딸이 배고플 때 특히 속상해 한다는 사실을 기억할 수도 있다. 그래서 하던 일을 멈추고 딸에게 사과를 갖다 줄 수 있다. 딸이 여러분을 올려다 볼 때 여러분은 알고 있는 듯한 미소(딸의 이런 성향을 상기시키는 미소)를 보낼 수 있다. 그러면 다행스럽게 딸은 고개를 끄덕이며 사과를 먹은 다음 자기통제력을 회복할 것이다.

자녀가 나쁜 결정이나 바람직하지 않은 행동을 하기에 앞서 자신을 드러내는 명백한 조짐이 없는 경우도 더러 있다. 그러나 그렇지 않은 경우에 우리는 자녀의 신호를 읽고 자녀교육에 앞선 전향적 조치를 취할 수 있다.

그것은 강제로 공원을 떠나기 5분 전에 주는 경고를 의미할 수도 있다. 자녀가 너무 피곤해 성질부리지 않도록 정해진 취침 시간을 지키라는 것을 의미할 수도 있다. 취학 전 아이에게 긴박감 넘치는 이야기를 시작했다가 멈춘 뒤 "카시트에 앉으면 계속 이야기를 해 줄게."라고 말하는 것일 수도 있다. 또는 아이들이 서로 충돌할 조짐을 보일 때, 여러분이 개입해 새 게임을 시작하는 것일 수도 있다. 유아에게 흥미로운 에너지가 넘치는 목소리로 "애야, 레스토랑에서 그 감자튀김을 던지기 전에 내 지갑에 돈이 얼마나 있는지 보여줄게."라고 말하는 것을 의미할 수도 있다.

전향적인 자녀교육의 다른 방법은 자녀에게 반응하기 전에 'HALT(멈추다)' 하는 것이다. 자녀가 여러분이 원하지 않는 행동으로 갈 조짐을 보일 때, 자신에게 "애가 (H)배고픈가Hungry? (A)화났나Angry? (L)외로운가

Lonely? (T)피곤한가Tired?"라고 물어보라. 여러분이 해야 할 일은 약간의 건포도를 정리하거나, 아이의 감정에 귀 기울이거나, 아이와 함께 게임을 하거나, 아이가 잠을 더 자게 하는 것이 전부일 수 있다. 달리 말해서 여러분에게 필요한 것은 종종 약간의 사전 숙고熟考와 사전 계획이 전부이다.

전향적 자녀교육은 쉬운 일은 아니며, 여러분이 상당한 의식을 집중해야 한다. 그러나 여러분이 부정적 행동의 시작을 주시해 중도에 그것을 차단하면 할수록, 언어적 또는 비유적 수단을 사용해야 할 필요성이 더 적어진다. 그것은 여러분과 자녀가 단순히 서로 즐기는 데 더 많은 시간을 사용할 수 있다는 의미이다.

어쨌든 우리 모두가 알다시피 잘못된 행동은 종종 발생한다. 발생하지 않을 수가 없다. 아무리 전향적으로 대처해도 그것을 막을 수가 없다. 그것은 유대감이 형성되는 바로 그때이다. 우리는 즉각 벌주거나, 잔소리하거나, 규칙을 정하거나, 심지어 긍정적인 방향으로 당장 전환하고자 하는 충동과 싸워야만 한다. 그 대신 유대감을 형성해야 한다.

왜 유대감 형성이 먼저인가?

왜 유대감 형성이 그토록 강한 힘을 발휘하는가에 관해 더 구체적으로 이야기해 보자. 자녀가 자기통제와 좋은 의사결정에서 어려움을 겪고 있을 때, 우리가 첫 반응으로 유대감을 형성한다고 하자. 이때 우리는 세 가지 주요한 혜택을 누리게 된다. 그것은 단기적인 것, 장기적인 것, 관계에 관한 것 등이다.

♧ 혜택 1 ♧

유대감은 아이를 '반발' 상태에서 '수용' 상태로 바꾼다

자녀의 잘못된 행동에 구체적으로 어떻게 반응할 것인가를 결정할 때 반드시 해야 할 것이 한 가지 있다. 자녀와 감정적으로 유대감을 유지하는 것이다. 자녀교육도 마찬가지이다. 자녀교육할 때는 아마도 특히 더 그럴 것이다. 결국 자녀가 우리를 가장 필요로 하는 때는 그들이 가장 속상했을 때이다.

생각해보라. 자녀는 좌절이나 격분 또는 통제불능을 느끼길 원치 않는다. 그것은 불쾌할 뿐 아니라 극도로 스트레스를 받는 상황이다. 잘못된 행동은 대개 아이가 자기 주변에서 그리고 내면에서 일어나는 일을 처리하면서 겪는 어려움의 결과이다. 아이는 아직 스스로 관리할 능력이 없는, 이 같은 격한 감정들을 모두 겪었다. 잘못된 행동은 단지 그 결과물이다. 아이의 행동은 (특히 통제불능일 때) 도움을 원한다는 메시지이다. 도움과 유대감을 갈구하는 손짓이다.

따라서 아이가 어떤 방식으로든 격분, 낙담, 수치심, 당황, 위압감, 통제불능을 느낀다면 그때는 우리가 아이를 위해 함께 있어 주어야 할 시점이다. 유대감 형성을 통해 우리는 아이 내면의 폭풍우를 잠재우고, 아이가 평정을 되찾고, 좋은 결정을 내리도록 도울 수 있다.

우리의 사랑과 포용을 느낄 때, 우리의 공감을 받고 있다고 느낄 때 아이는 통제력을 회복할 수 있으며 위층 뇌를 재가동할 수 있다. 심지어 우리가 그런 나쁜 행동을 좋아하지 않는다는 것을 아이가 알 때에도 마찬가지이다. 혹은 거꾸로 아이가 우리 행동을 좋아하지 않을 때에도 상황은 같다.

그렇게 되면 효과적인 자녀교육이 실제로 이루어진다. 바꿔 말해서 유대감 형성은 아이를 반발적 상태에서 벗어나게 해, 우리가 가르치고자 하는 교훈을 더 잘 수용할 수 있는 상태로 바꾼다. 우리가 공유하고자 하는 건강한 상호작용의 상태로 바꾼다. 그러므로 두뇌 이동(아래층 뇌→위층 뇌)이나 분명한 가르침을 시작하기 전에 우리가 스스로 해야 할 중요한 질문이 있다. "내 아이는 준비가 됐을까? 내 말을 듣고, 배우고, 이해할 준비가 됐을까?" 만약 아이가 준비가 안 됐다면 더 많은 유대감 형성이 필요하다.

마이클과 5살 아들의 경우에서 보았듯이 유대감은 신경계를 진정시키고 순간적인 반발심을 완화한다. 그렇게 해서 아이가 우리 말을 듣고, 배우고, 심지어 스스로 '전체 두뇌' 관점의 결정을 내릴 수 있는 상태로 바뀐다. 감정 측정기의 숫자가 상승할 때 유대감은 감정 지수가 너무 높아지는 것을 막는 조절장치이다. 유대감이 없으면 감정은 통제를 벗어나 계속 급등할 수 있다.

최근에 여러분이 정말 슬펐거나 속상했던 순간을 상상해 보라. 여러분이 사랑하는 누군가로부터 "평정을 되찾아라." 또는 "뭐 그리 대단한 일도 아니다."라는 말을 들을 때 어떤 느낌이 들겠는가? 혹은 "평상심을 회복해 기분이 좋아질 때까지 가서 혼자 있어라."라는 말을 듣는다면 어떨까?

이런 반응들은 끔찍한 느낌이 들지 않는가? 그렇지만 이런 말은 우리가 자녀들에게 늘 하는 그런 것들이다. 우리가 그런 말을 할 때 실제로 내적 스트레스를 증가시킨다. 그 결과 아이는 더 말썽부린다. 말썽이 줄어드는 것이 아니다. 이런 반응들은 유대감과는 반대의 것을 조성하며 부정적 상태를 크게 키운다.

반면 유대감은 아이를 진정시키며 감정과 인체의 통제력을 회복시킨다. 그것 덕분에 아이는 '공감 받고 있다'고 느낄 수 있다. 이런 공감이 아래층 뇌와 전체 신경계의 반사성(빨라진 심장 박동, 가빠진 호흡, 내장 뒤

틀림)과 함께 발생하는 고립감, 오해 받고 있다는 느낌을 완화한다. 이런 반사적 상태는 불편하지만 추가적인 요구와 유대감 상실로 인해 강화될 수 있다. 유대감 형성의 결과로 아이는 더 나은 결정을 내리고 자신을 더 잘 관리할 수 있다.

본질적으로 유대감이 하는 일은 뇌를 '통합' 하는 것이다. 여기에 그 작동법이 있다. 이미 말했듯이 뇌는 복합적이다. (그것은 '브레인 C' 제3번이다.) 뇌는 여러 부위로 이루어져 있으며 그 각각은 서로 다른 일을 한다. 위층 뇌와 아래층 뇌, 좌반구와 우반구, 기억 중추와 고통 수용체 등이 있다. 뇌의 모든 체계·회로와 더불어 우리 뇌의 이런 부위들은 고유한 책무와 기능을 가지고 있다. 이런 부위들이 하나의 협동체로 기능할 때 뇌가 통합돼 각 부위가 하나의 팀으로 일한다. 이에 따라 각자 스스로 일할 때보다 훨씬 더 효과적으로 일한다.

〈The Whole-Brain Child〉에서 설명했듯이 통합을 이해하는 데 도움 되는 좋은 이미지는 '웰빙well-being의 강' 이다. 여러분이 평화롭고 목가적인 강을 따라 떠다니는 카누를 타고 있는 장면을 상상해 보라. 여러분은 고요하고 긴장이 이완되며, 무슨 일이 생기든 잘 다룰 준비가 되어 있음을 느낀다.

그것은 반드시 모든 일이 완벽하고 여러분 마음대로 된다는 뜻이 아니다. 그보다는 여러분이 좋은 마음상태(평화롭고, 수용적이며, 균형 잡힌 상태)이며, 여러분의 몸이 활기차고 편안함을 느끼는 것이다. 일이 여러분 뜻대로 이루어지지 않더라도 여러분은 유연하게 적응할 수 있다. 그것이 '웰빙의 강' 이다.

어쨌거나 여러분이 강의 흐름에 머물러 있지 못할 때가 종종 있다. 여러분은 너무 많이 방향을 틀어 한쪽 강둑 가까이로 접근했다. 강의 한쪽 둑은 혼란을 의미한다. 이 둑 근처에서는 삶이 흥분되며 관리 불능이라고 느낄 정도로 물살이 위험하고 빠르다. 혼란의 둑 근처에 있을 때 여러분은 쉽게 속상한다. 심지어 작은 방해물도 여러분을 통제불능으로 만들 수 있다. 여러분은 심한 불안감이나 강한 분노 같은 격한 감정을 느낄지도 모른다. 또한 근육 긴장, 빨라진 심박동, 주름 잡힌 이마처럼 몸의 혼란을 느낄지도 모른다.

다른 쪽 강둑 역시 유쾌하지 않다. 그것은 경직을 의미한다. 여기서 여러분은 세상이 특정한 한 방향으로 작동되기를 바라거나 기대한다. 이런 욕망과 기대에 집착한다. 세상이 그렇게 작동하지 않을 때 여러분은 적응할 의사나 능력이 없다. 여러분 자신의 비전과 욕망을 주변 세상에 강요하기 위해 어떤 의미 있는 방법으로든 타협·협상하려고 하지 않는다. 아마

도 그렇게 할 능력도 없을 것이다.

그처럼 혼란은 한쪽 강둑이며, 경직이 다른 쪽 강둑이다. 양 극단은 통제력 결여나 지나친 통제(유연성이나 적응력 없는 것)을 제시한다. 그렇게 해서 양 극단은 '웰빙의 강'의 평화로운 흐름 밖으로 여러분을 내몬다. 여러분이 혼란스럽든 경직돼 있든 정신적 정서적 건강을 즐길 기회를 놓치고 있다. 또 세상에 대해 편안함을 느낄 기회를 놓치고 있다.

자녀와의 관계에서 '웰빙의 강'을 생각해보라. 아이들이 말썽부리거나 속상해 할 때는 거의 언제나 혼란과 경직 혹은 그 둘 모두의 흔적을 보일 것이다. 내일 학교에서의 구두口頭 발표 때문에 흥분한 9살 자녀가 서두序頭를 기억할 수 없을 것이라고 흐느끼며 노트를 갈기갈기 찢을 때, 아이는 혼란에 굴복한 것이다. 아이는 강둑과 충돌해 '웰빙의 강'의 부드러운 흐름에서 멀어져 버린 것이다. 마찬가지로 5살 자녀가 잠잘 무렵 다른 이야기를 해달라고 고집부리거나, 자신의 특별한 손목 밴드를 찾을 때까지 욕조에 들어가지 않겠다고 할 때가 있다. 그때 아이는 바로 경직의 강둑에 부딪혀 있는 것이다.

앞 부部의 니나Nina를 기억하는가? 그날 아침 엄마가 "아빠가 학교까지 태워다 줄 것"이라고 말하자, 니나는 몹시 낙담해 그 상황에 대한 대안을 거부했다. 그때 니나는 혼란과 경직 사이에서 갈지자로 움직이고 있었다. '웰빙의 강'의 중심에서 평화로운 흐름을 즐기지 못했다.

그럴 때 바로 유대감이 필요하다. 유대감은 아이들을 강둑으로부터 떼어내 강의 흐름 속으로 되돌린다. 강의 흐름 속에서 아이들은 내적 균형감을 경험하며 더 행복하고 안정된 상태를 느낀다. 그제야 아이들은 우리가 말하려는 것을 들을 수 있으며, 더 나은 결정을 내릴 수 있다.

압도되거나 혼란을 느끼는 자녀와 유대감을 형성할 때 자녀를 강둑에서 강의 흐름 속(자녀가 더 큰 균형과 자기통제를 느낄 수 있는 곳)으로 되돌릴 수 있다. 경직된 마음 구조에 얽매여 대안을 생각지 못하는 자녀와 유대감을 형성할 때 자녀는 고집불통에서 벗어나 더 유연하고 수용적인 태도로 바뀐다. 유대감은 두 경우에서처럼 통합된 마음상태와 배움의 기회를 만든다.

아이가 속상해 할 때 유대감을 형성하는 방법에 관해서는 다음 부部에서 구체적으로 설명하겠다. 어쨌든 기본적인 방법은 대부분 경청과 언어적·비언어적 공감을 수반한다. 이것은 우리가 아이에게 우리 자신을 맞추고, 아이 마음의 내밀한 생활(아이의 감정과 생각, 인식과 기억, 아이 삶에서 내밀한 주관적 의미를 가진 것)에 귀 기울이는 방법이다. 이것은 '행동 이면의 마음'을 청취하는 것이다.

예를 들면, 아이와 유대감을 형성하는 가장 강력한 방법들 중 하나는 단순한 신체적 접촉이다. 사랑의 터치touch는 기분 좋게 하는 호르몬(옥시토신과 오피오이드 등)을 우리 뇌와 인체에 분비시키며 스트레스 호르몬(코르티솔) 수치를 낮춘다. 여러분의 자녀가 속상해 할 때 사랑의 터치는 스트레스가 매우 높은 상황에서도 그 상황을 진정시키며, 여러분이 유대감을 형성하는 데 유익하다. 이것은 아이의 내적 고통에 유대감을 갖는 것이다. 단순히 눈에 보이는 외적 행동에 반응하는 것이 아니다.

마이클이 파괴된 레고 한가운데 있는 작은 아들을 봤을 때 그가 처음으로 한 행동임이 바로 이것임을 인식하라. 그는 앉아서 작은 아들을 껴안았다. 그렇게 함으로써 그는 머타이어스의 작은 카누를 혼란의 둑에서 평화로운 강물의 흐름 속으로 되돌리기 시작했다. 그리고 경청했다. 머타이어스는 많은 것을 말할 필요가 없었다. "제가 레고를 쏟았어요." 그 말로써 그는 그 상황에서 벗어날 수 있었다.

아이들은 말을 훨씬 더 많이 하고, 우리가 훨씬 더 오랫동안 그들의 말을 들어줘야 할 때가 종종 있다. 혹은 아이들이 말하길 원치 않을 때도 종종 있다. 여기서 그랬던 것처럼 대화가 빨리 지나가버릴 때도 종종 있다. 말 없는 터치touch, "얘야, 알았어."라는 공감의 한 마디, 기꺼이 경청하려는 마음. 이것이 머타이어스의 어린 두뇌와 충동적인 육체가 평형을 되찾기 위해 필요한 것이었다. 일단 그렇게 되자 아빠는 바로 교훈에 관한 대화로써 그를 가르칠 수 있었다.

비록 마이클이 이런 용어를 가지고 생각하지는 않았지만 그의 행동은 자신의 관계, 자신의 유대감 전달, 아들의 두뇌 통합을 사용한 것이다. 그렇게 해서 아들의 위층 뇌와 아래층 뇌는 함께 작동할 수 있었으며, 좌뇌와 우뇌도 함께 작동할 수 있었다.

머타이어스가 형들 때문에 몹시 화났을 때 그의 아래층 뇌가 상황을 전적으로 장악했다. 그것이 위층 뇌를 장악해 작동 불능으로 만들었다. 본능적, 반발적, 저차원의 뇌 부위가 활성화해 그는 결과에 관해 생각하고 타인의 감정을 고려하는 고차원의 뇌 부위에 접근할 수 없었다. 그의 뇌에서 이 두 부위는 함께 작동하지 않았다. 달리 말해서 그 순간 그의 뇌는 분열돼 있었으며 그 결과는 레고 대학살로 나타났다.

논리적, 좌뇌적인 많은 말 대신에 비언어적 몸짓을 취함으로써 마이클은 머타이어스의 우뇌(아래층 뇌가 더 직접적으로 작동하는 부위)와 유대감을 형성할 수 있었다. 좌뇌와 우뇌, 아래층 뇌와 위층 뇌. 머타이어스의 뇌는 그 순간 통합을 위해 더 협동하고 균형 잡으려는 준비가 돼 있었다. 유대감 형성은 감정 집중적인 아래층 뇌와 생각 지향적인 위층 뇌를 통합했다. 그 덕분에 마이클은 단기 목표(아들의 협력을 이끌어내는 것)를 달성할 수 있었다.

♣ 혜택 2 ♣
유대감은 뇌를 계발한다

앞 부部에서 설명했듯이 '노 드라마no-drama' 자녀교육은 대인관계, 자기통제, 공감, 개인적 통찰력 등의 능력을 향상시킴으로써 아이의 뇌를 계발한다. 우리는 한계 설정과 구조 형성의 중요성, 그리고 아이가 '노'를 내면화함으로써 내적 통제와 충동 억제를 확보하는 것에 관해 논의했다. 이것이 자녀 뇌의 집행능력 형성을 위해 우리가 자녀와의 관계를 이용하는 방법이다. 그리고 아이의 인간관계와 의사결정 능력을 향상시키는 다른 방법들에 관해 논의했다. 자녀와의 상호작용은 자녀의 뇌를 계발할 기회를 제공한다. 또 그 상호작용 덕분에 자녀는 우리가 원하는 그런 사람이 되는 능력을 발전시킨다.

그 모든 것은 유대감과 함께 시작한다. 자녀교육의 상호작용을 할 때 유대감은 '반발'을 '수용' 상태로 바꾸는 단기 혜택을 제공할 뿐 아니라, 아이의 뇌에도 영향을 미친다. 그 영향은 아이의 성장에 맞춰 장기적인 방식으로 이루어진다. 우리가 속상한 자녀를 달랠 때, 그의 감정을 경청할 때, 그가 엉망이 되어도 우리가 얼마나 그를 사랑하는가를 전할 때, 우리가 이런 방식으로 반응할 때가 바로 그 순간이다. 우리는 자녀의 뇌가 계발되는 방식에, 그리고 미래에 자녀가 어떤 사람이 될 것인가에 의미 있는 영향을 미친다. 그 영향은 현재뿐 아니라 자녀가 청소년과 성인으로 성장할 때까지 미친다.

우리는 다음 부部들에서 두뇌 이동에 관해 더 많은 얘기를 할 것이다. 그것에는 우리가 가르치는 확실한 교훈, 그리고 자녀와 상호작용할 때 본보기가 되는 행동들이 포함된다.

우리가 아이의 잘못된 행동에 반응할 때 아이의 뇌는 우리 반응의 영향을 크게 받을 것이다. 이 점은 명백하다. 또 그 순간 아이의 뇌는 우리가 행동으로 보여주는 본보기에 의해 변할 것이다. 의식적이든 잠재의식적이든 아이의 뇌는 특정 상황에서 부모의 반응에 기초한 모든 종류의 정보를 소화할 것이다. 여기서 더 적절한 관점은 유대감이다. 즉, 어떻게 부모가 (그 자녀교육 시점에서 아이의 경험을 바탕으로) 아이의 뇌를 바꾸고 심지어 계발하는가이다.

신경학적인 관점에서 설명하면, 유대감은 위층 뇌와 아래층 뇌 사이의 연결 섬유소를 강화한다. 그 결과 고차원 뇌 부위가 저차원이며 더 원시적인 충동들과 효과적으로 의사소통하고 이것들을 지배할 수 있다. 우리는 위층과 아래층을 연결하는 이들 섬유소에 '마음의 계단'이라는 별명을 붙였다.

그 계단은 위층과 아래층을 통합하며 '전전두엽'이라고 불리는 뇌 부위에 도움이 된다. 전전두엽은 자기 규제(감정의 균형, 주의력 집중, 충동 통제, 타인과의 유대감 형성과 공감 포함)의 집행 기능을 만드는 핵심이다. 전전두엽이 발달함에 따라 아이는 사회적·감정적 능력을 더 잘 실행할 수 있다. 우리는 아이가 가정에서 더 큰 세상으로 나아감에 따라 이 사회적·감정적 능력을 계발하고 궁극적으로 숙달하기를 원한다.

그것이 유대감 형성의 장기 혜택이다. 유대감은 뇌신경 연결망을 형성하고 통합 섬유소를 성장시킨다. 이 통합 섬유소가 말 그대로 뇌를 바꾸며 우리 자녀가 좋은 의사결정, 인간관계 참여, 세상과의 성공적인 상호작용에 더 능숙해지도록 만든다.

♣ 혜택 3 ♣

유대감은 자녀와의 관계를 심화시킨다

유대감은 자녀를 '반발'에서 '수용' 상태로 바꾸는 단기 혜택과, 뇌를 계발하는 장기 혜택을 제공한다. 우리가 조명하고자 하는 세 번째 혜택은 관계의 혜택이다. 즉, 유대감은 여러분과 자녀 사이의 관계를 강화한다는 것이다.

갈등의 순간은 어떤 관계에서든 가장 힘들고 위태로운 시기가 될 수 있다. 동시에 가장 중요한 순간의 하나가 될 수 있다. 우리가 소파에 파묻혀 책 읽을 때, 혹은 자녀의 공연에 나타나 환호할 때도 우리가 그를 위해 그곳에 있다는 것을 당연히 자녀는 안다. 그러나 긴장과 갈등이 생길 때는 어떤가? 우리가 양립할 수 없는 욕망과 의견을 가지고 있을 때는? 이런 순간들이 진짜 시험이다. 우리가 아이에게 어떻게 반응하는가는 아이와의 관계 발달에, 심지어 그의 자아감自我感에도 영향을 미칠 것이다.

자녀가 잘못 행동할 때, 또는 자녀가 가장 추한 그리고 통제를 크게 벗어난 행동을 할 때에는 유대감 형성을 원하는 것조차 항상 쉬운 일은 아니다. 조용한 비행기 안에서 자녀들 사이에 싸움이 발생할 때, 또는 자녀들을 영화관에 데려갔는데도 징징거리며 더 좋은 대접을 받지 못했다고 불평할 때, 유대감 형성은 여러분이 가장 원치 않는 일일지도 모른다.

그러나 사실상 어떤 자녀교육 상황에서도 유대감 형성은 우리의 첫 반응이 되어야 한다. 그것이 단기적 관점에서 문제 처리에 도움을 주기 때문만은 아니다. 그것이 장기적 관점에서 우리 자녀를 더 나은 사람으로 만들 것이기 때문만은 아니다. 가장 중요한 이유는 그것이 우리가 관계를 얼마나 중시하는가를 자녀에게 전하는 데 도움이 되기 때문이다.

자녀가 변화하고 있으며, 변화가 가능하고, 복합적인 뇌를 가지고 있다는 사실을 우리는 알고 있다. 그리고 자녀가 힘들 때 우리를 필요로 한다는 점도 알고 있다. 우리가 공감, 지지, 경청으로 반응하면 할수록 자녀와의 관계는 더 좋아질 것이다.

최근 티나Tina(공저자)는 6살 아들과 함께 아들 친구 사브리나Sabrina의 집에서 열린 생일파티에 참석했다. 사브리나의 부모 바실Bassil과 킴벌리Kimberly는 파티가 끝났을 때 밖으로 걸어 나와 손님들을 배웅했다. 그들이 집 거실로 돌아왔을 때 놀라운 광경을 목격했다. 킴벌리는 그 광경을 티나에게 이메일로 보냈다.

「파티가 끝난 뒤 사브리나는 집으로 들어가 받은 선물을 '제멋대로' 죄다 개봉했다. 그래서 나는 누가 무엇을 줬는지를 기록해 놓을 수가 없었다. 그것은 아수라장이었다! 사브리나가 선물을 개봉했을 때 딸 시에라Sierra가 곁에 있었기 때문에, 나는 그것들을 대부분 짜맞출 수 있었다. 사브리나가 감사 카드를 쓰기 전에 이 점을 분명히 해 놓고 싶다. JP가 사브리나의 만화경 분필을 가져갔는가? 예의바른 그대가 이런 내 행동을 탐탁찮게 생각할 것이라고 확신한다. 그러나 확인하지 않는 것보다는 확인해 놓은 것이 좋다고 생각한다!」

이 상황에서 거실로 돌아왔을 때 자신을 주체하지 못해 피곤한 한 엄마에게 우리는 확실히 공감할 수 있었다. 갓 개봉한 장난감들이 온데 널려 있고, 찢겨진 포장지가 온 바닥에 굴러다니는 광경. 어쨌든 방금 킴벌리는 15명의 6살 아이들과 그들의 부모·형제들을 대상으로 즐거우나 시끄럽고, 재밌으나 혼란스러운 생일파티를 열었다. 부모가 탈진할 시기가 무르익었으며, 버릇없는 자녀 때문에 이 엄마가 여러 번 고함지르는 것으로 분위기는 극에 달했다. 자녀는 파티가 끝날 때까지 참지 못하고, 고기에 돌진하는 맹수처럼 선물에 거칠게 달려들었던 것이다.

킴벌리는 자기통제를 발휘함으로써 '노 드라마no-drama, 전체 두뇌whole-brain'의 마음 구조에서 상황을 다룰 수 있었다. 여러분이 추측했겠지만 그런 마음 구조 덕분에 그녀는 유대감 형성으로 시작할 수 있었다. 잔소리나 장황한 비난으로 시작하지 않고 먼저 딸과 유대감을 형성했다. 우선 그녀는 그 파티가 얼마나 즐거웠는지, 이제 선물을 모두 개봉하는 것이 얼마나 즐거웠는가를 인정했다. 딸 사브리나가 가짜 콧수염 세트에 매우 흥분하면서 그것을 보여줬을 때 그녀는 인내심을 갖고 앉아 있었다. (여러분은 사브리나를 알았어야 했을 것이다.)

그런 다음 일단 유대감을 형성하자 킴벌리는 딸과 얘기를 나눴다. 선물과 기다림, 감사 노트에 관해 딸이 알았으면 하는 것들을 가르쳤다. 그것이 유대감 형성이 통합의 기회를 만들고, 더 강한 뇌를 계발하고, 관계를 강화하는 방식이다. 자녀가 엉망이 되거나 자기통제력을 상실할 때마다 여러분은 유대감을 형성할 수 있을까? 물론 그렇지 못할 것이다. 우리가 자녀에게 그렇게 하지 못하는 것은 확실하다.

그러나 우리가 유대감 형성을 첫 반응으로 하면 할수록 자녀는 우리에게 위안, 무조건적인 사랑, 지지를 기대할 수 있다. 이는 자녀가 무슨 일을 했든 상관없으며 우리가 '웰빙의 강'에 있든 아니든 상관없다. 심지어 자녀가 우리가 좋아하지 않는 행동을 할 때에도 그렇다.

관계를 강화하고 심화하는 것에 관해 이야기하자! 게다가 자녀와의 관계를 강화할 때 여러분은 자녀가 성인으로 성장함에 따라 좋은 형제, 좋은 친구, 좋은 파트너가 되도록 더 잘 준비시킬 수 있을 것이다. 롤모델이 됨으로써, 단지 말이 아니라 행동으로 인도함으로써 자녀를 잘 가르칠 것이다.

그것이 유대감이 주는 관계의 혜택이다. 그것은 자녀에게 관계 맺는 것의 의미를 가르친다. 심지어 우리가 사랑하는 사람이 내린 결정이 우리 마음에 들지 않을 때에도 사랑하는 것의 의미를 가르친다.

성질부림은 무시하면 안 될까?

부모들에게 유대감 형성과 두뇌 이동(아래층 뇌→위층 뇌)에 관해 가르칠 때, 우리가 받는 가장 보편적 질문들 중 하나는 성질부림에 관한 것이다. 대개 청중석의 어떤 사람이 이렇게 질문한다. "성질부림은 무시해야 한다고 생각했다. 자녀가 흥분했을 때의 유대감 형성은 단지 그에게 관심을 주는 것일까? 그렇게 하면 부정적 행동을 강화하는 것 아닐까?"

우리는 이 질문의 대답에서 '노 드라마no-drama, 전체 두뇌whole-brain' 철학과 전통적인 교육법 사이의 차별성을 보여준다. 그렇다. 아이가 우리가 말하는 '전략적 성질부림'을 할 때가 있을 수 있다. 원하는 목적을 달성하기 위해, 원하는 장난감을 얻기 위해, 공원에 더 오래 머물기 위해서처럼 자신을 통제하면서도 의도적으로 괴로운 듯이 행동할 때이다. 그러나 대부분의 아이들에게, 그리고 여러분의 어린 아이에게 '전략적 성질부림'은 거의 언제나 규칙이라기보다 지극히 예외적인 것이다.

거의 대부분의 경우 성질부림은 아이의 아래층 뇌가 위층 뇌를 탈취해 그를 솔직·당당하게 통제불능으로 만들었다는 증거이다. 혹은 아이는 완전한 통제불능이 아니라고 해도 신경계가 매우 불편하다. 그 결과 그는 투덜거리거나 그 시점에서 유연성과 감정 관리 능력을 갖지 못한다. 그리고 아이가 자신의 감정과 행동을 통제할 수 없다면 우리 반응은 도움을 제공하는 것이거나 편안함을 강조하는 것이어야 한다. 우리는 교육적·공감적이어야 하며 유대감 형성에 초점을 맞춰야 한다. 만약 아이가 기분이 언짢고 곧 괴로움을 겪을 것 같으면, 혹은 속상해서 실제로 통제가 안 되면 그 순간 그는 우리를 필요로 한다.

그럼에도 우리는 한계를 설정해야 한다. 레스토랑에서 아이가 괴로워한다고 해서 커튼을 확 잡아당기게 할 수는 없는 것과 같다. 그러나 그 순간 우리의 목적은 그를 달래는 것이다. 그리고 마음을 평온하게 만들어 아이가 자기통제력을 회복하게 하는 것이다. 혼돈과 통제력 상실은 통합이 차단됐다는 징후라는 점을 기억하라. 뇌의 서로 다른 부위가 '협동하는 전체'로 작동하지 않고 있는 것이다. 유대감 형성은 통합의 기회를 만들기 때문에 아이를 편안하게 만든다. 통합은 감정 통제 능력을 만든다. 그리고 그것이 우리가 아이를 달래주는 방법이다. 아이를 비非통합의 혼돈·경직 상태에서 통합·웰빙이 잘 된, 더 침착하고 더 분명한 상태로 바꾸는 것이다.

따라서 부모들이 우리에게 성질부림에 관한 의견을 묻는다면, 우리 대답은 "아이가 가장 속상하고, 통제불능인 때에 관한 생각 방식을 전적으로 바꿔야 한다."라는 것이다. 우리는 부모들이 성질부림을 단순히 불쾌한 경험으로 생각지 않기를 제안한다. 극복법을 배워야 하고, 자신을 위해 관리해야 하며, 어떤 대가를 치르더라도 가능한 한 빨리 멈춰야 할 경험으로 생각지 마라.

그 대신 '도움의 간청'으로 간주해야 한다. 아이가 안전감과 우리 사랑을 느끼도록 하는 유용한 기회로 여겨야 한다. 그것은 아이의 괴로움을 완화시키는 기회, 아이의 내면에서 폭풍우가 몰아칠 때 안식처가 되는 기회, 유대감 형성을 통해 분리 상태를 통합 상태로 바꾸는 기회이다. 그것이 우리가 이런 유대감 형성의 시점을 '통합의 기회'라고 부르는 이유이다. 보호자가 감정적으로 잘 반응하며, 자신에게 잘 맞춰주는 것(유대감 형성)을 반복 경험한 아이는 시간이 지나면서 뇌의 자기통제력과 자기완화 능력을 계발한다. 이를 통해 아이는 더 독립적이 되며 더 탄력성을 가지게 된다.

따라서 성질부림에 대한 '노 드라마' 반응은 부모의 공감에서 시작한다. 아이가 왜 성질부리는가를 이해할 때 아이가 비명, 고함, 발차기를 시작하더라도 우리는 훨씬 더 연민어린 반응을 할 것이다. 그것은 아이의 성질부림을 즐길 것이라는 의미가 아니다. (만약 여러분이 그것을 즐긴다면 전문가의 도움을 고려해야 할지도 모른다.) 그것을 단순히 아이가 어렵고 교활하며 버릇없는 증거라고 보기보다 공감과 연민으로 바라볼 때, 훨씬 큰 평온과 유대감을 갖게 된다는 의미이다.

그것이 우리가 부모들에게 성질부림을 무시하라고 권하는 전통적 방법의 팬이 전혀 아닌 이유이다. 성질부림이 아이에게 '네가 부적절한 행동을 하고 있다'고 설명할 시점이 아니라는 데 우리는 동의한다. 성질부리는 도중에는 전통적으로 '교육의 순간'이라고 불리는 것을 할 시점이 아니다. 오히려 유대감 형성을 통한 통합의 기회가 될 수 있다. 일반적으로 자녀가 속상해 할 때 부모들은 말을 지나치게 많이 하는 경향이 있다. 그리고 성질부리는 도중에 질문하고 교훈을 주려는 것은 아이의 감정을 격앙시킬 수 있다. 아이의 신경계는 이미 과부하 상태이기 때문에 우리가 말을 많이 하면 할수록 더 많은 감각적 주입으로 범람하게 된다.

그러나 논리적으로 그런 사실이 아이가 제 정신이 아닐 때 아이를 무시해야 한다는 결론에 도달하는 것은 절대로 아니다. 사실 우리는 정반대의 반응을 적극 권장한다. 성질부리는 아이를 무시하는 것은 우리가 할 수 있는 최악의 반응에 속한다. 왜냐 하면 아이가 그렇게 속상한 것은 정말 고통스럽기 때문이다. 그는 비참하다. 스트레스호르몬 코르티솔이 인체에서 분비돼 그의 뇌를 엄습한다. 그는 완전히 감정·충동의 통제 밖에 있음을 느낀다. 자신을 진정시키거나 자신이 원하는 것을 표현할 수 없다. 그것은 고통스러운 일이다.

아이는 신체에 상처를 입었을 때 우리에게 자신과 함께 있어주고 안심시키는 말과 위안을 주길 기대한다. 그것과 마찬가지로 아이는 감정적으로 힘들 때에도 같은 것을 필요로 한다. 우리가 침착하며 사랑을 주고 교육적이길 기대한다. 유대감 형성을 필요로 하는 것이다. 성질부림이 얼마나 불쾌한 일인지 안다. 우릴 믿어라, 우린 알고 있다. 여기에 그것을 한마디로 요약하는 말이 있다. 그것은 '여러분은 자녀에게 어떤 메시지를 주길 원하는가?'이다.

여러분이 '네가 망가지거나 최악의 상태일 때에도 난 널 위해 여기에 있어. 무슨 일이 있어도 널 지지해'라는 메시지를 줄 때 자녀에게 굴복하는 것이 아니다. 그것은 아이가 자해하고, 물건을 부수고, 타인이 위험에 처하도록 방치하라는 의미가 아니다. 여러분은 계속 한계를 설정할 수 있으며 또 그렇게 해야 한다. 여러분은 아이가 성질부리는 동안 아이의 신체를 통제하고 충동을 멈추게 해야 할 수도 있다. (다음 부部에서 그렇게 하기 위한 구체적 제안들을 할 것이다.) 그러나 여러분은 자신의 사랑을 전하고 아이와 함께 어려운 순간들을 넘기며 항상 "난 여기 있어."라고 의사소통하면서 이런 한계를 설정한다.

물론 우리는 마치 치과 진료대에서 빨리 벗어나길 원하는 것처럼 성질부림이 가급적 빨리 해소되기를 원한다. 그것은 전혀 즐겁지가 않다. 그러나 만약 여러분이 '전체 두뇌' 관점에서 대처한다면 최대한 빨리 끝내는 것이 여러분의 주된 목표는 아니다. 오히려 여러분의 첫 목표는 감정적으로 호응하고 자녀를 위해 같이 있는 것이다. 여러분의 주된 목표는 유대감을 형성하는 것이다.

유대감은 우리가 논의한 단기, 장기, 관계의 모든 혜택을 제공할 것이다. 달리 말해서 성질부림이 가능한 한 빨리 끝나길 여러분이 원한다고 해도, 유대감 형성의 큰 목표는 단기적으로는 깊이 있게 효율적으로 여러분에게 훨씬 많은 것을 가져다준다. 그리고 궁극적으로 많은 것을 통합적으로 성취하게 한다.

아이가 성질부리는 동안 여러분은 공감하고 차분히 같이 있음으로써 상황을 더 쉽게 만든다. 그리고 자녀와 여러분 자신은 덜 흥분하게 될 것이다. 또 자녀가 장래에 자신을 더 잘 다룰 수 있는 능력을 계발하게 만든다. 왜냐 하면 감정적 호응은 아이의 뇌에서 통합의 유대감을 강화하기 때문이다. 이 유대감 덕분에 아이는 더 나은 선택을 하고, 몸과 감정을 통제하며, 타인에 관해 생각할 수 있다.

어떻게 아이를 망치지 않고 유대감을 형성할까?

유대감은 갈등을 해소하고, 아이의 뇌를 계발하며, 부모-자녀 관계를 강화한다고 말했다. 그럼에도 부모들이 흔히 제기하는 질문 한 가지가 있다. 그것은 두뇌 이동(아래층 뇌→위층 뇌)을 하기 전에 유대감을 형성하는 것의 잠재적 단점과 관련이 있다. "자녀가 잘못해도 항상 유대감을 형성하면, 자녀를 망치지 않을까? 달리 말해서 그것이 내가 변화시키고자 하는 행동을 오히려 강화하지 않을까?"

이 합리적 질문은 오해에 기초하고 있다. 따라서 몇 분간만 '무엇이 자녀 망치기인가, 무엇이 아닌가'를 논의해 보자. 그러면 우리는 '왜 자녀교육하는 동안 유대감 형성이 자녀 망치기와 전적으로 다른가'를 더 분명히 구별할 수 있다.

무엇이 자녀 망치기가 아닌가부터 시작해 보자. 자녀 망치기는 여러분이 자녀에게 얼마나 많은 사랑, 시간, 관심을 쏟는가에 관한 것이 아니다. 여러분이 그런 것들을 지나치게 많이 줬다고 해서 자녀를 망칠 수는 없다. 같은 방식으로 여러분은 아기를 지나치게 많이 안아 주거나, 아기가 필요한 요구를 표출할 때마다 그에 반응함으로써 아기를 망칠 수 없다. 자녀교육 권위자들은 한때 아기를 망칠까봐 부모들에게 아기를 지나치게 자주 안아 주지 말라고 말했다.

이제 우리는 더 잘 안다. 아이에게 반응하고 아이를 달래는 것이 아이를 망치지 않는다. 아이에게 반응하지 않고 아이를 달래지 않는 것이 불안정애착과 불안애착을 가진 아이를 만든다. 자녀와의 관계를 돈독히 하고, 자녀에게 우리의 사랑을 받을 자격이 있다는 믿음을 주는 것이야말로 바로 우리가 해야 할 일이다. 바꿔 말해서 우리는 아이에게 필요한 요구가 충족되고 있다는 확신을 주고 싶다.

한편 자녀 망치기는 부모(또는 다른 보호자)가 자녀에게 마음대로 할 수 있다는 권리의식을 심어줄 때, 그런 식으로 자녀의 세계를 형성할 때 발생한다. 또 자녀가 원할 때 정확히 '원하는 것'을 얻을 수 있다는 권리의식, 그리고 모든 것이 쉽게 그에게 와야 하며 모든 것이 그를 위해 행해져야 한다는 권리의식을 심어줄 때에도 마찬가지이다.

우리는 자녀가 '필요한 것'은 이해 받고 충족될 수 있다는 기대감을 가지길 원한다. 그러나 자신의 '욕심과 기분'이 항상 충족될 것이라는 기대감을 가지길 원하지는 않는다. (롤링스톤스The Rolling Stones의 표현을 빌리면, 우리는 아이들이 '필요한 것'을 얻을 것이란 사실을 알길 원한다. 아이들이 '원하는 것'을 항상 얻을 수는 없더라도!) 그리고 아이가 속상하거나 통제불능일 때 유대감 형성은 아이에게 필요한 것을 충족하는 것이지, 아이가 원하는 것에 항복하는 것이 아니다.

'자녀 망치기'의 사전적 정의는 '지나친 방임이나 과도한 칭찬으로 자녀의 성격이나 태도에 해를 끼치는 것'이다. 물론 자녀 망치기는 물질적으로 지나치게 많은 것을 주거나, 지나치게 많은 돈을 쓰거나, 항상 '예스'라고 말할 때 발생한다. 또한 아이에게 세상과 주변 사람이 자신의 기분을 위해 봉사할 것이라는 의식을 심어줄 때에도 발생한다.

현 세대의 부모들은 이전 세대보다 자녀를 망칠 가능성이 더 클까? 그럴 가능성이 아주 크다. 부모들이 아이들을 전혀 힘겹게 노력할 필요가 없도록 보호할 때 이는 일반적인 현상이다. 그들은 자녀를 좌절이나 어려움으로부터 과보호한다. 부모들은 아이가 하고픈 대로 방치하는 것을 사랑 또는 유대감과 혼동하는 일이 흔하다. 만약 부모들 자신이 감정적으로 호응하지 않고 사랑을 베풀지 않는 부모들에 의해 양육됐다면, 자신의 아이들은 달리 양육해보려는 좋은 의미의 욕심을 경험한다.

자녀들이 인생에서 필연적인 좌절과 직면해 싸울 때 그들에게 정말 필요하며 정말 중요한 것은 사랑, 유대감, 관심, 시간이다. 부모들이 이런 것을 제공하기보다 물질적으로 더 많을 것을 주고, 힘든 일과 슬픔으로부터 자녀들을 보호함으로써 그들이 하고픈 대로 방치할 때 문제가 발생한다.

자녀들에게 지나치게 많은 물질을 줌으로써 그들을 망치는 것을 우려하는 데에는 이유가 있다. 자녀들이 원하는 것을 항상 얻을 때 마음의 탄력성을 계발하고 중요한 인생 교훈들을 배울 기회를 잃는다. 만족감을 늦추는 것, 뭔가를 위해 일해야 한다는 것, 실망감을 처리하는 것 등에 관한 교훈들. 감사의 태도와 반대되는 권리의식을 타인에게 줄 때 그것은 장래의 대인관계에 악영향을 미칠 수 있다.

또한 우리는 아이들에게 힘든 경험을 통한 배움의 선물을 주길 원한다. 식탁에서 끝내지 않은 숙제를 발견하고 아이가 벌 받지 않도록 그것을 마저 완성해 학교까지 달려갈 때, 그것은 아이에게 호의를 베푸는 것이 아니다. 또는 다른 부모에게 전화를 걸어 아이가 낌새를 챘지만 초대받지 못한 생일파티의 초대장을 요구할 때에도 마찬가지이다. 이런 반응들은 아이에게 고통 없는 삶을 살 것이라는 기대감을 안겨준다. 그 결과 삶이 자신이 예상한 대로 진행되지 않을 때 아이는 자신을 잘 관리할 수 없다.

자녀 망치기가 초래하는 다른 문제는 '아이에게 무엇이 최선인가'에 관해서 (부모와 아이 모두에게) 즉각적인 만족을 주는 것을 선택한다는 것이다. 종종 우리는 지나치게 하고픈 대로 하도록 방치하거나 한계를 설정하지 않는다. 그 순간 그렇게 하는 것이 쉬운 일이기 때문이다. 하루에 두 번, 세 번씩 그렇게 '예스'라고 말하는 것이 단기적으로 분노발작을 피하기 때문에 쉬울지도 모른다. 그러면 내일은 어떨까? 마찬가지로 그런 만족을 기대하지 않겠는가? 기억하라, 뇌는 우리의 모든 경험과 연관돼 있다.

자녀 망치기는 궁극적으로 부모로서의 우리의 삶을 더 힘들게 만든다. 왜냐 하면 우리는 부단히 아이의 요구를 처리해야 하기 때문이다. 또 아이가 기대하는 것을 얻지 못할 때 생기는 분노발작을 다뤄야 하기 때문이다. 그리고 아이는 항상 제 마음대로 하려고 할 것이기 때문이다. 하지만 현실에서 사람들은 망가진 아이들의 기분에 일일이 반응하지 않는다. 따라서 그들은 커서 불행해지는 경우가 흔하다. 만약 다른 사람들이 항상 그들을 위해 그렇게 했다면, 그들은 더 작은 즐거움과 자신만의 세계를 만드는 승리감에 취해 더 힘든 시간을 보낸다.

참된 자신감과 경쟁력은 원하는 것을 거저 얻는 데서 나오는 것이 아니라 스스로 어떤 것을 성취하고 숙달하는 데서 나온다. 게다가 아이가 원하는 것을 얻지 못한 채 그것에 적응할 때, 그렇게 자신을 위로할 때의 감정을 겪어보지 못했다면, 나중에 실망감이 더 커진 후에 그렇게 하는 것은 매우 어려울 것이다. (그런데 만약 우리가 그 나쁜 습관에 빠졌다면 제6부에서 자녀 망치기의 역효과를 되돌리는 몇 가지 전략들을 논의하겠다.)

우리 말은 부모들이 자녀 망치기에 관해 걱정하는 것이 옳다는 것이다.

하고픈 대로 하도록 지나치게 방임하는 것은 자녀에게, 부모에게, 그리고 서로의 관계에도 도움이 되지 않는다. 자녀가 속상하거나 나쁜 결정을 할 때 자녀 망치기는 유대감 형성과 무관하다. 기억하라. 감정적 유대나, 관심, 신체적 사랑, 또는 사랑을 매우 많이 줌으로써 자녀를 망칠 수 없다. 아이가 우리를 필요로 할 때 우리는 아이를 위해 그곳에 있어야 한다.

달리 말해서 유대감 형성은 자녀 망치기나 애지중지, 아이의 독립심 억제에 관한 것이 아니다. 우리가 유대감 형성을 요구할 때 '헬리콥터 부모' (자녀 주위를 빙빙 돌면서 힘든 일과 슬픔으로부터 자녀를 지키는 부모)로 알려진 사람들을 지지하는 것이 아니다. 유대감 형성은 자녀를 역경에서 구조하는 것에 관한 것이 아니다.

유대감 형성은 자녀와 함께 어려운 시기를 헤쳐 나가는 것에 관한 것이다. 무릎이 긁혔거나 신체적으로 힘들 때처럼 자녀가 감정적으로 힘들 때 그를 위해 그곳에 있는 것에 관한 것이다. 그렇게 할 때 자녀의 독립심이 계발된다. 자녀는 안전감과 유대감을 느낄 때, '전체 두뇌' 자녀교육을 통해 인간관계와 감정 조절 능력이 계발됐을 때, 어떤 삶이 나타나든 떠맡을 준비를 더 확실히 할 것이기 때문이다.

한계를 설정하면서 유대감을 형성할 수 있다

그렇다. 자녀교육을 하면서 우리는 자녀와 정서적 유대감 형성을 원한다. 자녀와 함께 하며, 자녀가 힘든 시간을 보낼 때 우리가 그를 위해 그곳에 있다는 사실을 그가 확실히 알게 해주고 싶다. 그러나 그것은 우리가 자녀의 기분에 일일이 맞춰야 한다는 의미가 결코 아니다. 자녀가 장난감 가게를 떠나기 싫어 그곳에서 울면서 성질부린다고 하자. 그래서 자녀가 계속 비명을 지르며 손에 잡히는 것을 마구 던지게 방치한다면, 그것은 하고픈 대로 방임하는 것일 뿐 아니라 무책임한 것이다.

자녀의 생활에서 한계를 없애는 것은 자녀에게 호의를 베푸는 것이 아니다. 감정을 맘대로 폭발하게 허용하는 것은 자녀에게(혹은 여러분에게, 또는 장난감가게에 있는 다른 사람들에게) 좋은 느낌을 주지 못한다. 자기 통제를 못해 힘들어 하는 자녀와의 유대감 형성은 자녀가 어떤 선택을 하든 그 행동을 허용하라는 의미가 아니다.

자녀가 바트 심슨Bart Simpson 캐릭터 인형을 깨질 수 있는 헬로 키티 Hello Kitty 자명종 시계를 향해 거칠게 던질 때, 여러분은 단순히 "넌 속상한 것 같아."라고 말하지 않을 것이다. 더 적절한 반응은 이렇게 말하는 것일 것이다. "네가 속상하고, 네 행동을 멈추는 것이 힘들다는 것을 알겠어. 내가 도와줄게." 여러분은 자녀를 부드럽게 안아서 밖으로 데리고 나가야 할지도 모른다. 자녀가 평온을 되찾을 때까지 공감과 신체적 터치touch를 사용하며, 그가 여러분을 필요로 한다는 사실을 기억해야 할 수도 있다. 일단 자녀가 통제력을 회복하고 배울 수 있는 마음상태가 되면 여러분은 자녀와 함께 무슨 일이 있었는가를 논의할 수 있다.

두 반응의 차이점을 인식하라. 전자("넌 속상한 것 같아.")는 모든 사람을 자녀 충동의 포로로 만든다. 자녀가 한계가 뭔지를 알지 못하게 한다. 욕구가 가속페달을 누를 때 자녀가 브레이크를 밟을 경험을 주지 않는다. 후자는 자녀가 '할 수 있는 것'과 '할 수 없는 것'에 한계가 있다는 사실을 깨닫게 한다. 자녀는 우리가 그의 극복 대상에 대해 신경 쓰고 있다는 것을 느낄 필요가 있다. 또 자녀는 주어진 환경에서 '무엇이 기대되는가'를 알 수 있는 규칙과 한계를 제공받을 필요가 있다.

단Dan(공저자)은 자녀들이 어렸을 때 그들을 근처 공원으로 데려갔다. 거기서 어느 4~5살 아이가 주변 아이들에게 위압적이며 거칠게 행동하는 것을 목격했다. 그 중에는 매우 어린 아이들도 있었다. 표면상 그 아이의 엄마는 '자녀 대신 자녀 문제를 해결해 주지 싶지 않았기 때문에' 그 일에 끼어들지 않았다.

결국 다른 엄마가 그 엄마에게 '그 아이가 거칠게 행동하며 다른 아이들의 미끄럼틀 사용을 방해한다'고 알렸다. 그제야 그 엄마는 건너편에서부터 아이를 심하게 질책했다. "브라이언Brian! 그 애들이 미끄럼틀을 타게 해! 안 그러면 집에 갈 거야!" 그러자 아이는 "엄마 바보!"라면서 모래를 집어 던지기 시작했다. 그 엄마는 "그래, 집에 가자."라면서 가져온 물건들을 챙기기 시작했다. 그러나 아이는 떠나길 거부했다. 그 엄마는 계속 위협했지만 실제 행동을 취하지는 않았다. 10분 후 단이 자녀와 함께 그곳을 떠날 때에도 그 엄마와 아이는 계속 그곳에 있었다.

이 상황은 유대감 형성과 관련, 우리가 무엇을 의미하는가에 관해 한 가지 질문을 제기한다. 이 경우 당면한 문제는 그 아이가 속상하며 울고 있었다는 것이 아니었다. 그 아이는 충동을 통제하고 상황을 정리하면서 계속 힘든 시간을 보내고 있었다는 것이다. 고집스럽게 저항하는 아이의 행동에서 그 점을 잘 알 수 있었다.

그럼에도 아이에게 두뇌 이동(아래층 뇌→위층 뇌)을 시도하기 전에 그 엄마가 취한 유대감 형성 조치는 적절했다. 아이가 감정에 압도되지 않고 단순히 최적最適이 아닌 결정을 내린다고 하자. 그때의 유대감 형성은 그 순간 아이가 어떻게 느끼는가를 단순히 인정한다는 의미일 수 있다. 그 엄마는 걸어가 "넌 누가 미끄럼틀을 탈 것인가를 결정하면서 즐거워하는 것 같구나. 너와 네 친구들이 여기서 뭘 하고 있는지 말해다오."라고 말할 수 있었다.

판단이나 화 대신 관심과 호기심을 전하는 말투로 이처럼 단순하게 말하는 것은 그들 모자 사이에 감정적 유대감을 형성한다. 그제야 그 엄마는 더 확실히 두뇌 이동을 시도할 수 있다. 그 엄마는 자신의 개성과 아이의 기질에 따라 이렇게 말할 수도 있었다. "흠…. 다른 엄마가 그러는데, 다른 아이들도 미끄럼틀을 타기를 원한대. 그런데 네가 그걸 막고 있어 아이들이 싫어해. 그 미끄럼틀은 이 공원에 있는 모든 아이들을 위한 것이야. 우리 모두가 미끄럼틀을 함께 이용하려면 어떻게 해야 할까?"

좋은 시점일 때 그 아이는 이렇게 말할지 모른다. "알아요! 제가 내려가서 돌아갈 거예요. 제가 다시 미끄럼틀에 기어 올라가는 동안 다른 아이들이 내려갈 수 있을 거예요." 관대하지 못한 시점일 때 아이는 거절할지도 모른다. 그 순간 그 엄마는 이렇게 말해야 할 수도 있다. "너와 네 친구가 함께 미끄럼틀을 이용하는 것이 그렇게 힘들면 우린 원반던지기처럼 다른 걸 해야 돼."

이 같은 말로써 그 엄마는 '우린 타인을 배려해야 한다'는 한계를 계속 강제하면서 아이의 감정상태에 조응할 것이다. 그녀는 필요하다면 두 번째 기회를 줄 수도 있다. 그러나 만약 아이가 복종하길 거부하고 더 모욕적으로 더 많은 모래를 던지면, 그녀는 약속한 두뇌 이동을 완수해야 할 것이다. "공원을 떠나는 데 대해 네가 정말 화나고 실망한 걸 알아. 그러나 네가 지금 당장 좋은 결정을 내리는 것이 힘들기 때문에 우린 머물 수가 없어. 네가 차까지 걸어갈래? 아니면 내가 널 안고 갈까? 그건 네가 선택해." 그리고 그녀는 그 말을 실천해야 할 것이다.

그렇다. 우린 항상 정서적으로 아이들과 유대감을 형성하길 원한다. 그러나 유대감 형성과 함께 아이들이 좋은 결정을 내리고 한계를 존중하도록 도와야 한다. 한계를 분명히 전달하고 유지함으로써 그렇게 해야 한다. 그것이 아이들이 필요로 하는 것이다. 궁극적으로 그것은 심지어 그들도 원하는 것이다.

다시 말해 아이들도 자신의 감정상태가 자신과 다른 모든 사람을 볼모로 잡을 때 좋은 감정을 느끼지 않는다. 그로 인해 아이들은 강江의 혼란의 둑에 남겨지며 통제불능을 느낀다. 우리는 아이들에게 '세상과 인간관계가 어떻게 작동하는가'의 규칙을 가르침으로써 그들의 두뇌를 통합 상태로, 강江의 흐름 속으로 되돌릴 수 있다. 아이의 정서 생활에 '부모의 구조構造'를 더하면 아이는 실제로 안전감과 자유의 느낌을 갖는다.

우리는 자녀가 '인간관계는 존경, 교육, 온기, 배려, 협동, 타협을 통해 번성한다'는 점을 배우길 원한다. 그래서 유대감 형성과 한계 설정 두 가지를 모두 중시하는 관점에서 자녀와 상호작용하길 원한다. 달리 말해서 우리가 아이의 행동 기준을 유지하면서 아이의 내면세계에 지속적인 관심을 가질 때, 이것이 아이가 배울 교훈이 된다. 아이의 넉넉함, 정신적 탄력성, 인간관계 능력은 부모의 세심함과 '부모의 구조'에서 나온다.

궁극적으로 아이들은 우리의 한계 설정과 기대감을 필요로 한다. 여기서 핵심은 모든 자녀교육은 아이들을 양육하고 그들의 내면세계에 조응하며 부모가 그들을 보고, 듣고, 사랑하고, 인정하고 있음을 알게 하는 데서 시작해야 한다는 것이다. 비록 그들이 잘못을 저질렀을 때에도 그렇다. 아이들은 부모가 지켜보고 있음을, 안전함을, 위로해 줌을 느낄 때 안심하며 크게 발전한다. 이것이 우리가 그들의 행동을 형성·구조화하는 동시에 그들의 마음을 소중히 여기는 방식이다. 우리는 행동 이면의 마음을 소중히 생각하면서 행동 변화를 안내하고, 새 능력을 가르치며, 문제에 접근하는 중요한 방법을 가르칠 수 있다.

이것이 우리가 아이들에게서 자아감 그리고 우리와의 유대감을 키우는 동시에 그들을 교육하는 방식이다. 그러면 아이들은 이런 믿음과 이런 사회적·감정적 능력에 기초해 주변 세상과 상호작용할 것이다. 왜냐 하면 아이의 뇌는 '나의 필요한 요구는 충족될 것이며 나는 무조건적인 사랑을 받고 있다' 는 기대를 갖도록 구조화될 것이기 때문이다.

따라서 다음에 여러분의 자녀 중 한 명이 통제력을 잃거나 여러분을 아주 미치게 만드는 행동할 할 때 '아이의 유대감 형성 욕구는 감정이 고조될 경우에 가장 강렬하다' 는 점을 상기하라. 그렇다. 두뇌 이동을 하고 교훈을 가르치기 위해 여러분은 그 행동을 잘 다뤄야 한다.

먼저 그처럼 격한 감정을 재구성하고 그것이 무엇인가를 인식하라. 이것은 유대감 형성을 위한 노력이다. 자녀가 최악의 상태일 때가 여러분을 가장 필요로 할 때이다. 유대감을 형성한다는 것은 자녀의 경험을 공유하며, 그들과 함께 하는 것이다.

그렇게 할 때 여러분은 자녀의 뇌를 통합하고, 자녀 스스로는 얻을 수 없는 감정 통제력을 제공한다. 그러면 그는 '웰빙의 강' 의 흐름 속으로 복귀할 수 있다. 여러분은 자녀를 '반발' 상태에서 '수용' 상태로 바꾸며, 자녀의 뇌를 계발하며, 두 사람이 공유하는 관계를 강화할 것이다.

제4부

'노 드라마' 유대감 형성

어느 날 티나Tina(공저자) 가족이 집에서 저녁식사를 하고 있었을 때 그녀와 남편 스콧Scott은 6살 아들이 수분이 지났음에도 화장실에서 돌아오지 않았음을 깨달았다. 아들은 거실에서 티나의 아이패드로 게임을 하고 있었다. 다음은 티나가 말한 그 이야기이다.

『6살 아들이 우리 집의 규칙 중 여러 가지를 파기했기 때문에 처음에 나는 몹시 실망했다. 아들은 식탁에서 슬그머니 도망쳐 허락도 없이 아이패드로 게임을 했다. 아이패드를 보호 케이스에서 꺼냈으며, 그렇게 하면 안 된다는 것을 그도 알고 있었다. 이런 위반이 그다지 의미 있는 것은 아니었다. 문제는 우리 모두가 동의한 규칙을 아이가 무시하는 것이었다.

우선 나는 아들에 관해, 아들의 기질과 성장단계에 관해 생각했다. 단Dan(공저자)과 내가 여러 번 말한 대로, 어떻게 자녀교육할 것인가를 결정할 때에는 항상 맥락을 고려해야 한다. 아들은 예민하고 양심적인 어린 아이이기 때문에, 나는 아들의 자녀교육에 많은 말을 할 필요가 없다는 점을 알았다.

남편과 나는 아들 옆에 있는 긴 의자에 앉았다. 그리고 나는 단순히 호기심 가득한 어조로 "여기서 무슨 일이 있었니?"라고 말했다.

곧바로 아들의 아랫입술이 가볍게 떨리며 눈에 눈물이 맺히기 시작했다. "전 단지 마인크래프트 게임을 하고 싶었어요."

비언어적 의사전달은 내면의 양심과 불편함의 반영이었으며 그의 말은 죄를 인정하는 것이었다. 말 속에 내포된 메시지는 "식탁을 떠나서는 안 되며 아이패드를 꺼내서도 안 된다는 것을 알고 있어요. 그런데 너무 게임을 하고 싶었어요! 제 충동이 너무 강했어요."였다. 달리 말해서 그 순간 나는 대화를 통해 두뇌 이동(아래층 뇌→위층 뇌)이 그다지 힘들지 않을 것이라는 점을 이미 알았다. 평소에는 두뇌 이동이 힘들다. 하지만 그가 이미 의식하고 있는 지금은 그렇지 않다.

어쨌든 두뇌 이동을 하기 전에 그가 있는 곳에서 그를 만나 감정적으로 유대감을 형성하고 싶었다. 나는 "넌 그 게임에 정말 관심이 많구나, 그렇지? 너보다 큰 형들이 게임하는 것에 호기심을 가지고 있지?"라고 말했다.

남편은 나를 지원해 주었다. 그 게임이 빌딩, 터널, 동물로 가득한 하나의 온전한 세계를 만들 수 있게 하며, 그것이 매우 근사하다고 말했다.

아들은 소심하게 우리를 올려다봤다. 눈동자를 내게서 남편에게로 옮겼다. 우리가 괜찮은지를 물었다. 남편은 고개를 끄덕이며 부드러운 미소를 띠었다.

몇 마디 말과 흘깃 보는 것을 통해 유대감이 형성됐다. 남편과 나는 그제야 두뇌 이동을 시도할 수 있었다. 그리고 다시 아들을 알고, 이 순간 그가 있는 곳을 인식할 때, 상황은 우리에게 많은 것을 요구하지 않았다. 남편은 단지 "그런데 우리 집의 규칙은 어떻게 되니?"라고 물었다.

여기서 아들은 진심으로 울기 시작했다. 교훈이 이미 내면화했기 때문에 더 많은 것을 말할 필요가 없었다.

나는 팔로 아들을 감싸며 달랬다. 나는 "오늘 밤 네 선택이 우리 집의 규칙을 어겼다는 것을 알아. 다음번에는 다르게 행동할 수 있니?"라고 말했다.

아들은 울면서 고개를 끄덕였다. 그리고 다음번에 식탁을 떠나기 전에 양해를 구하겠다고 약속했다. 우린 아들을 안아주었다. 그리고 남편은 마인크래프트에 관한 질문을 했다. 이에 따라 아들은 트랩도어trapdoor와 던전dungeon에 관해 남편에게 설명했다.

아들은 생기를 되찾고 죄책감과 눈물을 뒤로 했다. 그리고 우리 가족은 식탁에서 다시 합류했다. 유대감 형성은 두뇌 이동으로 귀결됐다. 유대감 형성은 아이를 가르칠 수 있을 뿐 아니라, 아이가 이해받고 사랑받는다는 것을 느끼게 했다는 의미였다.』

유대감 형성을 위한 무대 설치
반응의 유연성

앞 부部에서 자녀교육 과정의 첫 걸음으로 유대감 형성에 관해 설명했다. 이제 우리는 그것이 실제로 작동할 때 어떤 모습인가에 초점을 맞출 것이다. 자녀가 속상하거나 잘못 행동할 때 우리가 의지할 수 있는 원칙과 전략을 추천할 것이다. 유대감 형성은 티나Tina의 경우에서 보았듯이 매우 단순한 경우도 종종 있다. 그러나 그보다는 훨씬 힘든 경우가 흔하다.

유대감 형성의 권장사항과 관련해, 모든 상황에 적용될 수 있다는 정형화된 천편일률적 기술을 찾으려는 유혹은 피하라. 다음에 제시되는 원칙과 전략은 대부분의 경우에 아주 효과적이다. 그러나 여러분은 이 방법들을 자신의 양육 스타일, 당면한 상황, 자녀의 개별적 기질에 따라 달리 적용해야 한다. 달리 말해서 반응의 유연성을 유지하라.

반응의 유연성은 말 그대로의 의미이다. 즉, 상황에 대한 우리 반응이 유연하다는 것이다. 그것은 멈춰서 생각하며 최선의 행동 과정을 선택하는 것을 의미한다. 그것은 우리에게 자극과 반응의 분리를 요구하며, 그 결과 우리 반응은 즉각(그리고 생각 없이) 아이의 행동 또는 우리 내면의 혼란에서 나오지 않게 된다. 따라서 A가 발생할 때 우리는 자동적으로 B를 실행하지 않는다. 대신 B나 C를, 심지어 D와 E의 결합을 고려한다. 반응의 유연성은 광범위한 가능성을 고려할 수 있는 시간적 여유 그리고 우리 마음의 공간을 만든다. 결과적으로 우리는 단지 몇 초간만 경험과 함께할 뿐이며, 행동의 실행 회로를 작동하기 전에 깊이 생각할 수 있다.

반응의 유연성은 여러분이 자녀와 함께 하는 어려운 순간에서 가능한 '가장 현명한 자아'를 선택하는 데 도움이 된다. 따라서 유대감이 형성될 수 있다. 그것은 자동조종의 자녀교육과는 정반대이다. 자동조종의 자녀교육에서 여러분은 발생하는 모든 시나리오에 대해 로봇처럼 천편일률적인 방법을 적용한다. 자녀의 마음상태와 잘못된 행동에 유연하게 반응할 때 우리는 가능한 가장 좋은 방법으로 상황에 사려 깊게 반응할 수 있으며, 그 순간 자녀에게 필요한 것을 줄 수 있다.

자녀의 규칙 위반에 대해 잠시 시간을 내어 평정을 찾는 것을 요구할지도 모른다. 여러분은 잘못된 행동을 목격한 후 10억분의 1초 만에 반응하지 않는 것이 좋은 경험칙이다. 여러분은 발끈해서 엄격하게 다스리고 싶을 수 있을 것이다. 여러분은 '남자형제를 수영장에 밀어 넣었기 때문에,

딸은 남은 여름 동안 수영은 다했다'고 외치고 싶을 수 있을 것이다. (종종 우리는 터무니없지 않은가?) 여러분이 공중 수영장에서 소란을 피우거나 도에 지나친 자녀교육을 하지 않는 대신에 몇 초간 여유를 갖고 침착할 수 있다고 가정해 보자. 그러면 여러분은 자신의 침착하고 사려 깊은 부분에서 나오는 반응, 그리고 그때 자녀가 정말 필요로 하는 것에 대한 신중한 반응을 할 좋은 기회를 갖는다. (여러분은 보너스로 온 동네 저녁 식탁에서 "당신도 오늘 수영장에서 그 정신 나간 여자를 봤어야 했는데…."로 시작하는 화제의 대상이 되는 것을 피할 수 있다.)

평소 여러분은 반응의 유연성 덕분에 어떤 문제에 대해 보통 때보다 더 '확고한' 입장을 취할 수 있다. 만약 11살 자녀가 학교숙제를 솔선해 하지 않는 조짐을 보인다고 하자. 여러분은 '어떻게 해서 라커에 두고 왔는지도 모르는' 책을 (다시!) 찾아오기 위해 자녀를 다시 학교까지 태워다 주지 않기로 결정할지도 모른다. 여러분은 진정으로 자녀에게 공감하며 유대감("책을 두고 와 내일 숙제를 할 수 없다는 것은 정말 실망이다.")을 확실히 형성할 것이다. 그러나 여러분은 책을 두고 온 것에 대한, 자연스럽고 논리적인 나쁜 결과를 체험하게 할 것이다. 혹은 자녀에게 책을 가져오게 할 것이다. 왜냐 하면 그의 개성과 상황 맥락을 고려할 때 그 방법이 최선이라고 믿기 때문이다.

그것이 전체적 관점이다. 반응의 유연성은 발생하는 각각의 상황에 대해 생각 없이 단순 반응하지 않고 '어떤 반응을 원할 것인가'에 관해 결정하는 것을 습관으로 한다. 자녀교육의 여러 측면과 마찬가지로 반응의 유연성은 근본적으로 사려 깊은 자녀교육에 관한 것이다. 우리는 이 특정 시점에서 자녀(이 특정한 아이)에게 필요한 것을 충족시킬 때 계속 사려 깊어야 한다는 점을 얘기하고 있다. 그 목표가 여러분 마음의 중심이 될 때 유대감 형성은 자연스럽게 따라온다.

자녀가 자신을 다루면서 힘들어 할 때나 현명치 못한 결정을 내릴 때 여러분은 자녀와의 유대감 형성을 위해 반응의 유연성을 사용할 수 있다. 그 몇 가지 구체적 방법들을 살펴보자. 우리는 '노 드라마no-drama' 유대감 형성의 원칙(부모와 자녀 사이에서 무대 장치를 꾸미고, 유대감 형성을 가능케 하는 것)에 초점을 맞추는 것으로 시작할 것이다. 그리고 더 즉각적인 순간의 유대감 형성 전략으로 이동할 것이다.

♣ 유대감 형성 원칙 1♣
'상어 음악' 을 거부하라

만약 여러분이 단Dan(공저자)이 말하는 것을 들었다면, 그가 '상어 음악' 의 개념을 소개하는 것을 보았을 것이다. 여기에 그가 그 개념을 어떻게 설명하는가가 있다.

『먼저 나는 청중에게 30초짜리 비디오[1]를 보여주면서, 그들의 몸과 마음의 반응을 관찰하도록 요청한다. 화면으로 청중은 아름다운 열대우림 같은 장면을 본다. 카메라를 들고 있는 사람의 시선에서 청중은 시골 오솔길을 보고 아름다운 바다를 향해 길 아래로 이동한다. 시종일관 고요하고 클래식한 피아노 음악이 연주되며, 목가적인 분위기의 평화·평온함을 전달한다.

그때 나는 비디오를 멈춘 뒤 청중에게 그 비디오를 다시 보라고 요청

---

1) 이 비디오는 처음에 '안전감 중재의 원' 프로그램에 의해 제작되었다. 그들의 훌륭한 작업은 버트 파웰Bert Powell 등이 쓴 책 〈The Circle of Security Intervention〉(Guilford, 2013)을 보라.

한다. 그리고 똑같은 비디오를 보여주되, 이번에는 다른 배경음악이 연주될 것이라고 설명한다. 청중은 열대우림, 시골 오솔길, 바다 등 동일한 이미지를 본다. 그러나 이번 사운드트랙은 어둡고 위협적이다. 그것은 영화 〈죠스Jaws〉의 유명한 주제음악과 비슷하다. 그것은 장면이 인식되는 방식을 완전히 채색한다. 평화로운 적도의 장면은 이제 위협적으로 보인다. (무엇이 튀어나올지 누가 알겠는가?) 그리고 길은 우리가 확실히 가고 싶지 않은 어딘가로 안내한다. 우리가 오솔길 끝의 물에서 무엇을 발견할지는 아무도 말할 수 없다. 음악을 바탕으로 하면 그것은 상어일 가능성이 크다. 그러나 우리의 공포에도 불구하고 카메라는 그 물로 계속 접근한다.

똑같은 장면들이지만 청중이 발견한 대로 그 경험은 배경음악에 의해 철저히 바뀌었다. 한 사운드트랙은 평화와 평온, 다른 것은 공포와 두려움으로 이끈다.』

우리가 아이들과 상호작용할 때도 마찬가지이다. 우리는 배경음악에 주의해야 한다. '상어 음악'은 우리를 현 시점에서 벗어나게 하며 두려움에 기초한 자녀교육을 하게 한다. 우리가 어떻게 반응하든 우리의 관심은 그 반응의 대상에 있다.

우리는 미래의 일을 걱정한다. 또는 과거의 일에 반응한다. 그럴 때 우리는 현실적으로 그 순간에 발생하는 것을 놓친다. 즉, 자녀에게 정말 필요한 것 그리고 자녀가 실제로 의사소통하고자 하는 것을 놓친다. 결과적으로 우리는 자녀에게 최선을 다하지 못한다. 달리 말해서 '상어 음악'은 '이 개별적' 순간에 '이 개별적' 아이의 자녀교육을 방해한다.

예를 들면 5학년인 딸이 첫 중간 성적표를 받아 왔다고 상상해 보라. 그런데 그 성적표에는 딸이 아파서 이틀간 결석했기 때문에 수학 평균이 기대 이하라고 돼 있다고 하자. '상어 음악'이 배경음악으로 연주되지 않는다면 여러분은 그것을 단지 결석 탓이나, 5학년생에게는 어려운 주관식 문제 탓으로 돌릴지도 모른다. 여러분은 이제 딸이 그 문제를 이해하도록 조치할 것이다. 그리고 딸 선생님과의 면담을 결정할지도 혹은 그렇게 하지 않을지도 모른다. 달리 말해서 여러분은 침착하고 합리적인 관점에서 상황에 접근할 것이다.

그런데 9학년인 아들이 숙제를 잘 하지 못했으며 대수학의 기초로 힘들어 한다고 하자. 이런 경험은 딸이 중간 성적표를 받아왔을 때 여러분의 마음에서 연주되는 '상어 음악'이 될지도 모른다. "지겹게 또 시작이군." 이란 말이 여러분의 생각을 잠식하는 후렴구가 될지도 모른다.

따라서 여러분은 보통 때처럼 반응하지 않는다. 딸에게 그것을 어떻게 느끼는가를 묻지 않는다. 딸에게 무엇이 최선인가를 생각하려고 하지 않는다. 그 대신에 대수학에 관한 아들의 문제를 생각한다. 그리고 딸의 상황에 과민반응한다. 딸에게 징벌에 관해 이야기하면서 방과후활동을 줄인다.

만약 '상어 음악'이 정말 여러분을 괴롭히면 여러분은 좋은 대학에 들어가는 것에 관해 잔소리를 시작할 수 있다. 5학년 수학에서 두 번이나 나쁜 점수를 받는 것에서부터 중·고등학교에서의 문제, 그렇게 해서 전국의 대학으로부터 받을 많은 불합격 통지서에 이르기까지 일련의 사건들에 관해 잔소리를 시작할 수 있다. 눈 깜박할 사이에 사랑스러운 10살 딸은 홈리스 여성(강 옆의 다리 아래에 자신이 사는 판지 박스를 향해 쇼핑 카트를 밀고 가는 여성)이 되어 버렸다.

흔히 있는 일이지만 '노 드라마no-drama' 반응의 핵심은 인식이다. 일단 '상어 음악'이 마음속에서 불타고 있다는 사실을 인식하면, 여러분은 마음상태를 바꿔 두려움과 과거 경험에 기초한(현재 직면한 시나리오에 적용되지 않는) 자녀교육을 멈출 수 있다. 나아가 의기소침해진 자녀와 유대감을 형성할 수 있다. 여러분은 이 순간 딸이 필요로 하는 것을 줄 수 있다. 즉, 전적으로 현재에 머물면서 딸에게 이 특정 상황의 실제 사실에 기초한 자녀교육을 하는 부모가 될 수 있다. 과거의 기대감이나 미래의 두려움에 기초하지 않은 자녀교육을 하는 부모가 될 수 있다.

우리가 시간의 흐름에 따른 행동방식에는 관심이 없다고 말하는 것이 아니다. 우리도 부정否定 상태에 갇힐 수 있으며 이 부정 상태에서 행동을 지나치게 맥락과 관련짓는다. 또 모든 종류의 변명으로 자녀의 반복된 투쟁을 해명하지만 이런 변명들은 우리가 중재에 나서는 데, 자녀가 필요한 능력 계발하는 데 방해가 된다.

'금주의 변명' 메뉴판이 부모의 반응 패턴이 될 때 그 부모는 다른 종류의 '상어 음악'을 가지고 일하는 셈이다. 그것은 의학적으로 아기처럼 취약한 자녀의 부모와 비슷하다. 그들의 '상어 음악'은 이제 자녀에게 과잉 행동을 하게 만들며, 마치 실제 이상으로 부서지기 쉬운 것처럼 자녀를 대한다.

핵심은 '상어 음악'이 사려 깊은 자녀교육을 하지 못하게 막을 수 있으며, 주어진 시점에서 자녀가 필요로 하는 사람이 되지 못하게 막을 수 있다는 것이다. 그것은 우리를 '수용' 상태 대신 '반발' 상태로 만든다. 종종 우리는 기대감을 조정하라는 요구를 받는다. 그리고 아이들의 성장에는 더 많은 시간이 필요하다는 점을 인식하라는 요구를 받는다.

평상시 우리는 기대감을 조정해야 한다. 또 자녀가 우리 요구보다 더 많은 것을 할 수 있다는 점을 깨달아야 한다. 그리고 자녀가 자신의 선택에 대해 더 많은 책임을 지도록 권장할 수 있다. 평소 우리는 매순간 좋은 결정을 내릴 능력을 차단하는 욕구와 욕망, 과거 경험에 주의를 기울여야 한다. 문제는 우리가 '반발' 상태일 때 타인의 조언을 받을 수 없으며, 우리 마음에 있는 여러 선택 사항을 유연하게 고려할 수 없다는 점이다. (이 개념에 관한 상세한 내용은 단Dan이 메리 하젤Mary Hartzell과 공저한 책

〈Parenting From the Inside Out〉에서 폭넓게 다루고 있다.)

궁극적으로 우리가 할 일은 자녀에게 조건 없는 사랑을 주며 조용히 같이 있는 것이다. 자녀가 최악의 상태일 때에는 특히 그렇다. 그것이 우리가 '반발' 상태로 가기보다 '수용' 상태에 머무르는 방법이다. 그리고 자녀의 행동에 대한 우리 관점은 자녀에게 반응하는 방식에 반드시 영향을 미친다. 자녀를 변화 중이며, 변화 가능하고, 복합적인 젊은 뇌를 가진, 아직도 성장 중인 젊은 인간으로 인식한다고 하자. 그러면 자녀가 힘들어 하거나 우리가 좋아하지 않는 행동을 할 때, 우리는 더 쉽게 '수용' 상태가 돼 조용한 피아노 음악을 들을 수 있다. 결과적으로 우리는 평화·평온으로 귀결되는 방식으로 자녀와 상호작용할 것이다.

반면 '상어 음악'은 '반발' 상태처럼 우리를 현재 순간으로부터, 올바른 마음상태로부터 끌어낼 것이다. 그것은 우리 내면의 혼란을 가중시켜 온갖 가정假定을 하게 만든다. 또 이 특정 시점에서 고려해선 안 되는 온갖 가능성에 관해 걱정하게 만든다. 그로 인해 우리는 자녀가 이기적이고, 게으르며, 버릇없기 때문에(이밖에 우리가 갖다 붙이는 온갖 이유 때문에) 말썽 피운다고 자동적으로 가정할지도 모른다. 그럴 때 우리는 사랑과 사려 깊음이 아니라 반발심, 화, 불안, 흥분, 공포의 발로에 의해 반응할 것이다.

따라서 다음번에 자녀교육해야 할 때에는 잠시 멈춰 머릿속 사운드트랙을 경청하라. 만약 조용한 피아노 음악을 듣고 상황에 사랑이 가득하고, 객관적이며, 냉철한 반응할 수 있다고 느끼면 그런 반응을 보여라. 그러나 만약 '상어 음악'을 인식하면 언행을 매우 조심하라. 반응하기 전에 자신에게 몇 분의 여유를 줘라. 필요하면 더 긴 여유 시간을 줘라. 그런 다음 상황을 있는 그대로 보는 것을 방해하는 공포와 기대감, 필요 이상의 반발심을 내려놓아라. 그렇게 했다고 느낄 때 비로소 반응할 수 있다. 자녀교육의 순간에 무슨 음악이 배경에 흐르는가에 주의를 기울임으로써 여러분은 경직되고 혼란스러운 반발 대신에 유연한 반응을 할 수 있다. 그리고 그 순간 자녀에게 필요한 것을 줄 수 있다. '반발보다는 반응' 이 핵심이다.

♧ 유대감 형성 원칙 2♧
이유를 추적하라

'상어 음악' 의 최악의 부산물 중 한 가지는 우리가 확실하다고 인식하는 것에 부모는 달리 가정하는 경향이다. 만약 자녀와 상호작용할 때 두렵고 감정 북받친 사운드트랙이 여러분의 마음을 뒤덮고 있다면, 여러분은 자녀가 그처럼 행동하는 이유에 관해 객관적일 수는 없을 것이다. 그보다는 전혀 정확하지 않을지도 모르는 정보에 기초해 단순 반응할 것이다. 여러분은 아무것도 없는 경우에도 물속에 상어가 헤엄치고 있다고, 혹은 나무 뒤에 괴물이 숨어 있다고 가정할 것이다.

아이들이 옆방에서 놀고 있는데 동생이 울기 시작했다. 울음을 들은 여러분이 그 방으로 성큼 가 큰 애에게 "무슨 짓을 했니?!"라고 묻는다. 그 행동은 아주 정당해 보일 수 있다. 그러나 동생이 "아니에요, 아빠. 제가 넘어져 무릎을 다쳤어요."라고 말한다. 그때 여러분에게 확실해 보인 것이 전혀 정확지 않다는 것을 깨닫는다. 동시에 '상어 음악' 이 여러분을 (다시 한 번) 헤매게 했다는 것을 깨닫는다. 과거에 큰 애가 너무 거칠게 놀이를 했기 때문에 이번에도 그랬을 것이라고 가정한 것이다.

최악을 가정하고 그에 따라 반응하는 것. 부모의 행동 중에 그것보다 더 빨리 유대감을 깨뜨리는 것은 없을 것이다. 따라서 함부로 가정하며 잘못된 것일 수 있는 정보에 따라 행동하지 말고 '무엇이 확실해 보이는가'

를 질문하라. 형사가 되라. 셜록 홈즈Sherlock Homes의 모자를 써라. 셜록 홈즈라는 캐릭터를 만든 소설가 코난 도일Conan Doyle은 이렇게 단언했다. "자료를 얻기 전에 이론을 제시하는 것은 중대한 실수이다. 사실에 이론을 맞추기보다, 이론에 사실을 맞추기 위해 서서히 사실을 왜곡하기 시작한다."

아이들을 다룰 때 자료를 얻기 전에 이론화하는 것은 위험하다. 대신 호기심을 가져야 한다. 이유를 추적해야 한다. 호기심은 효과적인 자녀교육의 초석이다. 자녀의 행동에 반응하기 전에, 특히 여러분이 그 행동을 좋아하지 않을 때, 자신에게 이렇게 질문하라. "왜 아이가 그렇게 행동했을까?" 여기서 다른 질문을 하게 된다. "아이는 지금 무엇을 원할까? 뭔가를 요구하고 있는 걸까? 뭔가를 찾으려고 하는 것일까? 무엇을 전하려고 할까?"

아이가 우리가 좋아하지 않는 방식으로 행동할 때 "어떻게 이럴 수 있지?!"라고 묻고 싶은 유혹을 느낀다. 그 대신 이유를 추적하라. 욕실에 들어가 4살 딸이 개수대와 거울을 젖은 화장지와 립스틱으로 '치장'한 것을 볼 때 호기심을 가져라. 좌절하는 것은 좋다. 그러나 가능한 한 빨리 그 이유를 추적하라. 호기심으로 좌절감을 대체하라. 딸과 대화하고 무슨 일이 있었는가를 물어라. 적어도 딸의 관점에서는 칭찬할 만한 뭔가를, 그리고 즐거운 뭔가를 들을 것이다.

나쁜 뉴스는 여러분은 여전히 어지럽혀진 것들을 (가급적이면 딸의 도움을 받아서) 청소해야 한다는 것이다. 좋은 뉴스는 호기심 덕분에 여러분은 자녀의 행동에 관한 훨씬 더 정확한(그리고 재밌고 솔직한) 대답을 들을 수 있다는 것이다.

2학년인 아들의 선생님이 전화해 아들에게 나타나는 '충동 통제' 문제에 관해 논의하자고 할 때에도 동일한 원칙이 적용된다. 선생님은 아들이 권위를 존중하지 않는다고 말한다. 읽기 시간에 떠들고 부적절한 말을 하기 시작했다는 것이다. 여러분의 첫 반응은 "애야, 그렇게 행동해선 안 돼."라는 말로 아들과 대화를 시작하는 것일지도 모른다.

그러나 이유를 추적하면서 아들에게 그 동기를 물으면 "트루먼Truman은 제가 그렇게 할 때가 재밌다고 생각해요. 이제 점심식사 줄에서 저를 자기 옆에 서게 해요."라는 대답을 들을지도 모른다. 여러분은 두뇌 이동(아래층 뇌→위층 뇌)을 해야 하며, 아들과 함께 '운동장 정치政治'의 힘든 세계를 헤쳐 나갈 적절한 방법을 모색해야 할 것이다. 여러분은 아들의 감정적 요구에 관한, 실제로 무엇이 아들의 행동을 결정하는가에 관한 더 정확한 정보를 가지고 그렇게 할 수 있을 것이다.

이유를 추적하는 것은 자녀교육 상황이 생길 때마다 반드시 아이들에게 "왜 그랬니?"라고 물어봐야 한다는 의미가 아니다. 실제로 그 질문은 호기심보다는 즉각적인 판단이나 반감反感을 내포할 수 있다. 게다가 아이들, 특히 어린 아이들은 자신이 왜 마음 상하는지, 왜 그런 행동을 했는지를 알지 못하는 경우가 종종 있다. 그들의 개인적 통찰력, 그들의 목표·동기에 관한 인식은 아직 그렇게 숙련돼 있지 않을 수도 있다.

그것이 여러분에게 이유를 '질문'하라고 권하지 않는 이유이다. 우리는 이유를 '추적'할 것은 권장한다. 그것은 우리가 마음속으로 이유를 묻는 것과 더 깊은 관련이 있다. 그렇게 함으로써 우리는 호기심을 가질 수 있으며, 이 순간 아이가 어디서 오고 있는가를 생각할 수 있다.

종종 여러분이 다루고자 하는 행동은 립스틱 칠하기나 지저분한 유머처럼 유순한 것이 아닐 것이다. 종종 아이는 부서진 물건이나 멍든 신체, 손상된 관계라는 결과를 초래하는 결정을 내릴 것이다. 이런 경우에 그 이유를 추적하는 것이 매우 중요하다. 무엇 때문에 자녀가 화나서 드라이버를 집어 던지는가, 다른 아이를 때리는가, 적의에 찬 말을 내뱉는가에 호기심을 가져야 한다.

단순히 그런 행동을 다루는 것만으로는 충분하지 않다. 대부분의 경우 인간 행동은 목적 지향적이다. 우리는 그 뒤에 무엇이 있는가를 알아야 한다. 무엇이 그런 행동을 유발할까? 만약 아이의 행동(외부 세계)에만 초점을 맞춘다면, 그래서 행동 이면의 이유(내부 세계)를 무시한다면, 우리는 원인이 아닌 증상에만 집중하는 것이 된다. 만약 증상만 고려하면 우리는 반복해서 이런 증상들을 치료해야 할 것이다.

만약 셜록 홈즈 모자를 쓰고 이유를 추적한다면, 호기심을 가지고 행동 이면의 뿌리를 찾는다면 우리는 자녀의 마음속에서 일어나고 있는 것을 충분히 발견할 수 있다. 처리해야 할 걱정거리의 진짜 이유를 발견할 수도 있다. 우리의 가정이 잘못됐다는 사실을 깨달을 수도 있을 것이다. 이 나쁜 행동이 자녀가 감당하기 힘든 어떤 것에 대한 적응 반응이라는 사실을 발견할지도 모른다. 예를 들어 자녀가 매일 체육수업 시간 전에 아픈 척한다고 하자. 그럴 수 있을 것이다. 그것은 게으르거나, 동기가 부족하거나, 반항적이기 때문이 아니다. 자녀는 아이들 앞에서 운동 같은 것을 할 때 강렬한 자의식을 느끼며, 그것이 그런 자의식을 처리하는 최선의 전략이기 때문이다.

자녀가 무엇을 성취하려고 하는지 생각함으로써, 섣부른 판단을 하기 전에 자녀에게 상황을 설명하게 함으로써 우리는 자녀의 내면세계로부터 사실적 자료들을 모을 수 있다. 이는 가정이나 잘못된 이론 혹은 '상어 음악'에 기초해 단순 반응하는 것과는 반대이다.

게다가 이유를 추적하고 먼저 유대감을 형성할 때 우리는 자녀 편이며 자녀의 내면적 경험에 관심이 있다는 점을 자녀에게 알릴 수 있다. 실제로 무슨 일이 벌어지고 있는지 모를 때 일단 그것을 선의로 해석할 것이다. 우리는 각각의 상황 반응을 통해 이 점을 자녀에게 말한다. 그것은 잘못된 행동에 눈 감는다는 뜻이 아니다. 그것은 외적 행동의 이면에 무엇이 있는가, 자녀 내면에서 무엇이 일어나고 있는가에 대한 질문과 호기심을 통해 먼저 유대감 형성을 기대한다는 의미이다.

♣ 유대감 형성 원칙 3 ♣
'어떻게' 에 관해 생각하라

'상어 음악' 을 조심해서 듣는 것과 이유를 추적하는 것은 두 가지 원칙이다. 이 두 가지 원칙에 따라 우리는 자녀교육 순간에 우리 자신과 자녀의 마음속 풍경을 고려하게 된다. 세 번째 유대감 형성 원칙은 자녀와 실제로 상호작용하는 방식에 초점을 맞춘다. 자녀가 자기 관리와 좋은 결정 내리기에서 어려움을 겪고 있을 때 우리는 자녀에게 말하는 방법을 고려해야 한다는 것이다. 자녀에게 말하는 내용은 물론 중요하다. 그러나 말하는 방법은 더 중요하지는 않더라도 마찬가지로 중요하다.

여러분의 3살 자녀가 카시트에 앉으려 하지 않으려는 장면을 상상해 보라. 여기에 동일한 내용을 말하는 몇 가지 서로 다른 방법이 있다.

- 눈을 크게 뜨고, 큰 몸짓을 하며, 크고 화난 목소리로 "카시트에 앉아!"라고 소리친다.
- 이를 악물고, 눈을 가늘게 뜬 채, 끓어오르는 목소리로 "카시트에 앉아."라고 말한다.
- 여유 있는 얼굴과 따뜻한 목소리로 "카시트에 앉아." 라고 말한다.
- 익살스러운 얼굴 표정과 바보 같은 목소리로 "카시트에 앉아."라고 말한다.

여러분은 이해한다. '어떻게'가 중요하다. 잠잘 시간에 여러분은 협박을 사용할 수도 있다. "침대에 들어가. 안 그러면 더 이상 이야기를 들려주지 않을 거야." 혹은 이렇게 말할 수도 있다. "지금 침대에 들어가면 책 읽어주는 시간을 가질 거야. 즉시 침대에 들어가지 않으면 시간이 부족해 책 읽기를 건너뛰어야 할 거야." 메시지는 동일하다. 그러나 그것이 '어떻게' 전달되는가는 서로 다르다. 그 느낌은 전적으로 다르다. 두 가지 '어떻게'는 타인에게 말하는 방식에서 본보기가 된다. 둘 다 한계를 설정한다. 둘 다 동일한 요구를 전달한다. 그러나 그 느낌은 완전히 다르다.

아이들이 우리와 자신에 관해 무엇을 느끼는가를, 타인을 대하는 것에 관해 무엇을 배우는가를 결정하는 것은 '어떻게'이다. 게다가 '어떻게'는 그 순간 아이들의 반응까지도 결정한다. 얼마나 성공적으로 모든 사람을 만족시키는 효과적인 결과를 도출할 것인가도 결정한다. 대개 아이들은 우리와 유대감을 느낄 때 훨씬 더 빨리 협력한다. 그리고 유쾌하고 장난기 섞인 방식으로 아이들을 사로잡을 때에도 마찬가지다. 그것을 결정하는 것은 '어떻게'이다. 만약 존중하고 익살스럽고 조용한 방식을 사용하면 우리는 훨씬 더 효과적인 자녀교육을 할 수 있다.

지금까지 설명한 이것이 세 가지 유대감 형성 원칙이다. '상어 음악'을 체크하고, 이유를 추적하며, '어떻게'에 관해 생각함으로써 우리는 유대감 형성을 위한 무대를 가설한다. 결과적으로 아이들이 우리가 좋아하지 않는 방식으로 행동할 때 우리는 먼저 유대감을 형성할 기회를 갖는다. 그리고 관계를 최우선시하며 성공적인 자녀교육의 결과를 도출할 가능성을 향상시킨다. 자, 이제 몇 가지 구체적인 유대감 형성 전략을 살펴보자.

'노 드라마' 유대감 형성 사이클

유대감 형성은 실제에서는 어떻게 보일까? 무슨 일을 겪고 있든 바로 그 순간에 자녀가 공감 받고 있다는 것을 느끼게 하려면 무엇을 할 수 있을까? 그리고 바로 그 순간에 우리가 그들과 함께 있다는 것을 알게 하려면 무엇을 할 수 있을까?

항상 그렇지만 그 대답은 자녀 개개인과 여러분의 개별적 자녀교육 스타일에 따라 변할 것이다. 그러나 거의 대부분의 경우 유대감 형성은 4개 부분의 순환 과정으로 요약할 수 있다. 우리는 그것을 '노 드라마no-drama' 유대감 형성 사이클이라고 부른다.

그것이 항상 정확히 같은 순서를 따르는 것은 아니다. 그러나 대부분의 경우 자녀가 속상하거나 잘못 행동할 때 자녀와의 유대감 형성은 이 네 가지 전략을 포함한다. 첫 번째는 편안함을 주는 것이다.

'노 드라마' 유대감 형성 사이클

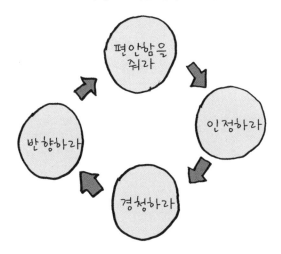

편안함을 줘라

　종종 자녀는 침착해지는 데, 좋은 결정을 내리는 데 여러분의 도움을 필요로 한다는 사실을 기억하라. 대부분의 자녀교육 문제는 자녀의 감정이 자녀를 이길 때에 발생한다. 신경계를 진정시키기 위해 아기를 안고 흔들거나 다독이는 것처럼, 여러분은 필요한 경우 자녀를 진정시키길 원할 것이다. 그때 말은 유용한 수단이다. 여러분이 감정을 인정할 때에는 특히 그렇다. 그러나 대부분의 양육은 비언어적으로 이루어진다. 우리는 말하지 않고도 '많은 것'을 전달할 수 있다.

　가장 강력한 비언어적 반응은 아마도 여러분이 자동적으로 하는 것일 것이다. 바로 자녀를 터치touch하는 것이다. 자녀의 팔에 손을 얹는다. 자녀를 여러분 쪽으로 끌어당긴다. 등을 어루만진다. 손을 잡는다. 사랑이 담긴 터치(손을 꼭 잡는 것처럼 미묘한 것이든, 따뜻하게 꽉 포옹하는 것처럼 더 과시적인 것이든)는 과열된 상황을 재빨리 완화하는 힘을 가지고 있다.

　그 이유는 누군가가 양육·사랑의 방식으로 우리를 터치한다고 느낄 때, 좋은 감정의 호르몬(옥시토신 같은 것)이 우리 뇌와 인체에서 분비되고 코르티솔이라는 스트레스 호르몬의 지수가 감소하기 때문이다. 달리 말해 정말로 그리고 유익하게 자녀에게 사랑이 담긴 신체적 터치를 하는 것은 뇌의 화학 성분을 바꾼다. 자녀(혹은 파트너!)가 속상함을 느낄 때 사랑이 담긴 터치는 상황을 진정시키며 두 사람의 유대감을 형성하는 데 유용하다. 스트레스가 높은 상황에서도 마찬가지이다.

　터치는 우리가 자녀와 비언어적으로 의사소통하는 유일한 방법은 아니다. 우리는 말하지 않을 때에도 실제로는 항상 메시지를 보내고 있다. 자녀교육할 때 여러분의 전형적인 신체 자세에 관해 생각해 보라. 화난 표정을 하고 자녀 쪽으로 몸을 구부리고 있는 자신을 발견하는가? 아마도 여러분은 무서운 목소리로 "그만해!" 또는 "지금 당장 멈춰!"라고 말하고 있을 것이다. 이 방법은 필연적으로 유대감 형성과는 반대이다. 그리고 자녀를 진정시키는 데 효과적이지도 못할 것이다. 여러분의 확대된 반응은 자녀의 감정을 더 악화시킬 것이다. 혹은 여러분의 협박이 자녀를 진정시키는 것처럼 보일지라도, 실제로는 자녀는 절대로 평온을 느끼지 않을 것이다. 자녀는 여러분이 더 화내는 것을 피하기 위해 감정을 정지시키고 감정을 숨길 것이다. 그 정도로 두렵기 때문에 스트레스 반응으로 인해 심장이 마구 두근거릴 것이다.

여러분은 비슷한 방식으로 화난 동물에게 접근하겠는가? 달리 말해 만약 여러분이 화난 표정의 개와 상호작용해야 한다면, 개에게 공격적인 자세로 접근해 "멈추고 진정해!"라고 요구할까? 그것은 좋은 방법이 아니며 효과적이지도 않다. 여러분은 위협하고 있다는 메시지를 개에게 주며, 개는 겁먹고 웅크리든지 싸우든지 하는 것 외에는 달리 선택이 없을 것이기 때문이다. 반대로 손을 내밀고, 낮게 쭈그리고 앉아, 부드럽고 확신에 찬 목소리로 말하면서 개에게 접근하라고 배웠다. 그렇게 할 때 우리는 온몸으로 "난 위협하고 있지 않아."라는 메시지를 전한다. 그 반응으로 개는 긴장이 풀리고 진정되며 안전함을 느낀다. 그때 접근해 교감하라.

같은 과정이 사람에게도 나타난다. 우리는 위협을 느낄 때 사회참여 회로가 켜지지 않는다. 사려 깊고, 건전한 결정을 내리며, 공감 능력을 가지고, 감정·신체를 통제하는 위층 뇌를 가동하는 데 어려움을 겪는다. 침착하게 좋은 결정을 내리지 않고 단순히 반응한다. 진화론적으로 말해서 이런 반응은 타당하다. 마음이 위협을 감지할 때 아래층 뇌는 즉각 경계에 들어가 고도로 활성화한다. 이처럼 원시인 모드로 기능할 때 우리는 극도의 경계상태가 되고, 생각하지 않고 재빨리 행동한다. 또 싸움, 도망, 얼어 붙음, 실신 모드에 들어감으로써 자신을 안전하게 지킬 수 있다.

아이들도 마찬가지다. 감정이 고조되고 우리가 실망하거나 화난 얼굴 표정, 분노한 목소리, 겁주는 자세(엉덩이에 손을 얹고, 손가락을 흔들고, 몸을 앞으로 구부리는 것)처럼 협박으로 반응한다고 하자. 그때 그들의 타고난 생물학적 반응이 아래층 뇌를 활성화할 것이다. 그러나 보호자가 "나는 위협이 아니다."라는 메시지를 전할 때 반발적이며, 전투적이고, 생각에 앞서 행동하는 뇌의 아랫부위는 조용해진다. 그리고 아이들은 자신을 잘 다룰 수 있는 모드로 이동할 수 있다.

감정이 한창 고조되는 순간에 우리는 어떻게 "나는 위협이 아니다."라는 메시지를 자녀에게 전할 수 있을까? 유대감 형성을 통해서다. 이렇게 하는 가장 효과적이고 강력한 방법 중 하나는 강요·위협과는 정반대의 자세를 취하는 것이다. 많은 사람들이 아이와 눈높이를 맞추는 것에 관해 말한다. 그러나 안전함과 위협 부재不在를 전하는 가장 빠른 방법 중 하나는 아이의 눈높이 아래에서 긴장이 크게 풀린 평온한 자세를 취하는 것이다. 여러분은 "나는 네게 위협이 아니다. 너는 나랑 싸울 필요가 없다."라는 메시지를 전하기 위해 이렇게 하는 다른 포유동물들을 알고 있다.

다음번에 자녀가 속상하거나 감정 통제가 안 될 때 이 '눈높이 아래' 테크닉을 사용하라. 의자나 침대, 바닥에 앉아 자녀의 눈높이가 아래에 있도록 하라. 뒤로 기대든, 다리를 꼬든, 팔을 벌리든, 여러분의 몸이 반드시 편안함과 안전함을 전하도록 하라. 그러면 말과 몸짓은 서로 결합해 공감·유대감을 전달하며 "난 여기에 있어. 내가 널 달래주고 도와줄게."라고 자녀에게 말한다. 자녀가 아기였을 때 안고 흔들어주었듯이 이렇게 함으로써 자녀의 신경계를 편안하게 하고 자녀를 진정시킨다.

눈높이 아래에 위치함으로써 편안함을 쥐라

우리가 함께 작업한 부모들에게 이 테크닉을 가르쳤을 때 많은 사람들이 이것을 '마법'이라고 불렀다. 그래서 우린 너무 흥분했다. 그들은 그토록 빨리 자녀가 진정되는 것을 못 미더워 했다. 그토록 부모들을 놀라게 한 것은 긴장 풀린, 위협 없는 자세를 취할 때 부모 자신도 마찬가지로 진정된다는 점이다. 그들은 이 방법이 자기 진정鎭靜을 위해 했던 어떤 것보다 더 효과적이라고 말한다. 또 스트레스가 심한 상황을 처리하는 데도 가장 효과적이라고 말한다. 만약 여러분이 차를 타고 있거나 거리를 걷고 있다면 바닥에 내려앉을 수 없다. 그러나 공감의 말, 목소리와 자세를 이용해 위협 부재不在를 전할 수 있다. 그렇게 함으로써 여러분은 자녀와 유대감을 형성하고 두 사람 모두 평정을 찾을 수 있다.

비언어적 의사전달은 이처럼 강력하다. 미소처럼 단순한 것도 실망감을 달래고 유대감을 강화할 수 있다. 이런 순간을 생각해보라. 자녀가 축구 경기에서 골을 넣거나 연극에서 대사 한 줄을 말한다. 그처럼 흥분되는 일을 한 뒤 관중 속에 있는 여러분을 찾는다. 여러분은 눈을 맞추고 미소를 짓는다. 그러면 자녀는 여러분이 "나는 그것을 보았다. 그리고 네 기쁨을 함께 한다."라고 말한다는 것을 안다. 그것이 비언어적 유대감이 할 수 있는 것이다.

혹은 정반대의 것도 할 수 있다. 입을 열지 않아도 부모들은 많은 것을 말하고 있다. 의도적이든 아니든 우리는 모든 종류의 메시지를 보내고 있다. 그것은 사실이다. 만약 우리가 조심하지 않으면 비언어적인 것은 감정이 고조된 자녀교육 환경에서 우리가 목표로 하는 유대감을 잠식할 수 있다. 팔짱 끼기, 머리 흔들기, 관자놀이 문지르기, 눈동자 돌리기, 그 방의 다른 성인에게 비꼬는 투의 윙크하기. 우리가 말로써 자녀의 말에 관심을 표현해도 비언어적인 것으로 인해 우리의 말과 상반되는 표현을 하는 경우가 많다. 우리의 말과 비언어적인 것이 상충할 때 자녀는 비언어적인 것을 믿을 것이다. 그것이 비언어적 의사전달에 주의를 기울이는 것이 그토록 중요한 이유이다. 비언어적 의사전달에 유념할 때 우리는 자녀에게 전달하고자 하는 메시지를 줄 가능성이 크다.

우리는 자녀 때문에 몹시 화나는, 감정이 고조된 자녀교육 순간이 없을 것이라고 말하는 것이 아니다. 또는 여러분이 전하는 바를 자녀가 잘못 읽고 속상하는 일이 없을 것이라고 말하지 않는다. 물론 관계에서 양측은 다 실수를 할 것이다. 마찬가지로 여러분은 필요한 경우 자녀의 자기 관찰과 충동 통제를 돕기 위해 비언어적 의사전달을 사용하는 것이 적합하다는 결정을 종종 내릴 수 있다. 요점은 언어적 그리고 비언어적 메시지에 관해 우리는 사려 깊게 행동할 수 있다는 것이다. 특히 힘든 시점에서 자녀와 유대감을 형성하려고 할 때 더욱 그렇다. 단순히 고개를 끄덕이며 함께 있는 것만으로도 보살핌의 메시지가 된다.

♧ 유대감 형성 전략 2 ♧
인정하라, 인정하라, 인정하라

아이가 반발적이거나 나쁜 결정을 내릴 때 유대감 형성의 핵심은 인정하는 것이다. 편안함을 주는 것 외에 우리가 그들의 얘기를 듣고 있다는 사실을 자녀에게 알릴 필요가 있다. 우리가 이해한다는 사실을, 핵심을 파악한다는 사실을 알릴 필요가 있다. 아이의 감정에서 비롯된 행동을 우리가 좋아하든 싫어하든, 그 같은 격한 감정의 와중에서도 아이가 인정받고 있다는 것을, 우리가 그들과 함께 있다는 것을 느끼길 우리는 원한다.

달리 말해 우리는 아이의 내면적 주관적 경험에 조응照應하길 원한다. 또 아이의 관점에서 아이의 경험에 관심을 쏟고 싶다. 이중주는 좋은 음악을 만들기 위해 두 악기가 서로에게 맞춰야 한다. 이와 마찬가지로 우리는 감정 반응을 아이에게 맞춰야 한다. 우리는 아이의 마음을 보고 그들의 내적 상태를 인식해야 한다. 그런 다음 우리가 보는 것, 우리가 반응하는 방법에 대해 그들과 함께 해야 한다. 그렇게 할 때 우리는 그들의 감정 공간에서 그들과 함께 할 수 있다.

우리는 이런 메시지를 전한다. "이해해. 네 감정을 알아. 그것을 인정해. 만약 내가 네 나이에 네 경우라면 똑같이 느꼈을 거야." 아이가 부모로부터 이런 형태의 메시지를 받을 때 부모로부터 '공감 받고 있다'고 느낀다. 이해받고 있다고 느낀다. 사랑받고 있다고 느낀다. 그리고 큰 보너스로 아이들은 차츰 진정하고 좋은 결정을 내릴 수 있다. 여러분이 가르치길 원하는 교훈에 차츰 귀 기울일 수 있다.

실제에서 인정한다는 것은 아이가 겪고 있는 것을 부정하거나 최소화하려는 유혹에 저항한다는 의미이다. 그들의 감정을 인정할 때 우리는 이렇게 말하지 않는다. "놀이모임에 가지 않은 것에 대해 왜 몹시 화내니? 어제 종일 캐리Carrie의 집에서 놀았잖아!" 또는 "동생이 네 그림을 찢었다는 걸 알아. 하지만 그게 동생을 때릴 이유는 안 돼! 넌 다른 걸 만들 수 있잖아." 라고 하지도 않는다. "그것에 관해 그만 걱정해." 라고 단언하지 않는다.

생각해보라. 여러분이 속상하거나 자신을 잘 다루지 못할 때 누군가가 여러분에게 "넌 단지 피곤한 거야." 라고 말한다. 여러분을 괴롭히는 것이 무엇이든 "그것은 그리 대단한 일이 아니다." 라거나 "그냥 진정해야 해." 라고 말한다. 이럴 때 여러분은 어떤 느낌일까? 우리가 자녀에게 어떻게 느껴야 한다고(혹은 느끼지 말아야 한다고) 말할 때 그것은 그들의 경험을 인정하지 않는 것이다.

우리들 중 대부분은 자녀에게 직접 '속상해 하지 말라'고 말할 정도로 어리석지 않다. 그러나 자녀 중 한 명이 뭔가 일이 뜻대로 되지 않는다며 강하게 반발할 때, 여러분은 그 반발을 즉각 멈추게 하는가? 우리 의도는 아니지만 부모는 '자녀가 상황에 대해 느끼고 경험하는 방식은 터무니없고 인정할 만한 가치가 없다'고 생각할 수 있다. 그런 메시지를 자녀에게 주는 일이 흔하다. 혹은 자녀가 부정적 감정을 가지고 있을 때 우리는 무심코 '자녀와 상호작용하거나 함께 있길 원치 않는다'는 메시지를 준다. 그것은 "난 네가 느끼는 감정을 인정하지 않을 거야. 난 네가 세상을 경험하는 방식에 관심이 없어." 라고 말하는 것과 같다. 그것은 자녀를 투명인간처럼 느끼게 하며 자신이 단절됐다고 느끼게 만드는 방법이다.

그 대신 우리는 자녀를 위해 항상 같이 있을 것이라는 점을 전달하길 원한다. 심지어 자녀가 최악의 상황에 있을 때에도 그렇다. 우리는 자녀가

묵살하지 말고…

인정하라

무얼 느끼든 자녀를 있는 그대로 볼 것이다. 우리는 자녀가 있는 그곳에서 그들과 함께 하며, 그들이 겪고 있는 것을 인정하길 원한다. 우리는 어린 자녀에게 "넌 오늘 미아Mia의 집에 정말 가고 싶었지? 걔 엄마가 취소해서 정말 실망스러워."라고 말할지도 모른다. 더 큰 아이에게는 그들이 겪는 일에 동질감을 가지고 그들의 행동에 '노'라고 말하더라도 그들의 감정에는 '예스'를 말한다는 점을 전할지도 모른다. 가령 이렇게 말할 수 있을 것이다. "키스Keith가 네 그림을 찢어 몹시 화났지? 내 물건을 어지럽히면 나도 싫어. 네가 그렇게 화내는 것을 잘못이 아니야." 기억하라. 첫 반응은 유대감 형성이다. 그리고 두뇌 이동이 뒤따른다. 이어 여러분은 행동에 관한 반응을 확실히 다루길 원한다. 그러나 우리는 먼저 유대감을 형성한다. 그것은 편안함을 전하는 것이며 거의 언제나 인정하는 것을 포함한다.

대개 인정하는 것은 매우 간단한다. 여러분이 해야 하는 주된 일은 단순히 감정을 즉각 확인하는 것이다. "그것 때문에 정말 슬펐지?" 또는 "네가 소외감 느낀다는 걸 알겠어." 또는 더 일반적으로 "힘들지."라고 말하는 것이다. 아이가 속상할 때 감정 확인은 매우 강력한 반응이다. 그 이유는 두 가지 큰 이점을 제공하기 때문이다.

첫째, 이해받고 있다는 느낌은 아이의 자율신경계를 진정시키고 격한 감정을 완화하는 데 도움이 된다. 그렇게 해서 아이는 반발하고 마구 몰아세우려는 욕망을 점차 제어할 수 있다. 둘째, 그것은 아이에게 감정의 어휘와 감정 지능을 제공한다. 따라서 아이 스스로 자신의 감정을 인식하고 명명命名할 수 있게 된다. 그것은 아이가 감정을 이해하고 차츰 자기통제력을 회복하는 데 도움이 된다. 그에 따라 두뇌 이동(아래층 뇌→위층 뇌)이 일어날 수 있다. 앞 부部에서 설명했듯이 유대감 형성(이 경우에는 인정하기를 통해서)은 아이를 '반발' 상태에서 '수용' 상태로 바꾸는 데 유용하다.

감정을 인정한 다음에 인정하기의 두 번째 부분은 그 감정과 동질감을 갖는 것이다. 아이든 어른이든 누군가로부터 "이해해. 널 이해해. 네가 왜 이렇게 느끼는지 알아."라는 말을 듣는 것은 매우 강력한 힘을 가지고 있다. 이런 종류의 공감은 우리를 무장해제한다. 그것은 우리의 뾰족한 모서리를 둥글게 만든다. 완화한다. 어떤 감정이 여러분에게 터무니없을지라도 그것이 자녀에게는 현실이라는 점을 잊지 마라. 여러분은 자녀에게 중요한 어떤 것을 묵살하길 원치 않는다.

티나Tina(공저자)는 최근 속상할 때 인정받아야 하는 사람은 어린 아이만이 아니라는 점을 상기시키는 이메일을 받았다. 티나가 유대감 형성의 중요성에 관해 얘기하는 라디오 프로그램을 들은 호주의 한 어머니가 보낸 것이었다. 그 이메일의 일부분은 다음과 같다.

「한창 라디오를 듣다가 분노발작을 겪고 있는 19살 딸의 전화를 받았다. 딸은 물리치료 중이라 힘들어했다. 은행계좌는 적자였고, 오늘의 상법 강의 중 많은 것을 이해하지 못했으며, 내일 시험으로 스트레스를 받고 있었고, 직장은 2시간 일찍 나오길 원했다.

나는 첫 반응으로 "이 망할 것, 행복한 고민을 하고 있네."라고 말했다. 그러나 당신의 인터뷰를 들은 뒤 그것들은 정말 행복한 고민이지만 딸에게는 실제 고민거리임을 깨달았다. 그래서 "네가 힘든 하루를 보내서 내 마음이 안 좋구나. 엄마가 안아줄까?"라고 말했다.

그것은 큰 차이가 있었다. 딸이 숨 쉬고 긴장 이완하는 소리를 들을 수 있었다. 나는 사랑한다고 말했다. 남편과 내가 교과서 값을 대줄 것(딸의 은행계좌가 적자이기 때문에)이며, 내일 시험 후 뱀부 바스켓Bamboo Basket 식당에서 좋아하는 국수 수프를 사주겠다고 말했다.

내 반응 방식 덕분에 딸은 통화 후 훨씬 긴장이 이완됐다. 우리는 그 충격을 인식하지도 못한 채 거칠게 반응하는 일이 흔하다. 자녀가 성질부릴 단계를 지났고 우리가 자녀 문제에서 평온한 생활을 하고 있을 때조차 이런 아이디어를 실천해야 할 때가 하루에도 여러 번 있다.」

이 엄마가 딸의 경험을 완벽하게 인정한 것을 보라. 그녀는 딸의 감정을 부정·최소화하거나 딸을 비난함으로써 그 감정을 인정하지 않으려고 하지 않았다. 대신에 힘든 하루였음을 인정하고 엄마의 포옹이 필요한가를 물었다. 딸의 반응은 깊은 숨을 쉬고 긴장을 이완하는 것이었다. 그것은 부모가 재정적 지원을 해주겠다고 해서가 아니라, 딸의 감정이 인정받고 공감됐기 때문이다. 부모가 딸의 감정을 인정했기 때문이다. 그때 실제 문제들이 처리될 수 있었다.

따라서 자녀가 울고 분노하며 형제를 공격하거나, 개 인형이 너무 헐렁해 잘 앉힐 수 없다고 심하게 화를 내거나, 좋은 결정을 내릴 수 없음을 보여주는 행동을 할 때 그 행동 이면의 감정을 인정하라. 자녀를 그 상황과 분리하는 것이 가장 먼저 필요할지도 모른다. 인정하기가 누군가를 다치게 하거나 물건을 파손하는 것을 허용한다는 의미가 아니다. 우리가 자녀의 감정에 동질감을 느낄 때 나쁜 행동을 인정하는 것이 아니다. 아이와 조화를 이루는 것이다. 여러분의 악기를 자녀의 악기에 조율해 두 사람은 아름다운 것을 함께 창조할 수 있다. 자녀가 있는 그곳에서 자녀를 만나며 행동 이면의 의미와 감정의 암류暗流를 찾는 것이다. 자녀가 느끼는 것을 인정하고 그것에 동질감을 느낄 때 여러분은 자녀의 경험을 인정하는 것이다.

♣ 유대감 형성 전략 3 ♣
말하지 말고 경청하라

우리 대부분과 마찬가지라면 여러분은 자녀교육할 때 말을 너무 많이 할 것이다. 여러분이 생각해보면 사실 이런 반응은 웃기는 것이다. 자녀가 속상해 나쁜 결정을 내렸다고 하자. 그래서 우리는 '알아. 자녀에게 잔소리를 할 거야. 만약 내가 자녀를 앉혀 놓고 잘못에 대해 계속 웅얼거리면, 다음번에는 자녀가 진정해서 더 좋은 결정을 내릴 것이다'고 생각한다. 자녀가 (특히 더 컸을 때) 귀 기울이지 않기를 원하는가? 뭔가를 설명하라. 그런 다음 동일한 핵심을 계속 지켜라.

감정적으로 격앙된 아이에게 계속 말하는 것은 결코 효과적이지 않다. 아이가 두서없이 감정을 폭발할 때 우리가 할 수 있는 가장 비효율적인 것들 중 한 가지는 아이에게 일방적으로 말하는 것, 우리 입장을 논리적으로 이해시키려고 하는 것이다. "그 애가 널 때리려고 공을 던진 것이 아니야. 그건 단순 사고였어. 그러니 화낼 필요 없어."라고 말하는 것은 도움이 되지 않는다. "그 애가 학교의 모든 학생을 파티에 초대할 수는 없어."라고 하는 것도 전혀 좋은 설명이 아니다.

논리적 설득의 문제점은 이 순간 아이가 경청할 수 있고 이성理性에 반응할 수 있다고 가정하는 것이다. 그러나 아이의 뇌는 변화 중이며 성장하고 있다는 사실을 기억하라. 아이가 상처받거나 화나거나 실망했을 때 위층 뇌의 논리 부위는 충분히 기능하지 못한다. 그것은 이성에 대한 언어적 설명은 대개 감정 통제와 자기 제어에 최선의 선택이 될 수 없다는 것을 의미한다.

사실 말하는 것은 흔히 문제를 악화시킨다. 우리 사무실에서 보는 아이들로부터 그 같은 얘기를 들어서 우리는 알고 있다. 종종 우리는 부모들에게 "제발 말하지 마!"라고 비명을 지르고 싶다. 아이가 곤경에 처해 있거나 자신이 잘못하고 있다는 것을 이미 이해하고 있을 때에는 특히 그렇다. 속상한 아이는 이미 감각적 과부하 상태에 있다. 그런 아이에게 말해서 무엇 하겠는가? 말하는 것은 아이의 감각을 더 흘러넘치게 하며 아이를 더 기능부전에 빠뜨린다. 아이가 더 압도당하는 느낌을 갖게 만들며 더 배울 수 없게 한다. 심지어 여러분의 말도 듣지 못하게 한다.

따라서 우리는 부모가 자녀의 충고를 따르며 말을 많이 하지 않기를 권장한다. 편안함을 주고 자녀의 감정을 인정하라. 가령 "초대받지 못해 정말 속상하지? 나도 따돌림 당한 느낌이야."라고 말하는 것처럼. 그리고 여러분의 입을 닫고 들어줘라. 자녀가 말하는 것을 진실로 들어라. 여러분이 들은 바를 너무 자구字句대로 해석하지 마라. 만약 자녀가 "다른 파티에도 초대받지 못할 것이다."라고 말하면 그것은 여러분이 동의하지 않길 바라는 것이 아니다. 동시에 이 절대적 언급에 이의를 제기해주길 바라는 것이 아니다. 여러분이 할 일은 그 말 '안에서' 들어주는 것이다. 자녀가 이렇게 말하고 있다는 것을 인식하라. "이번 일에 정말 놀랐어. 난 초대받지 못했어. 이번 일이 모든 친구들과의 관계에 미칠 영향이 걱정돼."

아이 내부에서 일어나는 일에 관해 실마리를 찾고 이유를 추적하라. 아이의 감정에 초점을 맞추고 그 순간 아이와 온전히 함께 있는 것을 방해하는 '상어 음악'을 내려놓아라. 그 욕구가 아무리 강렬해도 아이와 논쟁하거나 아이에게 잔소리하거나 자신을 방어하거나 아이에게 그렇게 느끼지 말라고 말하고 싶은 유혹을 피하라. 지금은 가르치거나 설명할 때가 아니다. 지금은 아이 옆에 앉아서 경청할 때이며 아이에게 자기 표출의 시간을 줄 때이다.

♣ 유대감 형성 전략 4 ♣
들은 것을 반향하라

편안함을 주고, 감정을 인정하며, 잘 들어준다. 이것은 '노 드라마no-drama' 유대감 형성 사이클의 앞선 세 가지 전략이다. 네 번째 단계는 아이들이 한 말을 아이에게 반향反響하는 것이다. 그래서 우리가 그들의 말을 들었다는 사실을 그들이 알게 하는 것이다. 그럴 때 우리는 다시 편안함을 준다. 따라서 아이의 감정을 반향하는 것은 우리를 첫 번째 전략으로 돌아가게 만든다. 그것은 우리를 다시 그 사이클로 유도한다.

들은 것을 반향하는 것은 두 번째 단계(인정하기)와 유사하다. 그러나 아이들이 실제로 말한 것에 구체적 초점을 맞춘다는 점에서 인정하기와는 다르다. 인정하기 단계는 전적으로 감정 인식과 아이와의 공감에 관한 것이다. 그래서 우리는 "네가 얼마나 화났는지 알 수 있겠어."와 같은 말을 한다. 그러나 아이들의 감정을 반향할 때 우리는 필연적으로 그들이 우리에게 말한 것을 다시 그들에게 전달한다. 이 과정이 섬세하게 이루어진다면 아이는 자신이 경청되고 있으며 이해받고 있다고 느낄 수 있다.

우리가 말했듯이 이해받고 있다는 느낌은 특별한 진정효과가 있으며 심지어 치유효과도 있다. '우리가 아이의 말을 정말로 이해한다'는 것을 아이가 알게 할 때("나는 네 말을 듣고 있어. 우리가 파티를 떠나야 한다고 말했을 때 너는 정말 싫어했어." 또는 "그게 널 화나게 한 것은 놀랄 일이 아니야. 나 역시 화가 나."라고 말함으로써) 우리는 격앙된 감정을 완화하는 큰 걸음을 내딛는다.

그러나 감정을 어떻게 반향反響할 것인가에 대해서는 조심스러워야 한다. 여러분은 자녀의 단기적 일시적 감정들 중 한 가지를 택해 그것을 실제 이상으로 크고 지속적인 것으로 바꾸길 원치 않는다. 예를 들어 여러분의 6살 딸이 큰 오빠의 계속된 괴롭힘에 속상해 반복적으로 "넌 바보야. 난 널 미워해!"라고 소리치기 시작했다고 하자. 바로 여러분의 뒤뜰에서 이웃들이 그 소리를 다 들었다(다행스럽게 이웃 집 파텔Patel이 자기 집 잔디를 깎고 있었다!). 딸은 쉬지 않고 수십 번 그 말을 반복한 뒤 주체 못할 정도로 울면서 여러분 팔로 쓰러졌다.

따라서 여러분은 유대감 형성 사이클을 개시한다. 여러분은 편안함을 준다. 딸의 눈높이 아래에 위치함으로써 연민을 전한다. 딸을 안고 등을 어루만지며 공감의 얼굴표정을 짓는다. 딸의 경험을 인정한다. "얘야, 알아. 알아. 넌 정말 속상했구나." 여러분은 딸의 감정을 경청한다. 그리고 여러분이 들은 것을 딸에게 반향한다. "얘야, 정말 화났지?" 딸의 반응은 "그래요. 전 지미Jimmy가 미워요!"라고 소리치는 것일지도 모른다(오빠의 이름은 점점 날카로워져 비명이 된다).

이제 까다로운 부분이 뒤따른다. 여러분은 딸이 느끼는 것을 딸에게 반향하기를 원하지만 '실제로 오빠를 미워한다'는 딸의 마음속 이야기를 강요하길 원하지는 않는다. 여러분이 딸에게 정직하며 딸이 자신의 감정을 더 잘 이해하도록 돕기 위해, 그러나 딸이 일시적 감정을 장기長期 인식으로 강화하는 것을 막기 위해, 이 같은 상황은 조심스러운 발끝걸음을 요구한다. 따라서 여러분은 이렇게 말할지도 모른다. "네가 그렇게 화난 걸 나무라지 않는다. 사람들이 날 그렇게 괴롭힐 때 나 역시 그걸 미워해. 난 네가 오빠를 사랑하는 걸 알아. 마차를 가지고 놀 때, 몇 분 전까지만 해도 너희 둘은 아주 즐겁게 함께 놀았다는 걸 알아. 그런데 넌 지금 오빠에게 몹시 화났지?"

이런 형태의 반향反響의 목표는 여러분이 딸의 경험을 이해한다는 점을 딸에게 확실히 이해시키는 것이다. 딸의 격한 감정을 완화하고 내면적 혼동을 진정시키기 위해 그렇게 할 때, 딸은 '웰빙의 강' 중심으로 다시 이동할 수 있다. 그러나 여러분은 단순히 일시적 '상태'인 감정(오빠에 대한 딸의 화)이 딸의 마음속에서 영원한 '속성'(그들 관계에서 타고난 부분)으로 인식되길 원치 않는다. 그것이 여러분이 딸의 관점을 반향하면서 남매가 마차를 가지고 함께 즐겼던 재미를 딸에게 상기시키는 이유이다.

아이의 감정을 반향反響할 때 생기는 다른 한 가지 이점은 '아이가 우리의 사랑뿐 아니라 관심까지 받고 있다'는 점을 아이에게 알려주는 것이다. 부모는 종종 아이가 우리의 관심을 구하는 것은 나쁘다고 가정한다. 이런 부모는 "아이는 단지 내 관심을 얻으려고 해."라고 말할 것이다. 이런 관점의 문제점은 '아이가 부모에게 자신을 인지하고 자기 행동에 관심을 가져주길 원하는 것은 어느 정도 비정상적'이라고 추정하는 것이다. 사실 관심을 구하는 행동은 전적으로 정상일 뿐 아니라 현실적이며 이 세상 모든 아이들의 요구이다. 그것은 정당한 요구이다.

실제로 뇌영상映像 연구에 따르면 육체적 고통, 관계의 고통 경험은 거부와 마찬가지로 뇌 활동성 분포의 관점에서 매우 유사해 보인다. 따라서 우리가 자녀에게 관심을 주고 자녀의 행동·감정에 초점을 맞추는 것은 중요한 관계의 욕구와 감정적 욕구를 충족시킨다! 그리고 자녀는 깊은 유대감과 편안함을 느낀다! 자녀를 망치는 많은 방법이 있음을 기억하라. 자녀에게 너무 많은 물건을 주는 것, 모든 힘든 일에서 자녀를 구하는 것, 패배·실망의 처리를 허용하지 않는 것 등. 그러나 우리는 너무 많은 사랑과 관심을 줌으로써 자녀를 망칠 수는 없다.

그것이 유대감 형성 사이클이 하는 것이다. 이 사이클 덕분에 우리는 자녀를 사랑한다는 점을, 자녀를 바라본다는 점을, 자녀가 어떤 행동을 하든 자녀와 함께 한다는 점을 자녀에게 전할 수 있다. 우리가 '상어 음악'을 끄고 이유를 추적하며 '어떻게'에 관해 생각할 때, 편안함을 주고 인정하며 경청하고 감정을 반향反響할 수 있다. 그리고 우리의 사랑을 명백히 전하고 자녀에게 두뇌 이동을 준비시키는 그런 유대감을 형성하게끔 아이들을 지원할 수 있다.

제5부

1-2-3 자녀교육
오늘 그리고 내일을 위한 두뇌 이동

로저Roger가 차고에서 일하고 있었다. 그때 6살 딸 케이티Katie가 밖으로 뛰쳐나오며 화난 목소리로 "아빠! 앨리Allie를 어떻게 좀 해 줄래요?"라고 외쳤다. 로저는 케이티가 속상했다는 것을 곧 깨달았다. 놀이모임을 위해 온 케이티의 친구 지나Gina가 케이티의 언니 앨리(9살)에게 완전히 빠져 있었기 때문이었다. 앨리 입장에서는 놀이모임을 독점해 행복했지만 동생은 방치돼 소외감을 느꼈다.

로저는 큰딸이 관련된 그 상황을 처리하면서 여러 대안을 생각했다. 한 가지는 단순하게 앨리에게 "케이티와 지나에게 그들만의 시간을 줘야 해."라고 말하는 것일 것이다. 그것이 놀이모임의 원래 계획이었기 때문이다. 이 방법에 잘못된 점은 없을 것이다. 그러나 이 경우 로저 혼자 상황을 판단하고 그 상황에 자신의 의제를 부여함으로써 앨리가 위층 뇌를 사용할 수 있는 중요한 과정을 놓치게 할 것이다.

그러나 로저는 그렇게 하지 않고 집안으로 들어가 앨리를 불렀다. 그리고 단순하게 간단한 대화를 시작했다. 그들은 의자에 앉았으며 로저는 앨리에게 팔을 둘렀다. 로저는 앨리의 개성과 기질을 고려해 간단한 질문으로 시작했다.

> 로저: 지나는 너와 노는 것을 재밌어하고 있어. 그리고 너도 동생들에게 정말 잘하고 있어. 그러나 지나가 온 신경을 네게 쏟고 있기 때문에 케이티는 전혀 즐겁지 않다는 걸 네가 알고 있는지 모르겠어.
>
> 앨리: (방어적으로 자세를 곧추세우고 아빠를 향해) 아빠, 전 비열한 행동은 전혀 하고 있지 않아요. 우린 그냥 음악을 듣고 있어요.
>
> 로저: 네가 잘못된 행동을 하고 있다는 게 아니야. 지금 케이티가 무슨 감정인지를 네가 아는지를 물어보는 거야.
>
> 앨리: 예. 하지만 그건 제 잘못이 아니에요!
>
> 로저: 사랑하는 딸아, 네 잘못이 아니라는 데 전적으로 동의해. 내 질문을 잘 들어봐. 케이티가 행복하지 않다는 건 알고 있니? 난 네가 그걸 알고 있는지 물어보는 거야.
>
> 앨리: 그런 것 같아요.

앨리가 이 한 가지를 인정한 것은 비록 작은 부분이지만 앨리의 위층 뇌가 대화에 관여하게 됐다는 증거가 된다. 실제로 앨리는 아빠가 말하는 것을 듣고 생각하기 시작했다. 이 시점에서 로저는 자신이 호소하고 가동하고자 하는 위층 뇌 부위를 겨냥할 수 있었다. 앨리가 생각하고 느껴야만 하는 것을 말하는 것이 아니라, 스스로 그 상황에 관해 생각하도록 함으로써 그리고 타인의 경험에 주의를 기울이도록 함으로써.

로저: 케이티가 왜 속상했다고 생각하니?

앨리: 지나를 독차지하고 싶어서 그런 것 같아요. 하지만 지나가 제 방에 왔어요! 전 오라고 하지도 않았어요.

로저: 알아. 케이티가 지나를 독차지하고 싶었다는 네 말이 옳을 수 있어. 하지만 정확히 그게 전부라고 생각하니? 만약 케이티가 여기에 서서 자기 감정을 우리에게 말한다면 뭐라고 할까?

앨리: 제 놀이모임이 아니라 자기 놀이모임이라고 하겠죠.

로저: 아마도 그럴 것 같아. 케이티 말은 일리가 있니?

앨리: 왜 우리가 함께 음악을 들을 수 없는지 이해가 안 돼요. 정말이에요, 아빠.

로저: 알아. 네 말에 동의할 수도 있어. 하지만 케이티는 그것에 뭐라고 말할까?

앨리: 우리 모두가 함께 있으면 지나는 나랑 같이 놀기를 원한다고 말할까요?

이 질문으로 마침내 공감대가 형성됐다. 그것은 단순한 떠오르는 자각이다. 9살 소녀가 여동생의 감정적 고통에 대한 연민으로 감격의 눈물을 흘리는, 인생의 영화 같은 순간을 기대할 수는 없다. 그러나 그것은 시작이다. 적어도 앨리는 의식적으로 여동생의 감정을 생각하기 시작했다. (만약 어린 자녀가 있다면 알겠지만 그것은 자녀교육의 작은 승리가 아니다.) 거기서부터 로저는 앨리가 케이티의 감정을 더 명확하게 생각하게끔 대화를 이끌 수 있었다. 그제야 그는 상황 처리를 위한 계획 수립에 앨리의 도움을 요청할 수 있었다. 그것은 "아마 우리는 노래를 한 곡 더 듣고 저는 제 파자마 파티(친구 집에서 하룻밤 자는 파티)를 준비하러 가겠죠?"가 될 수도 있다. 그럴 경우 딸에게 계획과 해결책을 가지게 함으로써 딸의 위층 뇌를 더 활용하게 할 수 있을 것이다.

두뇌 이동(아래층 뇌→위층 뇌)을 위한 대화를 이렇게 시작하는 것이 항상 성공적이지는 않을 것이다. 아이가 다른 관점에서 보는 것을 원치 않거나 타인의 감정을 고려하길 원치 않을 때(혹은 그것이 불가능할 때)도 있을 것이다. 로저는 결국 단순히 앨리에게 "뭔가 다른 일을 찾아야 해." 라고 말하는 것으로 끝날 수도 있었다. 리즈Liz의 딸이 '누가 자신을 학교까지 태워다 줄 것인가'에 대해 양보하지 않으려고 했을 때 리즈가 결정을 내려야 했던 것처럼. 또 로저는 세 소녀 모두와 함께 게임하면서 모두에게 소속감을 느끼게 할 수도 있었을 것이다.

두뇌 이동을 해야 했을 때 로저가 자신의 정의감을 즉각 그 상황에 강요하지 않았다는 점을 인식하라. 그는 공감과 문제해결을 용이하게 함으로써 딸에게 위층 뇌를 활용할 기회를 주었다. 자녀에게 자신뿐 아니라 타인의 욕구를 고려할 기회를 더 많이 주면 줄수록, 그렇게 해서 좋은 결정을 연습할 기회를 더 많이 주면 줄수록, 자녀는 그것을 더욱 잘하게 될 것이다.

로저와 앨리 사이의 이런 대화는 단순히 소녀들을 분리하는 것보다 시간이 더 걸릴까? 물론이다. 그렇게 하는 것은 더 힘들까? 아마도 그럴 것이다. 그런데 존중심 담긴 공동의 두뇌 이동은 노력과 추가 시간을 투자할 가치가 있을까? 그에 관해서는 의문의 여지가 없다. 그것이 여러분의 기본 값이 됨에 따라 여러분과 여러분의 온 가족의 일이 훨씬 쉽게 풀린다. 그것은 다툼을 더 적게 만들며 자녀가 잘못을 훨씬 더 적게 범하도록 뇌를 계발하기 때문이다.

1-2-3 자녀교육

이 부部에서는 '두뇌 이동'(아래층 뇌→위층 뇌)의 개념을 면밀히 살펴보고자 한다. 그것은 대부분의 사람들이 자녀교육을 생각할 때의 실제 의미이다. 두뇌 이동은 자녀가 화나서 뭔가를 던지는 것처럼 우리가 원치 않는 행동을 할 때, 양치질이나 잠잘 준비처럼 우리가 원하는 일을 자녀가 하지 않을 때 우리가 반응하는 방법이다. 유대감을 형성한 뒤 어떻게 비협조적이고 반발적인 아이들을 다루며, 어떻게 그들이 위층 뇌를 사용하도록 다시 유도해야 할까? 그에 따라 시간이 지나면서 제2의 본성이 되는, 더 적절한 결정을 내리게 할 수 있을까?

이미 말했듯이 '노 드라마no-drama' 자녀교육은 유대감 형성과 자녀에게 정서적으로 반응하는 것에 관한 것이다. 아울러 아이의 두뇌 계발이라는 장기 목표뿐 아니라 협력 유도라는 단기 목표를 추구한다. 두뇌 이동에 관해 생각하는 간단한 방법은 한 가지 정의定義, 두 가지 원칙, 세 가지 바라는 성과에 초점을 맞추는 1-2-3 방법을 따르는 것이다. 여러분은 이 방법의 세부 사항을 모두 기억할 필요는 없다(특별히 이 책 뒷부분에서 간편한 '냉장고에 붙여두기'를 제공하기 때문에). 자녀를 두뇌 이동시켜야 할 때 단지 중요한 것에 초점을 맞추기 위한 구성 틀로 사용하라.

한 가지 정의

자녀가 더 나은 행동을 하도록 두뇌 이동(아래층 뇌→위층 뇌)에 관해 생각할 때 출발점은 자녀교육의 정의定義가 되어야 한다. 자녀가 현명치 못한 결정을 하거나 감정을 잘 관리하지 못할 때 자녀교육은 가르침에 관한 것임을 기억해야 한다. 만약 우리가 이 간단한 진실을 잊는다면 항로에서 이탈할 것이다. 가령 자녀교육이 처벌에 관한 것이 된다면 우리는 가르칠 기회를 놓칠 수 있다. 잘못된 행동에 대한 응징에 초점을 맞춤으로써 자녀가 내부 나침반의 생리적 · 감정적 활동을 경험할 기회를 제한한다.

한 엄마가 6살 딸과 함께 딸의 방을 청소했을 때 작은 크레용 박스를 발견한 이야기를 했다. 며칠 전 학용품을 사러 갔는데 딸이 이 크레용에 마음을 뺏겨버렸다. 엄마는 그 크레용을 사지 않았지만 딸은 그것을 슬쩍 호주머니에 집어넣었다.

그 엄마는 크레용을 발견했을 때 그것에 관해 물어보기로 했다. 그 어린 소녀가 엄마 손 위의 크레용과 엄마의 혼란스러운 표정을 봤을 때 눈은 커지며 두려움과 죄의식이 가득했다. 그 같은 순간에 부모의 반응은 자녀가 그 경험으로부터 무엇을 배우는가를 대부분 결정한다. 제1부에서 설명한 대로 만약 부모가 징계나 처벌에 초점을 맞춘다면, 그래서 즉각 소리치거나 자녀 엉덩이를 때리거나 자녀를 자기 방으로 보낸다면, 자녀의 초점은 바로 이동할 것이다. 자녀 내부에서 용솟음치는 "어, 이런!"이란 느낌에 주의를 기울이기보다, 가게에서 크레용을 가졌을 때 내린 결정에 관해 생각하기보다, 엄마가 이런 식으로 자신을 벌하다니 얼마나 비열하고 무서운가에 모든 관심을 쏟을 것이다. 심지어 자신은 희생자라고 느낄 수도 있다. 희생자는 크레용을 훔칠 때 어느 정도 반사적으로 정당화된다.

그러나 그 엄마는 즉각적인 징계보다 가르침에 초점을 맞춘, 자녀교육적인 방법을 적용했다. 딸을 앉힌 다음에 남의 물건을 가졌을 때 결과적으로 나타나는, 불편하지만 가치 있고 자연스러운 죄의식을 느낄 시간을 주었다. 그렇다. 죄의식은 건강한 것일 수 있다. 그것은 건강한 양심의 증거이다! 그리고 미래의 행동을 결정할 수 있다.

그 엄마는 말할 때 무릎을 꿇고(앞서 논의했듯이 아이의 눈높이 아래에 위치했다) 사랑이 담긴 대화를 이어갔다. 그런 동안 6살 아이는 처음에는 크레용 가져온 것을 부인했다가 기억이 나지 않는다고 했다. 엄마가 인내심을 갖고 기다리자 결국에는 걱정할 것 없다고 설명했다. "풍성한 머리를 한 여성 판매원이 보지 않을 때까지 기다렸다가 크레용을 제 반바지 호주머니에 넣었어요." 이 시점에서 그 엄마는 많은 질문을 했다. 그 질문은 딸이 지금껏 생각지 못한 개념을 통해 생각하게 만드는 것들이었다. "네 물건이 아닌 걸 가져가는 것을 뭐라고 하는지 아니?" "도둑질은 불법이지?" "풍성한 머리를 한 여성이 그 크레용을 사서 가게에 진열해 놓기 위해 자기 돈을 쓴다는 것을 알고 있니?"

그 반응으로 딸은 고개를 더 깊이 떨궜다. 아랫입술이 튀어나오기 시작했으며 큰 눈물방울이 떨어지기 시작했다. 딸은 자신의 행위에 대해 명백하게 나쁜 감정을 느꼈다. 딸이 조용히 흐느낌에 따라 엄마는 딸을 끌어당겼다. 딸의 주의를 딴 데로 돌리거나 이미 자연스럽게 발생한 과정을 중단시키지 않고 "넌 그 일에 나쁜 감정을 느끼고 있어."라면서 딸에게 동참했다. 딸은 고개를 끄덕이며 계속 눈물을 흘렸다. 엄마가 어떤 말이나 행동을 하지 않아도 자녀교육 과정이 자연스럽게 계속되는 이 아름다운 시점에 엄마는 딸을 위로해주고 딸과 함께 할 수 있었다. 엄마는 딸을 안고 딸이 울고 느낄 수 있게 했다. 몇 분 후 딸의 눈물을 닦아주고 심호흡을 하도록 격려했다. 그리고 모녀는 정직에 관해, 남의 물건을 존중하는 것에 관해, 비록 힘들지라도 옳은 일 하는 것에 관해 간단하게 대화를 계속했다.

엄마는 즉각적인 징벌보다는 반성의 대화를 나누고, 딸을 이미 느끼고 있는 내적 죄책감에 집중시킴으로써 자녀교육이 자연스럽게 이루어지게 했다. 그렇게 해서 딸이 자신의 행동과 그것이 다른 사람에게 미치는 영향을 고려하게 함으로써, 윤리·도덕성에 관한 기본적 교훈을 가르침으로써 딸이 위층 뇌를 활용하게 했다. 그리고 두 사람은 풍성한 머리를 한 여성 판매원에게 크레용을 돌려줄 최선책을 마련했다.

'노 드라마no-drama' 자녀교육은 전적으로 가르침에 관한 것이다. 그리고 그 엄마가 초점을 맞춘 것이기도 하다. 그 엄마는 딸이 크레용을 훔친 결정과 관련된 감정·생각을 사려 깊게 경험하게 했다. 처벌을 통해 딸의 감정을 화에 빠뜨리지 않고 딸의 내적 경험이 전전두엽에 남아 있게 했다. 이로써 딸의 두뇌가 내적 불편함을 인식할 뿐 아니라 나쁜 결정(이 경우에는 도둑질)의 경험과도 관련되게 했다. 화났거나 반발심이 강할 때 처벌이나 징계는 역효과를 낳을 수 있다. 자기 수양에서 강력한 힘을 발휘하는 양심이 던지는 생리적 감정적 메시지로부터 자녀를 분리시키기 때문이다.

기억하라, 서로 연결된 신경세포들은 함께 활성화한다. 우리는 자녀들이 한 순간의 나쁜 결정과 그 다음의 죄책감·불편함 사이에 있는 자연스러운 관련성을 경험하길 원한다. 뇌는 부정적 감각을 만드는 경험은 피하도록 구동驅動된다. 따라서 양심에 어긋나는 일을 할 때 아이 내면에서 자연스럽게 형성되는 싫은 느낌은 의식에서 매우 순간적으로 지나간다. 그러나 자녀가 이런 감각과 감정들을 인식하도록 우리가 도울 때 이런 것들은 윤리와 자기통제의 중요한 기초가 될 수 있다. 이 자기통제와 집행기능은 부모가 없을 때나 보는 사람이 없을 때에도 작동할 수 있다. 이것이 자녀가 그 교훈을 신경접합부 차원에서 내면화하는 방식이다. 우리 신경계는 우리에게 가장 훌륭한 안내자인 경우가 흔하다!

다른 자녀교육 상황은 명백하게 다른 부모 반응을 요구한다. 이 엄마는 그 특정한 시점에서 딸이 필요로 하는 교훈에 입각해 반응했다. 다른 환경이었다면 그 엄마는 다르게 반응했을 것이다. 핵심은 간단하다. 자녀교육에서 일단 자녀와 유대감을 형성했다면, 그래서 두뇌 이동을 할 시점이라면, 우리는 의식과 뇌 학습의 중요성을 마음에 새겨야 한다. 아이와 함께 하는 성찰은 아이가 내면에서 무슨 일이 생기고 있는가를 인식하게 만든다. 그리고 그것은 학습을 극대화한다. 우리가 자녀교육의 정의를 마음에 새길 때 의식의 공유는 학습을 유발한다는 사실을 깨닫는다. 자녀교육은 학습을 극대화하는 가르침에 관한 것이다.

두 가지 원칙

아이를 두뇌 이동(아래층 뇌→위층 뇌)시킬 때 우리는 두 가지 주요 원칙을 따르고자 한다. 우리가 무얼 하든 이 두 가지 원칙이 우리를 안내할 것이다. 이 원칙은 뒤이은 구체적 전략과 함께 자녀의 협력을 도출하며 성인과 아이 모두에게 삶을 더 쉽게 만든다.

♣ 원칙 1 ♣
자녀가 준비될 때까지 기다려라

제3부에서 우리가 한 말을 기억하라. 유대감 형성은 아이를 '반발' 상태에서 '수용' 상태로 바꾼다. 따라서 일단 여러분이 유대감을 형성하면, 그래서 자녀가 경청하고 위층 뇌를 사용할 준비가 되도록 만들면, 그때가 바로 두뇌 이동을 할 시점이다. 그 전에는 그 시점이 아니다. 우리가 때때로 듣는, 자녀교육에 관한 가장 자멸적自滅的인 권유는 이런 것이다. "아이

가 잘못 행동할 때 '즉각' 그 행동을 다루는 것이 중요하다. 그렇지 못하면 아이들은 왜 자신이 자녀교육 받는지를 이해하지 못한다."

만약 여러분이 동물행동상태 연구소를 운영하고 있다면 우리는 이것이 나쁜 조언이라고 생각지는 않는다. 쥐나 심지어 개에게 그것은 좋은 조언이다. 인간에게는 그다지 그렇지 않다. 잘못된 행동을 즉각 처리하는 것이 합리적인 때가 있는 것이 사실이다. 어쨌든 잘못된 행동을 다루기에 '최악의' 시점은 그 행동이 발생한 직후인 경우가 흔하다.

이유는 간단하다. 잘못된 행동은 아이가 자신의 격한 감정을 통제할 수 없기 때문에 발생하는 경우가 흔하다. 그리고 감정이 통제되지 않을 때 아이의 위층 뇌는 작동하지 않는다. 그것은 일시적 고장이다. 그것은 아이가 위층 뇌가 책임지고 있는 일(좋은 결정을 내리고 타인을 생각하며 결과를 고려하고 감정과 몸의 균형을 유지하며 수용적인 학습자가 되는 것)을 수행할 수 없다는 의미이다.

그렇다. 우리는 가능하다면 (여러분이 기다려야 한다고 해도) 아주 빨리 행동에 관한 문제를 처리하길 권장한다. 그러나 그것은 자녀가 차분하며 수용적인 마음상태에 있을 때이다. 3살 어린애조차도 그 전날을 포함해 최근 발생한 일을 기억할 수 있다. 여러분은 "어제 취침시간에 있었던 일에 관해 얘기하고 싶어. 그게 그렇게 잘 되지 않았지?"라고 말함으로써 대화를 시작할 수 있다. 효과적인 가르침과 관련해서는 적절한 시점까지 기다리는 것이 필수적이다.

그래서 제4부에서 우리가 한 제안으로 되돌아가보자. 여러분이 유대감을 형성한 뒤 두뇌 이동 단계로 넘어가야 할 시점인가를 생각한다면, 자신에게 한 가지 간단한 질문을 하라. "내 자녀는 준비가 돼 있을까? 듣고 배우고 이해할 준비가 돼 있을까?" 만약 그 대답이 '노'라면 그 시점에서 두뇌 이동을 시도할 이유가 없다. 아마도 더 많은 유대감 형성이 요구될 것이다. 특히 큰 아이들의 경우 여러분의 말을 경청할 준비를 하기까지 어느 정도의 시간과 공간을 줘야 할 수도 있다.

교육자에게 얘기할 때 우리는 가르침에 최적의 창窓 또는 최적점이 있다고 흔히 설명한다. 만약 학생이 졸리거나 지루해 하거나 다른 이유로 산만해져 신경계가 이른바 '각성覺醒 저하' 상태라면 그들은 비수용적 상태에 있다. 이것은 학생이 효과적으로 배울 수 없다는 의미이다. 정반대도 마찬가지로 나쁘다. 만약 학생의 신경계가 '각성 과열' 상태(불안과 스트레스를 느끼고, 몸이 과도한 운동 활동으로 흥분된 상태)라면 그것 또한 학습을 어렵게 하는 비수용적 상태를 만든다. 그 대신에 학생을 침착하고 초롱초롱하며 수용적인 마음상태로 바꾸는 환경을 만들어야 한다. 그것이 실제로 학습이 이루어지는 최적점이다. 그때가 학생이 배울 준비가 된 시점이다.

그것은 우리 자녀도 마찬가지이다. 그들의 신경계가 각성覺醒 저하 또는 과열 상태라면, 우리가 가르치고자 하는 것에 거의 수용적일 수 없다. 따라서 자녀교육할 때 자녀가 침착하고 초롱초롱하며 수용적이 될 때까지 우리는 기다려야 한다. 여러분 자신에게 질문하라. "내 자녀는 준비가 돼 있을까?" 심지어 여러분이 유대감을 형성하고 자녀의 부정적 상태를 완화시킨 후에도, 분명한 가르침이나 두뇌 이동에 더 적합한 시점을 찾기 위해 그날 늦게까지 혹은 다음날까지 기다리는 것이 최선일지 모른다. 여러분은 "우리가 정말로 서로 얘기하고 서로 경청할 수 있을 때까지 기다리고 싶다. 좀 있다가 다시 와서 얘기하자."라고 말할 수도 있다.

덧붙여 말하자면 "내 자녀는 준비가 돼 있을까?"라고 묻는 것이 중요한 것과 마찬가지로 "나는 준비가 돼 있을까?"라고 묻는 것도 중요하다. 만약 여러분의 마음이 '반발' 상태에 있다면 대화를 미루는 것이 최선이다. 여러분이 차분하고 매우 침착한 상태가 아니라면 효율적인 선생님이 될 수 없다. 만약 여러분이 너무 화나서 평정 상태를 유지할 수 없다면, 가르침과 관계 형성이라는 여러분의 목표에 역효과를 내는 방식으로 전체적인 상호작용을 할 가능성이 높다. 그런 경우 이렇게 말하는 것이 더 낫다. "난 너무 화나서 지금 유익한 대화를 할 수가 없어. 따라서 진정할 시간을 가져야겠어. 그런 다음 얘기할게." 그래서 두 사람 다 준비가 되면 자녀교육은 훨씬 효과적이며 두 사람 모두에게 좋은 느낌을 줄 것이다.

♣ 원칙 2 ♣
일관성을 갖되 경직성을 피하라

그것은 의문의 여지가 없다. 자녀를 키우고 교육하는 데 일관성은 필수적이다. 우리 사무실에서 만나는 많은 부모들은 취침시간에 관한 것이든, 정크푸드나 미디어에 관한 것이든, 단지 일반적인 것이든, 자녀에게 더 일관성을 가져야 한다는 점을 인식한다. 그러나 자녀와 부모 그리고 양자兩者 관계에 좋지 못한 경직성이 될 정도의 높은 우선순위를 일관성에 두는 부모들이 있다.

두 용어의 차이점을 명쾌하게 구별해 보자. 일관성은 믿을 수 있고 논리 정연한 철학에 입각하는 것을 의미한다. 그래서 자녀들이 우리가 기대하는 것, 그들이 우리에게 기대해야 하는 것을 알게 하는 것이다. 반면 경직성은 우리가 만든 규칙에 변함없이 몰입하는 것을 의미한다. 규칙을 충분히 생각지 않고, 자녀들이 성장함에 따라 규칙을 바꾸지도 않고, 그렇게 하는 것이다. 부모로서 우리는 일관성을 갖되 경직되지 않길 원한다.

아이들이 일관성을 필요로 하는 것은 명백하다. 아이들은 우리가 무엇을 기대하는지를, 그리고 합의된 규칙을 깨뜨릴 때(혹은 왜곡할 때) 우리가 어떻게 반응할 것인가를 알아야 한다. 여러분의 신뢰성은 아이들이 그들의 세계에서 무엇을 기대할 것인가를 가르친다. 그 이상으로 여러분의 신뢰성은 아이들이 안전함을 느끼는 데 유익하다. 아이들은 자신의 내적 또는 외적 세계가 혼란스러울 때조차도 변함없이 지속적으로 여러분에게 의지할 수 있음을 안다.

이런 종류의 예측 가능하고 세심하며 친숙한 보살핌은 안정애착secure attachment을 형성한다. 그런 보살핌에 의해 우리는 아이에게 소위 '안전한 억제safe containment' 라고 불리는 것을 제공한다. 아이들은 감정이 폭발할 때 자신을 안내하는 안전 기반基盤과 분명한 한계를 가지기 때문이다. 여러분이 설정한 한계는 금문교(미국 샌프란시스코의 유명한 다리)의 가드레일과 같다. 아이가 분명한 한계 없이 사는 것은 샌프란시스코만灣으로의 추락 방지 가드레일 없이 금문교에서 운전하는 것만큼이나 불안을 유발한다.

그러나 경직성은 안전이나 신뢰성에 관한 것이 아니다. 그것은 완고함에 관한 것이다. 경직성은 타협이 필요한 경우에도 타협하지 못하게 한다. 행동 이면의 맥락과 의도를 보지 못하게 한다. 언제 예외를 허락하는 것이 합리적인가를 인식하지 못하게 한다.

부모가 자녀에게 경직성 띠는 주된 이유 중 하나는 두려움에 기초한 자녀교육을 하기 때문이다. 부모는 만약 자신이 포기하고 자녀에게 한 끼 식사로 청량음료를 허용하면 자녀가 여생 동안 아침, 점심, 저녁으로 마운틴듀(청량음료의 일종)를 마시지 않을까 걱정한다. 따라서 부모는 집요하게 청량음료를 부정한다.

또는 6살 아들이 악몽이 있어 부모와 함께 침대에 들기를 원하지만 부모는 그것이 위험한 선례를 만들까 우려한다. 부모는 "우리는 아들이 나쁜 잠버릇 들이기를 원치 않는다. 따라서 지금 당장 그 싹을 자르지 않으면 어린 시절 내내 나쁜 잠버릇을 갖게 될 것이다."라고 말한다. 따라서 부모는 그 입장을 고수하며 아들을 의무적으로 아들 침대로 돌려보낸다.

우리는 그런 두려움을 이해한다. 우리는 자녀와 관련해 그런 두려움을 느낀 적이 있다. 그리고 부모가 자녀를 위해 설정한 행동양식이 무엇이든 부모는 그것을 명백히 의식하고 있어야 한다는 데 동의한다. 그것이 일관성이 그토록 중요한 이유이다.

두려움에 기초한 자녀교육으로 인해 자녀에게 결코 예외를 허락할 수 없다고 믿을 때(또는 한밤중에 놀란 자녀는 자지 못하게 해야 경기驚氣를 달랠 수 있다고 믿을 때) 우리는 경직성에 빠져든다. 그것은 두려움에 기초한 자녀교육이다. 그 특정 시점에서 자녀가 필요로 하는 것에 기초한 자녀교육이 아니다. 그것은 자녀의 태동하는 마음을 가르치고 성장 중인 뇌를 단련하는 데 가장 적합한 것이 아니라 '우리의 불안감과 두려움' 감소를 목표로 한 자녀교육이다.

그러면 어떻게 두려움에 기초한 경직성으로 넘어가는 일 없이 일관성을 유지할 수 있을까? 자, 협상이 불가능한 것이 몇 가지 있다는 점을 인정하는 데서 시작하자. 예를 들면 어떤 환경에서도 여러분은 유아가 붐비는 주차장에서 뛰어다니게 할 수 없다. 또는 학령기 자녀가 감독 없이 수영하게 할 수 없다. 10대 자녀를 음주운전 중인 차에 탑승시킬 수 없다. 신체적 안전은 협상 불가이다.

그러나 그것은 여러분이 절대 예외를 허락할 수 없다는 의미가 아니다. 자녀가 잘못 행동할 때 가끔 눈감아 줄 수 없다는 의미가 아니다. 가령 여러분이 저녁 식탁에서는 장난감 기계를 허용하지 않는다는 규칙을 가지고 있다고 하자. 그런데 4살 자녀가 새 전자 퍼즐게임기를 방금 받아서 여러분이 저녁식사 하는 동안 조용히 가지고 놀겠다고 하면, 그것은 여러분이 그 규칙에 예외를 허락할 좋은 기회일지도 모른다. 또는 여러분의 딸이 저녁식사 전에 숙제를 끝내겠다고 약속했는데 조부모가 와서 딸을 나들이에 데리고 나가면, 여러분은 딸과 새 협상을 해야 할지도 모른다.

달리 말해서 목표는 자녀에게 일관되지만 유연한 접근을 유지하는 것이다. 그래서 자녀가 '여러분에게 무엇을 기대할 것인가'를 알게 하는 것이다. 그러나 '가끔씩 여러분은 모든 관련 요소들을 사려 깊게 고려할 것'이라는 점도 자녀가 알도록 하는 것이다. 그것은 우리가 앞 부部에서 이야기한 것으로 되돌아간다. 반응의 유연성. 우리는 '무엇이 자녀와 가족에게 최선인가'를 고려하며 상황에 사려 깊게 반응하길 원한다. 비록 그것이 우리의 통상적인 규칙과 기대에 예외를 허락하는 것을 의미할지라도 그렇다.

일관된 자녀교육 대對 경직된 자녀교육에 관한 한 가지 질문은 '우리는 무엇을 성취하길 희망하는가'이다. 우리는 무엇을 가르치길 원할까? 통상적인 환경 하에서 우리는 규칙과 기대를 일관성 있게 유지하길 원한다. 그러나 우리는 경직성을 피하길 원한다. 맥락을 무시해, 가르치고자 하는 교훈의 교육 기회를 놓치는 것을 피하길 원한다. 자녀교육에서 자녀가 배웠으면 하는 것을 더 효과적으로 가르치기 위해, 종종 우리는 목표를 달성할 다른 방법을 찾아야 한다.

예를 들면 가끔씩 여러분은 '재시도再試圖'를 추구할지도 모른다. 여러분은 아이의 무례한 말에 즉각적인 처벌 대신 이렇게 말할 수 있다. "만약 네가 다시 하면, 더 존경심 담긴 방식으로 그 말을 하는 방법을 찾아낼 수 있다고 장담해." 재시도는 아이에게 상황을 잘 다룰 두 번째 기회를 준다. 그것은 아이에게 좋은 일을 실천할 기회를 준다. 여러분은 계속 일관성 있게 기대감을 유지하지만, 엄격하게 강요하는 무관한 징벌보다 훨씬 유익한 방법으로 그렇게 하는 것이다.

결국 능력 계발은 전체 자녀교육에서 큰 부분을 차지한다. 그리고 그것은 반복된 지도와 코칭coaching을 요구한다. 딸의 축구팀을 코칭 하는데 딸이 공을 똑바로 차지 못해 힘들어 한다고 하자. 여러분은 딸이 발꿈치로 공을 찰 때마다 징계하지는 않는다. 그 대신 딸에게 더 많은 연습 기회를 준다. 이에 따라 딸은 공을 보내고자 하는 곳으로 더 잘 차게 된다. 여러분은 공을 똑바로 차 골문으로 날아가는 걸 보는 것이 어떤 느낌인가를 딸이 잘 알게 되길 원한다. 같은 방식으로 자녀가 우리 기대를 충족시키지 못하는 행동을 할 때 최선책은 종종 우리 기대를 충족시키는 행동을 하도록 연습시키는 것이다.

능력 계발을 장려하는 다른 방법은 자녀에게 창조적 반응을 찾도록 하는 것이다. 자녀가 화가 나 요정 지팡이를 던져서 그 지팡이가 부러졌다고 하자. 이때 "미안해요."라고 말하는 것이 부러진 요정 지팡이를 실제로 고치지는 못한다. 사과의 쪽지, 그리고 용돈을 새 지팡이 사는 데 사용하게 하는 것이 자녀에게 더 많은 것을 가르치며 자녀의 의사결정·공감 관련 능력의 계발에 더 유용할 수 있다.

자녀의 능력 계발을 위해 노력할 때 여러분은 다른 대안에 유연하고 개방돼 있으면서도 일관성을 유지할 수 있다. 그것이 핵심이다. 아이들은 옳고 그름에 관해 배우면서도 '삶은 외적 보상과 처벌에 관한 것만이 아니다'는 점을 배운다. 유연성과 문제해결, 맥락 고려, 실수 교정 또한 중요하다. 가장 중요한 것은 성장과정에서 사용 가능한 개인적 통찰력으로 그 교훈을 빨리 이해하는 것이다. 그리고 우리가 상처 준 사람과 공감하며, 그 상황에 반응하는 방법을 이해하고, 장래에 그것을 방지하는 것이다.

달리 말해 옳고 그름 외에도 우리가 자녀에게 가르치고자 하는, 도덕성에 관한 많은 것들이 있다. 우리는 자녀의 교통경찰이 되기를 원치 않는다. 이리저리 자녀를 따라다니며 언제 멈추고 언제 가야할지를 말해주고, 자녀가 법을 위반할 때에는 범칙금 스티커를 발부하길 원치 않는다. 자녀에게 책임 있게 운전하는 법을 가르치고 스스로 좋은 결정을 내릴 능력과 도구, 훈련을 제공하는 것이 훨씬 낫지 않을까? 이 일을 성공적으로 하기 위해, 우리는 종종 열린 마음으로 흑백이 아닌 회색지대를 봐야 한다. 우리는 이전에 설정한 임의의 규칙에 기초하지 않고, 이 특정 상황에서 자녀와 가족에게 최선인 것에 기초해 결정을 내려야 한다. 일관성이 있어야 한다. 그렇다. 하지만 경직성을 띠지는 말아야 한다.

마인드사이트의 세 가지 성과

따라서 1-2-3 자녀교육은 한 가지 정의(가르침)와 두 가지 원칙(자녀가 준비될 때까지 기다리기, 일관성 있되 경직되지 않기)에 초점을 맞춘다. 이제 두뇌 이동 시 우리가 성취하기 위해 고려하는 세 가지 성과를 보자.

만약 여러분이 〈The Whole-Brain Child〉를 읽었다면, 마인드사이트 mindsight라는 용어에 익숙할 것이다. 이 용어는 단Dan(공저자)이 만들었으며 그의 책 〈Mindsight〉와 〈Brainstorm〉에서 논의했다. 가장 간단하게 설명하면 마인드사이트는 타인의 마음뿐 아니라 우리 자신의 마음을 보는 능력이다. 그것은 건강하고 독립적인 자아감 유지뿐 아니라 의미 있는 관계 발달을 가능하게 한다. 자녀에게 타인이 특정 상황을 어떻게 경험하는가를 상상하면서(공감 사용), 자신의 감정을 생각하도록(개인적 통찰력 사용) 요청할 때, 우리는 자녀의 마인드사이트 계발을 돕는 것이다.

마인드사이트는 앞서 논의한 '통합' 과정에도 관여한다. 여러분은 분리돼 있던 두 가지(좌뇌 · 우뇌 또는 두 사람의 관계 등)가 서로 연결될 때 통합이 일어난다는 사실을 기억할 것이다. 통합이 이루어지지 않으면 그 결과 혼란과 경직이 발생한다. 따라서 어떻게 서로의 차이점을 존중할 것인가에서 불가피한 파열이 발생할 때, 연민어린 마음으로 서로 연결되지 않을 때, 그것은 통합의 중단이다.

통합을 도출하는 한 가지 사례는 우리가 그 같은 파열을 '치유' 할 때이다. 만약 자녀와의 관계에서 혼란 · 경직성이 튀어나오는 것을 발견한다면 치유하는 것이 적절하다. 나쁜 결정을 했거나 언행으로 타인에게 상처를 줬을 때 우리는 상황을 바로잡는 조치를 취할 수 있다. 이 같은 성과(통찰력, 공감, 통합/치유)를 개별적으로 논의해 보자.

♣ 성과 1 ♣
통찰력

'노 드라마no-drama' 자녀교육 전략의 일부로서 두뇌 이동(아래층 뇌→위층 뇌)의 가장 소중한 성과 중 하나는 자녀의 개인적 통찰력 계발을 돕는 것이다. 그 이유는 자녀에게 '부모의 기대를 충족시키라' 고 명령하거나 요구하지 않고, 어려운 상황에 대한 '자녀 자신의 감정 · 반응을 인식하고 성찰하라' 고 요구하기 때문이다.

여러분도 알다시피 이 일은 어려울 수 있다. 아이의 위층 뇌는 마지막 단계에서 계발될 뿐 아니라 자녀교육의 순간에 흔히 작동하지 않기 때문이다. 그러나 실습과 통찰력 계발의 대화(이에 대해서는 지금까지 논의해 왔지만 다음 부部에서 충분히 설명하겠다)로 아이들은 자신을 더 잘 인식하고 더 충분히 이해할 수 있다. 아이들은 자신의 감정을 더 잘 이해하며 어려운 상황에서 반응 통제를 더 잘하게 하는 개인적 마인드사이트

mindsight를 계발할 수 있다.

어린 아이는 우리가 관찰한 감정에 단순히 이름만 붙여도 이 과정이 가능해질 수도 있다. "그 여자애가 인형을 빼앗았을 때 넌 정말 '화난 것' 처럼 보였어. 그렇지?" 비록 자기 이해를 향한 '증인 유도심문' 을 해야 하더라도 큰 아이는 제약이 없는 질문이 더 낫다. "네가 동생에게 화내기 직전까지 널 지켜봤어. 동생이 네게 집적대서 넌 점점 '짜증나는 것' 처럼 보였어. 그게 네가 느낀 감정이지?" 아이의 반응이 이랬으면 한다. "예! 그게 절 그렇게 화나게 만들었어요."

아이는 구체적으로 자신의 감정 경험을 논의할 때마다 자신에 대해 더 많은 통찰력을 얻고 자기 이해를 심화한다. 그것이 마인드사이트를 키우는 성찰적 대화이다. 자신의 통찰력에 초점을 맞춤에 따라 아이는 두뇌 이동에서 두 번째로 바라는 성과를 향해 이동한다.

♣ 성과 2 ♣
공감

자신에 대한 통찰력을 계발함에 따라 우리는 자녀가 마인드사이트의 다른 측면 즉, 공감을 계발하길 원한다. 신경가소성neuroplasticity의 과학 덕분에 우리는 다른 사람과의 성찰적 대화에서처럼 이 같은 성찰의 반복 실습은 마인드사이트의 뇌 회로망을 활성화한다는 것을 안다. 내적 정신생활에 주의注意의 초점을 반복해서 맞출 때 뇌의 배선이 변하며 위층 뇌의 공감적 '타인 중심' 부위가 계발되고 강화된다.

이 부위는 과학자들이 전전두엽의 '사회 참여 회로망' 이라고 부르는 것이다. 이것은 통찰력을 위한 우리 자신의 그리고 공감을 위한 타인의 마인드사이트 지도뿐 아니라, 도덕성과 상호이해를 위한 '우리we'의 마인드사이트 지도를 만드는 뇌 부위이다. 그것이 마인드사이트의 뇌 회로망이 만드는 것이다. 따라서 우리는 자녀의 행동이 타인에게 어떤 영향을 미치는가를 성찰하는, 타인의 관점에서 사물을 보는, 타인의 감정에 대한 인식을 넓히는 많은 실습 기회를 자녀에게 주길 원한다.

단순히 질문하고 자녀가 관찰하게 돕는 것은 설교, 잔소리, 징계보다 훨씬 더 효과적이다. 인간의 뇌는 주변 사람들의 경험을 이해할 수 있도록, 심지어 '우리we'의 일부로서 유대감을 인식할 수 있도록 스스로를 확대할 수 있다. 이것이 우리가 공감뿐 아니라 서로 연결돼 있다는 중요한 느낌을 경험하는 방식이다. 그리고 도덕적 상상력, 생각, 행동의 바탕이 되는 통합 상태를 경험하는 방식이다.

따라서 '타인은 어떻게 느끼고 상황을 어떻게 경험할까'를 더 많이 생각하게 하면 할수록, 자녀는 더 공감적이며 더 자상해질 것이다. 그리고 통찰력과 공감 회로가 발달함에 따라 자녀는 자연스럽게 도덕성을 위한 토대를 만든다. 또 차별화돼 있으나 더 큰 전체로 연결돼 있다는 내적 감각의 토대를 만든다. 그것이 통합이다.

♣ 성과 3 ♣
통합과 파열 치유

우리는 자녀가 자신의 감정을 생각하고 자신의 행동이 어떻게 타인에게 영향을 미쳤는가를 성찰하도록 돕는다. 그런 뒤 자녀가 상황을 바로잡음에 따라 자녀에게 '통합을 이루기 위해 무엇을 할 수 있는가'를 질문하길 원한다. 이제 뇌의 어느 부위에 호소할까? 여러분이 추측하듯이, 공감·도덕성을 책임지며 결정의 결과를 생각하고 감정을 통제하는 위층 뇌이다.

상황을 개선해야 하는 경우에 우리는 질문을 통해 위층 뇌에 호소한다. "그걸 올바르게 하기 위해 넌 무얼 할 수 있니?" "이걸 바로잡기 위해 넌 어떤 긍정적 조치를 취할 수 있니?" "넌 지금 지금 무슨 일이 있어야 한다고 생각하니?" 타인과의 유대가 다시 형성됨에 따라 '우리we'라는 마인드사이트 지도로 이동하기 위해, 치유는 통찰력과 공감을 기반으로 한다. 일단 자녀를 통찰력과 공감으로 이끌었으면 자녀의 행동이 영향을 미친 상황뿐 아니라 타인, 궁극적으로는 관계 그 자체의 처리를 목표로 삼길 원한다.

타인에게 상처를 주거나 나쁜 결정을 내린 뒤의 조치는 자녀를 포함해 우리 모두에게 쉬운 일이 아니다. 특히 자녀가 어리거나 수줍음을 많이 타는 성격일 때 부모는 대신 사과함으로써 자녀를 지원하거나 도와야 할 수도 있다. 종종 실제로 부모가 자녀를 대신해 사과하는 것이 좋다.

여러분과 자녀는 사전에 사과의 메시지에 합의할 수 있다. 자녀가 준비가 돼 있지 않을 때 진실하지 못한 사과를 강요하거나, 사과가 자녀의 신경계에 불안감을 지나치게 조성할 때 사과를 강요하는 것은 그다지 좋은 일이 아니다. 그것은 자녀가 준비돼 있는지 여부를 묻는 것으로 되돌아간다. 종종 우리는 자녀가 올바른 마음상태가 될 때까지 기다려야 한다.

되돌아가 실수를 만회하는 것은 결코 쉽지 않다. 그러나 '노 드라마no-drama' 자녀교육은 자녀가 그렇게 하는 법을 배우도록 만든다. 그것은 다음 세 가지 성과의 달성을 목표로 한다. 첫째, 자녀가 통찰력으로 자신을 더 잘 이해하도록 실습시키는 것이다. 둘째, 자녀가 공감에 의해 타인의 관점에서 사물을 바라보는 것이다. 셋째, 자녀가 잘못한 특정 상황을 개선하는 행동을 취하는 것이다.

자녀가 자신을 알고, 타인의 감정을 고려하며, 상황을 치유하는 행동을 취하는 능력을 심화할 때 전두엽 내부에서 신경 연결망이 형성·강화된다. 그것은 자녀가 청소년, 성인으로 성장함에 따라 자신을 더 잘 알고 타인과 잘 지낼 수 있게 한다. 기본적으로 여러분은 자녀의 뇌에 '나' '너' 그리고 '우리'에 관한 마인드사이트 지도 제작법을 가르치고 있는 것이다.

행동 속의 1-2-3 자녀교육

삶은 우리에게 두뇌 형성 기회를 여러 번 준다. 앞서 로저Roger가 딸에게 동생의 놀이모임을 독점한 것에 관해 말했을 때 우리는 그것을 보았다.

그는 딸에게 "앨리, 왜 케이티와 지나에게 그들만의 시간을 주지 않니?"라고 쉽게 말을 건넸을 수 있었다. 그러나 만약 그랬다면 앨리에게 가르침을 주고 그녀의 두뇌 형성을 도울 기회를 놓쳤을지도 모른다.

대신에 그의 반응은 1-2-3 방법을 제공하는 것이었다. 강압적으로 말하지 않고 딸과 대화를 시작함("넌 케이티가 즐겁지 않다는 걸 아니?")으로써 자녀교육의 한 가지 정의 즉, 가르침에 초점을 맞췄다. 또 그는 두 가지 핵심 원칙에 입각해 대처했다. 첫째, 무비판적으로 경청하고 있다는 느낌을 딸에게 줌("난 전적으로 네 잘못이 아니라는 데 동의해.")으로써 딸이 '준비됐음'을 확인했다. 둘째, 지나친 경직성을 피하고 그 상황에 적합한 반응을 찾는 일에 딸의 도움을 청했다. 그리고 딸이 자신의 행동에 관해("왜 동생이 속상했을 것이라고 생각하니?"), 동생의 감정에 관해("만약 동생이 여기에 서서 자기 감정을 우리에게 말한다면 뭐라고 할까?"), 상황에 가장 잘 반응하기 위해 어떤 반응을 할 수 있을까에 관해("계획을 세워보자.") 생각하도록 도움으로써 세 가지 성과를 달성했다.

이 방법은 큰 아이들에게도 마찬가지 효과가 있다. 그것을 중학생 자녀에게 적용한 한 부부의 사례를 살펴보자.

작년 주요 명절 때마다 닐라Nila는 일관되게 소원 목록의 맨 위에 '휴대폰'을 적었다. 그녀는 부모인 스티브Steve와 벨라Bela에게 다른 애들은 '모두' 휴대폰을 가지고 있다고 반복해서 말했다. 그녀의 부모는 자신의 많은 친구들보다 오래 끌긴 했지만 닐라가 12살이 됐을 때 휴대폰을 허용했다. 결국 닐라는 상당한 책임감을 가지고 더 많은 시간을 부모로부터 독립적으로 보냈다. 휴대폰은 모두를 더 편리하게 만들었다. 부모는 중요하다고 생각한 모든 조치를 취했다. 휴대폰의 인터넷 기능을 사용하지 못하게 하며, 위험한 콘텐츠를 걸러내는 앱을 다운로드 하고, 사생활·안전성 문제에 관해 딸에게 이야기했다. 그리고 자녀교육의 다음 단계로 넘어갔다.

첫 몇 달 간 부모의 결정이 옳았던 것처럼 보였다. 닐라는 휴대폰에 대해 알아갔으며 적절히 사용했다. 부모는 그 편리함을 과대평가하지 않았다고 생각했다. 그런데 어느 날 밤 벨라는 불 끄진 후 한 시간이 지나 딸이 기침하는 소리를 들었다. 그래서 딸을 살펴보기 위해 문을 열고 딸의 방으로 들어갔다. 딸의 침대를 맴돌던 푸른 불빛이 즉시 사라졌지만 너무 늦었다. 딸은 걸렸다. 벨라는 전등을 켰다. 그녀가 말하기도 전에 딸은 서둘러 "엄마, 시험이 걱정돼 잠을 잘 수 없어요. 그래서 뭔가에 마음을 붙이려고 애쓰고 있었어요."라고 설명했다.

벨라는 특히 그 시점에서 자신의 주요 목표가 딸을 잠재우는 것이기 때문에 과민반응해서는 안 된다는 것 정도는 알고 있었다. 따라서 우선 유대감을 형성했다. "네가 뭔가에 마음을 붙여야 하는 것을 이해할 수 있어. 나도 잠들 수 없는 것이 너무 싫어." 그리고 단순히 말했다. "그렇지만 그것에 관해서는 내일 얘기하자. 휴대폰을 내게 다오. 난 네가 바로 자길 바라." 벨라가 남편 스티브에게 말했을 때 남편도 비슷한 일을 겪었음을 알았다. 지난 주 자신이 집에 없었을 때 일이었다. 이제 그들은 딸이 뻔뻔하게 휴대폰 사용과 수면에 관한 규칙을 두 번씩이나 무시했다는 것을 알았다.

스티브와 벨라는 1-2-3 자녀교육 방법을 실행하면서 자녀교육의 한 가지 정의에 초점을 맞췄다. 여기서 그들은 딸에게 어떤 교훈을 가르치길 원했을까? 그들은 정직의 중요성, 책임감, 신뢰, 그리고 가족 구성원이 동의한 규칙의 준수를 강조하길 원했다. 그들은 딸의 위반에 어떻게 반응할 것인가를 생각할 때 이 정의를 최우선시했다.

그리고 그들은 두 가지 원칙에 초점을 맞췄다. 벨라가 딸로부터 휴대폰을 받고 잠잘 것을 요청했을 때 첫 번째 원칙(딸이 준비가 됐음을 확인하는 것)을 실천한 것이었다. 아이가 예정보다 늦게 깨어 있는 늦은 밤은 교훈을 가르치기에 최적의 타이밍인 경우가 드물다. 그때 딸에게 훈계했다면 엄마와 딸 둘 다 힘들며 화나는 상황이 되었을 것이다. 그것은 바로 자러 가는 방법도 교훈을 가르치는 방법도 결코 아니다. 더 나은 전략은 스티브와 벨라가 그 문제를 다루기에 적합한 시점을 찾을 수 있는 다음날까지 기다리는 것이었다. 그것은 급하게 아침식사를 하고 점심식사를 만드는 오전이 아니라, 모든 사람이 새로운 관점에서 차분하게 그 문제를 다룰 수 있는 저녁식사 후이다.

이것이 두 번째 원칙(일관성을 가지되 경직성을 피하라)의 등장이다. 물론 일관성은 필수적이다. 스티브와 벨라는 휴대폰과 관련해 딸의 정직성·책임감의 중요성에 관해 분명한 입장을 취했다. 적어도 이 경우에 딸은 합의에 부응하지 못했다. 따라서 그들은 일관성 있는 반응으로 딸의 잘못을 다루었다.

그러나 그럴 때 그들은 도가 지나친, 경직되고 성급한 결정 내리길 원치 않았다. 그들의 첫 번째 반응은 휴대폰을 뺏는 것이었다. 그러나 일단 딸과 대화를 나누고 마음이 더 차분해지자 이 경우에 그런 반응은 지나치다는 것을 깨달았다. 이 문제에만 국한되지 않고 전체적으로 본다면 딸은 휴대폰과 관련해 책임 있게 행동했다.

따라서 그들은 휴대폰을 빼앗기보다 딸과 그 문제를 논의하기로 했다. 딸에게 그 상황에 적합한 대책 마련에 일조할 것을 요청했다. 실제로 딸은 모두가 수용할 수 있는 해결책을 찾아냈다. 딸은 자러 갈 때 휴대폰을 방 밖에 두겠다고 말했다. 그러면 휴대폰 불이 켜질 때에도 딸은 그걸 확인하고 싶은 유혹에 빠지지 않을 것이다. 부모는 딸이 휴대폰과 마찬가지로 재충전되고 있다는 점을 확신할 수 있었다.

딸의 좋은 결정을 고려할 때 부모의 이런 반응은 이치에 합당하다. 만약 문제가 더 생기고 딸이 휴대폰을 더 심하게 오용하면 정해진 시간 외에는 부모가 휴대폰을 압류하기로 그들은 합의했다.

　이런 반응은 한계를 계속 설정하면서도 딸과 충분히 협력할 수 있을 만큼 딸의 입장을 존중한 것이다. 이렇게 해서 부모는 자신의 규칙 · 기대감을 고수하는, 일관성 있는 공동전선을 펼쳤다. 동시에 경직성을 띠지 않았으며 딸에게, 그 상황에, 딸과의 관계에 도움 되지 않는 자녀교육을 하지 않았다.

　결과적으로 그들은 세 가지 바라는 성과(통찰력, 공감, 통합된 치유)를 달성할 더 좋은 기회를 가졌다. 그들은 질문과 대화에 딸을 참여시키는 방법을 사용함으로써 딸의 통찰력을 고무했다. 그 질문은 휴대폰 사용이 허용되지 않는 시간대에 딸이 휴대폰을 켠 그 결정에 관해 생각하게 만드는 것이었다. "넌 해서는 안 된다는 점을 알고 있는 일을 할 때 어떤 느낌이 드니?" "우리가 들어가 네가 휴대폰 하는 것을 볼 때 넌 어떤 느낌이 드니?" "그것에 관해 우리가 어떤 느낌일 것이라고 생각하니?"

　다른 질문은 장래에 더 나은 결정을 하도록 통찰력을 유발하는 것이었다. "다음번에 잠들기 힘들 때 넌 휴대폰 하는 것 외에 무얼 할 수 있니?" 이런 질문들로써 닐라Nila의 부모는 딸의 통찰력 증강과 위층 뇌 형성을 도왔다. 딸이 내적 나침반을 계발하고 장래에 더 통찰력을 갖도록 했다. 게다가 딸과 딸의 요구를 존중하는 방식으로 이 문제에 접근함으로써, 닐라가 10대로 성장함에 따라 나중에 더 큰 이슈에 관해 자신들과 대화할 기회를 증대시켰다.

　이 상황에서 공감 도출은 다른 자녀교육 시점과는 다르다. 아이들이 나쁜 결정을 내렸을 때 우리는 아이의 공감력을 진작시킨다. 그렇게 해서 아이의 나쁜 행동 때문에 상처 받은 사람의 감정을 생각하도록 유도하는 일이 흔하다. 이 경우에는 닐라 외에는 실제로 손해 본 사람이 없었다. 닐라만 약간의 수면을 잃은 것이다. 그러나 스티브와 벨라는 딸에 대한 그들의 신뢰가 적게나마 손상됐다는 점을 딸에게 이해시키려고 노력했다.

그들은 그 문제를 지나치게 극화劇化하지 않는 것이 좋다는 것 정도는 알았다. 또 비열하게 죄책감이나 자기 연민을 이용하지 않는 것이 좋다는 것도 알았다. 그래서 이런 전략에 의존하지 않을 것이라는 점을 딸에게 분명히 알렸다. 그러나 딸과 그들의 관계가 의미하는 많은 것들에 대해 딸과 대화했다. 그리고 어떤 형태로든 신뢰 상실로 인해 그 관계가 손상될 때 감정도 상한다는 점을 설명했다.

관계에 관한 이 같은 논의는 통합과 다른 부분의 유대감에 초점을 맞춘 것이다. 통합은 '부분들의 합合보다 더 큰 전체'를 만드는 것이며, 관계에서 사랑을 창조하는 것이다. 통찰력과 공감 그리고 관계에 초점을 맞추면 세 번째 바라는 성과인 '치유'로 자연스럽게 귀결된다. 아무리 작은 것이라도 일단 관계에 균열이 생기면 우리는 가급적 빨리 그것을 치유하길 원한다. 닐라의 부모는 딸에게 그 기회를 주었다.

늦은 밤의 휴대폰 사용에 관해 어떤 규칙을 실천할 것인가를 논의하면서, 그들은 규칙이 지켜지지 않았을 때 그것이 관계에 미치는 영향에 관해 생각게 하는 질문을 딸에게 했다. 그들은 죄책감을 느끼게 함으로써 딸을 감정적으로 조작하는 일은 피했다. 대신에 "우리가 너에 대한 신뢰를 계속 유지하도록 네가 할 수 있는 일은 뭐니?"처럼 신뢰에 기초한 질문을 했다. 그들은 닐라가 할 수 있는 신뢰 형성의 행동(가령 휴대폰을 통화 용도로만 사용하며 가끔 부모의 확인을 받는 것, 말하지 않아도 밤이면 휴대폰을 방밖에 두는 것 등)에 관해 생각하도록 '증인 유도심문'을 해야 했다. 그렇게 해서 닐라는 부모의 신뢰를 사려 깊게 재형성할 수 있는 방법들을 생각했다.

닐라의 문제는 부모가 매일 다뤄야 하는 '전형적인' 행동의 범주에 속한다는 점을 인식하라. 종종 전문가의 관여가 필요한 문제 행동들이 있다.

다루기 힘들고 장기간 지속되는 극단적인 행동은 가끔 다른 뭔가가 진행되고 있다는 징후일 수 있다. 만약 자녀가 치유 노력에도 반응을 보이지 않는 심한 감정반응을 자주 경험한다면, 소아정신치료 의사나 아동발달 전문가에게 말하는 것이 도움이 될 수 있다. 그들은 지원군으로서 여러분과 함께 상황을 탐구하고, 여러분과 자녀를 중재할 방법을 찾는다.

우리 경험에 따르면 빈번하고 심한 감정반응을 보이는 아이들은 감각통합, 주의력이나 충동성, 기분장애와 관련된 선천적 문제를 겪고 있을 수 있다. 게다가 외상력trauma history, 정말 힘들었던 과거 경험, 부모와 자녀 사이의 관계 부조화도 관련성이 있다. 이것들은 자기통제와 관련된 잠재적인 문제(이는 종종 반복된 관계 파열의 원천일 수 있다)가 노출됨에 따라, 행동상의 문제에서 일정한 역할을 할 수 있다. 따라서 이런 질문들에 차근차근 설명해줄 수 있고 여러분과 자녀를 최적의 성장으로 안내할 수 있는 누군가의 도움을 찾을 것을 권장한다.

그러나 대부분의 자녀교육 상황에서는 단순히 '전체 두뇌' 방법을 따르기만 해도 자녀로부터 더 많은 협력을 얻는다. 또 여러분 가정은 더 많은 평화와 평온을 얻는다. 1-2-3 자녀교육은 공식도, 엄격히 준수해야 할 규칙의 조합도 아니다. 여러분은 그것을 기억할 필요도 없고 그것을 엄격하게 따를 필요도 없다. 우리는 단지 두뇌 이동(아래층 뇌→위층 뇌) 시점이 됐을 때 여러분이 마음에 새겨야 할 가이드라인을 주는 것이다.

정의定義와 그 목적, 그것을 안내하는 원칙, 그리고 바라는 성과를 스스로 상기함으로써 여러분은 훨씬 더 나은 자녀교육 기회를 갖게 된다. 그것은 자녀로부터 더 많은 협력을 얻어내고 전 가족 구성원 사이에 더 나은 관계를 형성하는 방식으로 이루어진다.

제6부

두뇌 이동의 인성 코칭

안나Anna의 11살 아들 파올로Paolo가 학교에서 전화해 오후에 친구 해리슨Harrison의 집에 가도 좋은지를 물었다. 파올로가 설명한 계획은 해리슨의 집으로 걸어가 숙제를 마친 다음 저녁식사 때까지 노는 것이었다. 안나가 해리슨의 부모도 그 계획을 알고 있는지를 묻자 파올로는 그렇다고 확인해 주었다. 따라서 안나는 저녁식사 전에 차로 데리러 가겠다고 말했다.

그러나 안나가 오후 늦게 해리슨의 엄마에게 '몇 분 후 파올로를 데리러 가겠다'고 문자를 보냈을 때 해리슨의 엄마는 '직장에 있다'고 응답했다. 그제야 안나는 해리슨의 아빠도 집에 없으며 부모 모두 파올로가 방문한다는 계획을 모르고 있다는 것을 알았다.

안나는 화가 났다. 그녀는 의사소통에 착오가 있었을지도 모른다고 생각했다. 그러나 현실에선 파올로가 정직하지 못했던 것처럼 보였다. 기껏해야 그는 계획을 잘못 이해했을 것이다. 이 경우 그는 해리슨의 부모가 집에 없고 연락도 되지 않았다는 사실을 자신이 언제 알았는지 엄마에게 말했어야 했다. 최악의 경우 엄마에게 새빨간 거짓말을 한 것이 될 수 있었다.

아들을 차에 태우고 집으로 가는 길에 안나는 아들을 힐난하고 벌주고 싶었다. 화가 나 신뢰와 책임감에 대해 잔소리하고 싶었다. 그러나 그녀는 그렇게 하지 않았다.

대신 '전체 두뇌' 방법을 사용했다. 아들은 컸고 반발적 마음상태가 아니었기 때문에 그녀의 방법 중 '유대감 형성' 부분은 단순히 아들을 안아주고 재미있었는지 묻는 것으로 충분했다. 그리고 존중심을 보여주며 아들과 직접 대화했다. 해리슨의 엄마와 주고받은 문자를 언급하며 단순히 "너와 해리슨이 그렇게 즐거운 시간을 보내서 나도 좋아. 그런데 질문이 하나 있어. 우리 가족에게 신뢰가 얼마나 중요한지 네가 알고 있다고 생각해. 그런데 무슨 일이 있었던 거야?"라고 말했다. 그녀는 차분한 말투로 말했다. 불쾌감을 드러내지 않고 대신에 자신의 이해 불충분과 그 상황에 대한 호기심을 표현했다.

무죄 추정의 원칙을 적용한, 호기심에 기초한 이 방법 덕분에 안나는 그 자녀교육 상황에서 흥분을 줄일 수 있었다. 비록 화가 났지만 아들이 의도적으로 부모를 속였다는 섣부른 결론을 피했다. 그 결과 파올로는 취조 당한다는 느낌을 받지 않고 엄마의 질문을 들을 수 있었다. 게다가 그녀의 호기심은 아들에게 '나를 정확하게 설명해야 한다'는 책임감을 부여했다. 따라서 파올로는 자신의 의사결정에 관해 생각해야 했으며 그로 인해 위층 뇌를 약간 활성화했다. 안나는 파올로가 대개 좋은 결정을 내리지만 이번에는 그렇지 못한 것 같아 혼란스럽고 놀랐다는 가정을 하고 있었다. 안나는 그 점을 파올로에게 보여주었다.

이번 경우에는 파올로가 좋은 결정을 내리지 못했다. 그는 엄마에게

'해리슨이 아빠가 집에 있을 것이라고 생각했지만, 자신들이 집에 도착했을 때 해리슨의 아빠가 없었다' 고 설명했다. 그는 이 점을 즉각 엄마에게 알렸어야 했지만 그러지 못했다는 점을 인정했다. "알아요, 엄마. 집에 아무도 없다는 걸 엄마께 말씀드려야 했어요. 미안해요."

그제야 안나는 유대감 형성에서 두뇌 이동(아래층 뇌→위층 뇌)으로 나아갈 수 있었다. "그래, 네가 내게 말했어야 했다는 점을 분명히 해서 기뻐. 왜 그러지 못했는지 말해 다오." 그녀는 두뇌 이동이 이 한 가지 행동의 처리에 국한되지 않기를 원했다. 그녀는 이번 일을 아들에게 중요한 개인적 능력, 관계상의 능력을 형성할 기회로 인식했다. 또 아들의 행동이 그녀의 신뢰를 손상했으며 '만약 계획이 바뀌면 항상 확인한다' 는 가족 합의에서 벗어났다는 점을 이해시키는 기회로 인식했다. 그것이 두뇌 이동에 앞서 그녀가 스스로를 체크한 이유이다.

두뇌 이동을 하기 전에
침착함을 유지하고 유대감을 형성하라

여러분은 아주 유명해진 영국의 2차대전 포스터를 본 적이 있는가? '침착함을 유지해 계속 가라' 고 말하는 포스터. 그것은 자녀의 분노가 폭발할 때(혹은 여러분의 분노가 폭발하기 전에) 준비해 두어도 좋은 주문呪文이다. 안나는 파올로의 행동 문제를 다룰 때 침착함 유지의 중요성을 인식했다. 자녀를 질책하고 자녀에게 소리 지르는 것은 어느 누구에게도 좋지 못했을 것이다. 사실 그것은 파올로에게 소외감을 느끼게 하며 주의를 현재의 중요한 것(그의 행동을 다루고 가르치기 위해 이 자녀교육 시점을 이용하는 것)에서 딴 곳으로 돌리게 했을 것이다.

우리는 다음에서 여러 가지 두뇌 이동(아래층 뇌→위층 뇌) 전략을 논의할 것이다. 또 자녀가 나쁜 결정을 했거나 자기통제력을 완전히 상실했을 때 자녀를 두뇌 이동시키는 다른 방법을 볼 것이다. 자녀가 위층 뇌를 사용하도록 두뇌 이동할 때 어떤 두뇌 이동 전략을 사용해야 할까? 이를 결정하기 전에, 여러분은 먼저 한 가지 일을 해야 한다. 자신을 체크하는 것이다. 기억하라, "내 자녀가 준비돼 있을까?"라고 묻는 것이 중요한 만큼 스스로 "나는 준비가 돼 있는가?"를 묻는 것이 필수적이다.

최근에 여러분이 청소를 잘해 놓은 부엌에서 카운터에 앉아 있는 4살 딸을 발견한다고 상상해보라. 빈 달걀 곽 한 개와 12개의 깨진 달걀껍질이 딸 쪽에 널브러져 있고, 딸은 달걀로 가득 찬 모래 양동이를 휘젓고 있다고 상상해보라. 딸의 모래 삽으로! 또는 여러분의 12살 자녀가 일요일 오후 6시에, 세포의 3D 모델 제출 기한이 내일 아침이라고 말한다. 자녀가 숙제를 모두 끝내고 친구와 야구·비디오게임을 하며 오후를 보냈다고 말했음에도 불구하고 여러분은 당혹감을 감출 수 없다.

이 같은 실망의 와중에서 여러분이 할 수 있는 최선은 멈추는 것이다. 그렇지 않으면 반발적인 마음상태로 인해 여러분은 소리 지르게 되거나, 적어도 심하게 어질러 놓은 것에 대해 또는 4살(또는 12살) 자녀가 명심해야 하는 사실에 대해 잔소리하게 된다. 그 대신에 멈춰라. 단지 멈춰라. 여러분 자신이 숨 쉬도록 허용하라. 반응하거나 징계하거나 열 받는 순간에 잔소리하는 것을 피하라.

그것이 쉽지 않다는 것을 우리는 안다. 그러나 자녀가 어떤 식으로든 엉망이 되었을 때 여러분은 자녀가 위층 뇌를 향해 두뇌를 이동하길 원한다는 점을 기억하라. 따라서 그것은 여러분에게도 마찬가지로 중요하다.

여러분의 3살 딸이 떼쓸 때 딸은 감정·신체 통제에서 제한된 능력을 가진, 단지 작은 아이라는 점을 기억하라.

여러분의 일은 자녀와의 관계에서 어른이 되는 것이다. 부모로서의 일을 수행하는 것이다. 감정 폭풍의 와중에 안전하고 고요한 안식처로서의 역할을 수행하는 것이다. 자녀의 행동에 어떻게 반응하는가는 전체 모습이 어떻게 펼쳐질 것인가에 큰 영향을 미친다. 따라서 두뇌 이동을 하기 전에 자신을 체크하고 침착함 유지에 최선을 다하라. 그것은 위층 뇌에서 나오며 다시 위층 뇌를 강화하는 멈춤이다. 게다가 그 같은 능력을 자녀에게 보여줄 때 자녀는 그 같은 능력을 스스로 배울 가능성이 더 커진다.

멈춰 있는 동안 분명함과 침착함을 유지하는 것이 여러분의 1단계이다.

그리고 유대감 형성을 기억하라. 자녀교육을 하는 동안 침착하고 사랑이 가득하며 교육적인 태도를 견지하는 것이 실제로 가능하다. 그리고 그것은 매우 효과적이다. 여러분이 교정하길 원하는 행동에 관한 대화를 시작할 때 말투가 얼마가 중요한가를 과소평가하지 마라.

따뜻함, 사랑, 존중, 연민을 소통하는 방식으로 자녀와 계속 상호작용하라. 동시에 여러분은 궁극적으로 자녀교육에서 확고함·일관성 유지를 위해 노력하고 있음을 기억하라. 자녀교육의 이 두 가지 측면은 공존할 수 있고 공존해야 한다. 그것이 안나가 파올로와 얘기할 때 유지하려고 했던 균형이다.

이 책을 통틀어 우리의 주장을 봤겠지만 아이들에게는 한계 설정이 필요하다. 그들이 속상했을 때에도 그렇다. 여러분은 자녀와 충분히 공감하고 자녀 행동 이면의 욕구와 감정을 인정하면서도 그 입장을 고수할 수 있다. 여러분은 이렇게 말할지도 모른다. "정말 네가 얼음과자 하나 더 먹고 싶어 한다는 걸 알아. 그러나 난 마음을 바꾸지 않을 거야. 네가 울고 슬퍼하고 실망해도 좋아. 네가 그러는 동안 난 여기서 널 위로할거야."

그리고 아이의 감정을 묵살하지 말아야 한다는 것을 기억하라. 아이의 내적, 주관적 경험을 인정하라. 아이가 상황에 강하게 반응할 때, 특히 그 반응이 부적절하고 심지어 웃길 때 부모는 이렇게 말하고 싶은 유혹을 느낄 것이다. "너 피곤하구나." 또는 "그건 그다지 대단한 일이 아니야." 또는 "이 일에 왜 그렇게 화내니?" 이런 말들은 아이의 경험(생각, 감정, 욕구)을 축소한다. 경청하고, 공감하고, 반응하기 전에 자녀의 경험을 정말로 이해하는 것은 훨씬 더 정서적으로 반응하는 것이며 효과적이다. 자녀의 욕구는 여러분에게 불합리한 것일지 모른다. 하지만 그것이 자녀에게는 현실이라는 점을 잊지 마라. 그리고 여러분은 자녀에게 중요한 것을 무시하길 원치 않는다.

따라서 자녀교육 시점이 되면 침착함을 유지하고 유대감을 형성하라. 그러면 여러분은 두뇌 이동 전략에 착수할 수 있다.

두뇌 이동에 도움 되는 전략
R-E-D-I-R-E-C-T

이 부部의 나머지 부분에서 여러분이 기다려 왔을지도 모르는 것에 초점을 맞추겠다. 구체적인 '노 드라마no-drama' 두뇌 이동 전략. 일단 여러분이 자녀와 유대감을 형성했으며, 자녀의 위층 뇌로 두뇌를 이동시키길 원한다면 취할 수 있는 전략이다. 그 전략을 조직화해서 표현하기 위해 redirect(역주: 저자들이 '두뇌 이동'의 의미로 사용한 영어 단어가 redirect이다)의 두문자어頭文字語로 목록을 만들어 보았다.

R 말을 줄여라(Reduce words).

E 감정을 꺼안아라(Embrace emotions).

D 서술하라, 설교하지 마라(Describe, don't preach).

I 자녀를 자녀교육에 참여시켜라(Involve your child in the discipline).

R '노'를 조건부 '예스'로 재구성하라(Reframe a no into a conditional yes).

E 긍정적인 것을 강조하라(Emphasize the positive).

C 상황에 창조적으로 접근하라(Creatively approach the situation).

T 마인드사이트 도구를 가르쳐라(Teach mindsight tools).

구체적으로 들어가기 전에 분명히 하자. 이것은 여러분이 기억해야 할 목록이 아니다. 수년 간 우리와 함께 일한 부모들이 가장 유익하다며 찾아낸 것들을 단순히 범주화한 추천 사항이다. (그런데 우리는 이 목록을 이 책의 뒷부분 '냉장고에 붙여두기'에 포함시켰다.)

언제나처럼 여러분은 이 모든 다양한 전략들을 여러분의 '자녀교육 도구 키트'에 서로 다른 방법으로 보관해야 한다. 그리고 여러분의 자녀교육 철학뿐 아니라 자녀의 기질, 나이, 성장단계에 따라 다양한 환경에 적합한 것들을 선택해야 한다.

♧ 두뇌 이동 전략 1 ♧
말을 줄여라

자녀교육의 상호작용에서 흔히 부모는 자녀가 무엇을 잘못했는지를 지적하고 다음번에 뭘 고쳐야 하는지를 강조할 필요성을 느낀다. 반면에 자

부모가 말하는 것

자녀가 듣는 것

녀는 대개 자신이 뭘 잘못했는지를 이미 안다. 특히 나이가 듦에 따라 더 그렇다. 자녀가 가장 원하지(혹은 대개 필요하지) 않는 것은 자신의 실수에 대한 긴 잔소리이다.

여러분이 자녀의 두뇌 이동(아래층 뇌→위층 뇌)을 시도할 때 말을 많이 하고 싶은 충동을 억제해야 한다. 우리는 이 점을 강력히 제안한다. '당연히' 문제를 다루고 교훈을 가르치는 것은 중요하다. 자녀의 나이와 관계없이 긴 잔소리는 자녀가 여러분의 말을 더 듣고 싶지 않게 만들 가능성이 크다. 긴 잔소리는 자녀에게 감각적 정보가 넘치게 한다. 결과적으로 자녀는 그냥 여러분 말을 듣지 않는 일이 흔하다.

말을 줄이는 것은 '무엇이 괜찮고 무엇이 그렇지 않은가'를 배우지 않았을 수 있는 어린 자녀들에게는 훨씬 더 중요하다. 아이들은 단순히 긴 잔소리를 받아들일 능력이 없는 경우가 흔하다. 따라서 우리는 말을 줄여야 한다.

가령 여러분이 다른 자녀에게 관심 쏟는 동안 관심을 받지 못한 유아幼兒가 화나서 여러분을 때린다고 하자. 그때 '왜 때리는 것이 부정적 감정의 나쁜 표현인가'에 관해 장황한 연설을 할 이유가 없다. 대신에 긴 말 하지 않고 문제를 다룬 뒤 다음으로 넘어가는 4단계 방법을 시도하라.(다음 쪽을 보라.) 아이의 행동을 처리하고 즉각 다음으로 넘어감으로써 우리는 부정적 행동에 지나친 관심을 쏟는 것을 피하며 그 대신에 즉각 옳은 길로 복귀한다.

자녀교육할 때 어린 아이와 큰 아이 모두에게 말을 길게 하고 싶은 유혹을 피하라. 만약 여러분이 문제를 더 충분히 다뤄야 한다면 질문하고 경청함으로써 그렇게 하도록 노력하라. 다음에서 설명하겠지만 공동의 논의는 모든 종류의 중요한 가르침과 배움으로 귀결될 수 있다. 그리고 부모는 과거처럼 말을 많이 하지 않고서도 자녀교육의 목적을 달성할 수 있다.

유아의 잘못된 행동을 다루는 4단계 방법

1단계: 유대감을 형성하고 행동 이면의 감정을 다룬다

2단계: 행동을 다룬다

3단계: 대안을 제시한다

4단계: 넘어가다

여기서 기본 생각은 '목소리 아끼기' 개념과 비슷하다. 정치가, 기업인, 공동체 지도자, 그리고 목적 달성을 위해 효과적인 의사소통에 의존하는 사람들은 '말을 줄이고 전략적으로 목소리를 아껴야 할 때가 흔히 있다'고 말한다. 그들은 말을 많이 함으로써 목소리를 쉽게 만드는 경우와 같은 문자 그대로의 목소리를 의미하지 않는다. 논의나 선거 모임에서 작은 관점을 다루길 피하려 한다는 의미이다. 따라서 정말 중요한 이슈를 다루고자 할 때 그들의 말은 중요성이 더 커진다.

그것은 자녀에게도 마찬가지다. 우리는 아이들에게 해야 할 일과 하지 말아야 할 일에 관해 끊임없이 이야기한다. 그렇게 해서 우리는 일단 그 말을 계속 되풀이한다는 목표를 달성한다. 하지만 아이들은 곧(아마도 더 빨리) 듣기를 중단한다. 반면에 우리가 목소리를 아끼고 정말로 신경 써야 할 것만 말한 뒤 말하기를 중단하면, 우리의 말은 훨씬 큰 무게감을 가질 것이다.

자녀가 여러분의 말을 더 경청하길 원하는가? 짧게 말하라. 일단 행동과 행동 이면의 감정을 다루고 나면 다음으로 넘어가라.

♣ 두뇌 이동 전략 2 ♣
감정을 껴안아라

잘못된 행동을 다루는 가장 좋은 방법 중 한 가지는 자녀가 행동과 감정을 구분하도록 돕는 것이다. 이 전략은 유대감 형성의 개념과 관련돼 있다. 그러나 여기서 우리는 전적으로 다른 주장을 하려고 한다.

우리가 '감정을 껴안아라'고 말할 때의 의미는, 자녀가 두뇌 이동을 하는 동안 '자신의 감정은 좋지도 나쁘지도 않으며, 유효하지도 무효하지도 않다'는 점을 이해하도록 부모가 도와야 한다는 것이다. 감정은 그냥 '존재한다'. 화내고, 슬퍼하고, 큰 실망감 때문에 뭔가를 부수고 싶다고 느끼는 것에는 잘못이 없다. 뭔가를 부수고 싶다고 느끼는 것에 'OK'라고 말하는 것은 실제로 그렇게 하는 것이 'OK'라는 의미가 아니다. 달리 말해서 행동이 'OK' 영역으로 갈 것인가, '비非OK' 영역으로 갈 것인가를 결정하는 것은 감정의 결과에 의한 우리의 실천이다.

따라서 자녀에게 주는 우리 메시지는 "넌 어떤 감정이든 느낄 수 있어. 하지만 항상 네가 원하는 대로 다 할 수 있는 것은 아니야."라는 것이어야 한다. 그것을 생각하는 다른 방식은 자녀 행동에 '노'라고 말하고 그들을 적절한 행동으로 유도해야 할 때에도 자녀의 욕구에는 '예스'라고 말하고 싶다는 것이다.

따라서 우리는 "네가 쇼핑 카트를 집으로 가져가고 싶어 한다는 걸 알아. 그건 정말 재미있을 거야. 하지만 그건 여기에 둬야 해. 그래서 다른 쇼핑객이 그걸 사용할 수 있어야 해."라고 말할 수도 있다. 또는 이렇게 말할 수도 있다. "지금 네가 동생을 미워하는 마음을 전적으로 이해해. 나도 어린 시절 여동생에게 정말 화났을 때 그렇게 느끼곤 했어. 그러나 '널 죽일 거야!'라고 외치는 것은 입에 담을 말이 아니야. 화나는 것은 괜찮아. 그리고 그걸 동생에게 말할 권리도 있어. 그러나 그걸 표현하는 다른 방법에 관해 얘기해보자." 행동에 '노'라고 말할 때에도 감정에는 '예스'라고 말하라.

우리가 자녀의 감정을 인정하지 않고, 자녀의 감정을 꺼야 한다거나 '대수롭지 않은 것' 또는 '어리석은 것'이라고 암시한다고 하자. 그것은 "난 네 감정에 관심 없어. 너도 그걸 나랑 공유하려고 해서는 안 돼. 그런 감정은 당장 내려놓아야 해."라는 메시지를 전달한다. 그것이 관계에 어떤 영향을 미치는가를 상상해보라. 시간이 지나면서 자녀는 자신의 내적 경험을 우리와 공유하길 중단할 것이다! 결과적으로 자녀의 전반적인 정서생활은 위축되기 시작하며, 그들은 의미 있는 관계와 상호작용에 충분히 참여할 수 없게 된다.

부모가 아이의 감정을 축소하거나 부정할 때 그 아이는 소위 '일관성 없는 핵심 자기core self'를 발달시킬 수 있다. 그것이 더 큰 문제이다. 자녀가 강한 슬픔과 좌절을 경험할 때 엄마가 "긴장 풀어." 또는 "괜찮아." 같은 말로 반응한다고 하자. 그러면 비록 무의식 수준이지만 자녀는 상황에 대한 자신의 내적 반응이 가장 신뢰하는 사람으로부터의 외적 반응과 일치하지 않는다는 점을 깨닫는다. 부모로서 우리는 소위 '맞춰주는 반응contingent response'을 제안하고 싶다. 이것은 자녀가 실제로 느끼는 것에 우리 반응을 맞추는 것을 의미한다. 자녀 마음에서 일어나는 일을 인정하는 방식으로 그렇게 하는 것이다. 만약 자녀가 어떤 사건을 경험할 때 보호자의 반응이 그것과 일치하면 자녀의 내적 경험은 자녀에게 의미가 통할 것이다. 따라서 자녀는 자신을 이해하고, 자신 있게 그 경험을 명명命名하며, 그것을 타인에게 전달할 수 있다. 자녀는 '일관성 있는 핵심 자기 core self'로부터 성장하고 활동할 것이다.

그러나 엄마의 반응이 그 순간 자녀의 경험과 일치하지 않으면 무슨 일이 일어날까? 한 번의 불일치는 장기간 효과를 미치지는 않을 것이다. 그러나 여러 번 반복적으로 자녀가 속상할 때 "그만 울어." 또는 "다른 사람들은 다 즐거워하는데, 왜 너만 그렇게 속상한 거야?" 같은 말을 들으면, 자녀는 자기 내부에서 일어나는 일을 정확히 이해·관찰하는 능력을 의심하기 시작한다. 자녀의 '핵심 자기'는 더욱 일관성을 잃게 된다. 이에 따라 자녀는 혼란스러워지고 자기 의심이 충만해지며 자기 감정으로부터 단절된다. 자녀는 성인으로 성장함에 따라 자주 '자신의 감정은 정당하지 않다'고 느낄 수 있다. 따라서 자녀의 감정을 껴안아 주며 자녀가 속상하거나 통제불능일 때 일치된 반응을 보이는 것은 정말로 중요하다.

아이가 두뇌 이동을 하는 동안 아이의 감정을 인정할 때 얻는 한 가지 보너스가 있다. 그것은 우리가 가르치고자 하는 교훈이 어떤 것이든 아이가 더 쉽게 배울 수 있다는 것이다. 우리가 그들의 감정을 그들이 경험하는 방식으로 인정할 때(아이의 눈을 통해 그것을 볼 때) 아이의 신경계의 반응성은 진정되고 통제되기 시작한다. 그리고 아이들이 통제된 상태에 있을 때 그들은 자신을 잘 다루고, 우리의 말을 경청하며, 좋은 결정을 내릴 능력을 갖는다. 반면에 우리가 아이의 감정을 부정·축소하거나 아이를 감정과 분리할 때, 그들은 쉽게 다시 통제불능에 빠지며 우리로부터 단절됨을 느낄 수 있다. 그것은 아이가 극도의 흥분 상태에서 행동할 수 있다는 의미이다. 또 일이 자기 마음대로 되지 않을 때 감정적으로 무너지거나 정지될 가능성이 훨씬 높다는 의미이다.

게다가 만약 우리가 그들의 감정에 '노'라고 말하면, 그들은 우리가 그들을 경청하고 존중한다는 느낌을 가지지 못할 것이다. 우리가 그들을 위해 여기에 있고, 그들의 느낌에 항상 귀 기울일 것이며, 걱정거리나 과제는 무엇이든 우리에게 가져올 수 있다는 점을 그들이 알기를 바란다. 오로지 그들이 행복하거나 긍정적인 감정을 느낄 때에만 그들을 위해 여기 있다는 인식을 주길 원치 않는다.

따라서 자녀교육의 상호작용에서 우린 자녀의 감정을 껴안으며 자녀에게 동일하게 행동하도록 가르쳐야 한다. 우리가 옳고 그른 행동을 가르칠 때에도 '그들의 감정·경험을 항상 인정하고 존중할 것'이라는 점을 그들이 절대적으로 믿길 원한다. 자녀는 두뇌 이동을 하는 동안에도 부모로부터 이런 점을 느끼면 부모가 가르치는 교훈을 빨리 배울 가능성이 훨씬 높다. 그것은 시간이 지나면서 전체적으로 자녀교육의 시간 수가 줄어든다는 의미이다.

♧ 두뇌 이동 전략 3 ♧
서술하라, 설교하지 마라

우리가 원치 않는 일을 자녀가 할 때 많은 부모들은 자연스럽게 비판하고 설교하는 경향이 있다. 그러나 대부분의 자녀교육 상황에서 이런 반응은 불필요할 뿐이다. 그 대신에 우리가 본 것을 서술하면 된다. 그러면 아이들은 우리가 소리 지르고 폄하하고 트집 잡을 때만큼 분명하게 우리가 말하는 것을 수용한다. 그들은 훨씬 덜 방어적이고 덜 흥분된 상태에서 그 메시지를 받아들인다.

우리는 유아에게 "아니, 카드를 던져버렸구나. 그러면 게임하기가 힘들어."라고 말할 수 있다. 큰 아이에게 "난 아직도 테이블 위 접시들을 보고 있어." 또는 "네가 동생에게 하는 말은 매우 비열한 것처럼 들려."라고 말할 수 있다. 우리는 관찰한 것을 이렇게 단순히 언급함으로써 아이들과 대화를 시작해야 한다. 그 대화는 협력의 문을 열며 "동생에게 그런 식으로 말하지 마." 같은 즉각적인 질책보다 더 많은 가르침을 유발한다.

그 이유는 어린 아이조차도 대부분의 상황에서 옳고 그름을 분간하기 때문이다. 여러분은 자녀에게 '무엇이 받아들여지는 행동이며 무엇이 그렇지 못한가'를 항상 가르쳤다. 따라서 여러분이 할 일은 관찰한 행동에 주의를 환기시키는 것이 전부인 경우가 흔하다. 이것은 안나Anna가 파올로Paolo에게 "신뢰가 우리 가족에게 얼마나 중요한가를 네가 알고 있다고 생각해. 그래서 여기서 무슨 일이 있었는지 궁금해."라고 말했을 때 그녀가 한 것이다. 아이들은 나쁜 결정을 내리지 말라고 말하는 부모를 필요로 하지 않는다. 그들이 필요로 하는 것은 자신의 두뇌를 이동시켜주는 부모이다. 또 그들이 내리는 나쁜 결정과 그 단초를 깨닫게 하는 부모이다. 그에 따라 그들은 자신을 바로잡고 바꿀 필요성이 있는 것을 바꿀 수 있다.

모든 아이들에게, 특히 어린 아이나 유아에게 여러분은 당연히 선과 악, 옳고 그름을 가르친다. 그러나 짧고 명쾌하고 직접적인 메시지는 장황하고 긴 설명보다 훨씬 더 효과적이다. 그리고 어린 아이들조차도 여러분이 관찰한 것을 간단히 언급할 때 여러분의 핵심을 더 잘 이해한다. 그리고 언어적이든 행동적이든 반응을 보일 것이다.

여기서 우리가 말하고자 하는 생각은 여러분이 본 것을 서술하는 것은 나쁜 행동을 그 자리에서 멈추게 하는 마법의 주문은 아니라는 점이다. 우리가 제5부에서 언급했듯이 부모는 '어떻게'를 생각하고 자신이 말하고자 하는 것을 '어떻게' 말할 것인가에 대해 사려 깊어야 한다.

"조니Johnny가 그네를 타고 싶어 하는가 봐."라는 말은 "함께 타야 해."라는 말과 근본적으로 다른 내용을 전달하는 것은 아니다. 그러나 전자는 후자에 비해 여러 가지 뚜렷한 이점을 제공한다. 그 중 한 가지는 아이를 방어적으로 만드는 것을 피하는 것이다. 그럼에도 아이는 자신을 방어할 필요성을 느낄지도 모른다. 그러나 그런 정도는 우리가 아이를 질책하거나 잘못된 행동을 지적할 때와 같지 않을 것이다.

둘째, 우리는 본 것을 서술함으로써 아이를 관찰한 뒤 어떻게 반응할 것인가를 결정할 때, 또 아이의 위층 뇌를 활성화할 때 책임감을 느낀다. 그것이 아이에게 평생 지속되는 내적 나침반과 능력을 계발하도록 돕는 방법이다. 우리가 "제이크Jake가 소외감을 느끼고 있어. 넌 그를 끼워줘야 해."라고 말할 때 우리의 메시지를 명확하게 전달한다. 그러나 우리는 아이들을 위해 모든 일을 하면서도 아이의 내적 문제해결 능력과 공감력 향상을 허용하지는 않는다. 대신에 만약 우리가 단순히 "너와 레오Leo가 노는 동안에 저기 앉아 있는 제이크를 살펴봐."라고 말하면 아이에게 스스로 상황을 생각하고 무얼 해야 할지 결정할 기회를 부여한다.

셋째, 우리가 본 것을 서술하는 것은 대화를 시작하게 한다. 그렇게 함으로써 아이들이 우리가 원치 않는 일을 할 때, 우리의 기본 반응은 아이와 함께 시간을 보내면서 그것을 설명하게 하고 통찰력을 얻게 하는 것이 된다. 그때 우리는 아이가 자신을 방어하고 필요하다면 사과할 기회를 줄 수 있다. 또 아이의 행동이 야기했을지도 모르는 문제가 무엇이든 그에 대한 해결책을 찾아낼 기회를 줄 수 있다.

"무슨 일이야?" "내가 이해하게 도와줄 수 있니?" "난 이게 이해가 안 돼." 이런 말들은 우리가 아이들을 가르칠 때 강력한 도구가 될 수 있다. 우리가 본 것을 지적하고, 우리가 그것을 이해할 수 있도록 도와 달라고 요청할 때 그것은 협력, 대화, 성장의 기회가 된다.

비록 내용이 전적으로 다르지 않더라도 부모가 그 메시지를 어떻게 전달하느냐에 따라 두 가지 반응은 아이들로부터 매우 다른 반응을 유발할 수 있다는 사실을 아는가? 일단 부모가 관찰한 것을 서술하고 자녀에게 이해시켜 달라고 도움을 청하면, 잠깐의 여유 뒤 아이의 뇌가 그 일을 하도록 허용할 수 있다. 따라서 부모는 자신의 반응에 적극적인 역할을 할 수 있는 것이다.

이 두뇌 이동(아래층 뇌→위층 뇌) 전략은 바로 다음 단계로 연결된다. 그것은 자녀교육을 부모 의지意志의 하향식 강요보다 공동의 상호 과정으로 만드는 것에 관한 것이다.

♣ 두뇌 이동 전략 4 ♣

자녀를 자녀교육에 참여시켜라

자녀교육할 때의 의사소통과 관련, 부모는 전통적으로 이야기('잔소리'라고 읽어라)했으며 아이들은 경청('무시했다'고 읽어라)했다. 전형적으로 부모는 이 일방적, 독백에 기초한 방법이 최선의(그리고 성공할 수 있는) 선택이라는 검증되지 않은 가정에 입각해 있었다.

우리는 부모가 자녀와의 관계에서 실력자로서의 역할을 포기해야 한다고 말하는 것이 아니다. 여러분이 이 책을 이 정도까지 읽었다면, 우리가 명백히 그것을 옹호하지 않는다는 점을 안다. 그러나 자녀교육 과정에 아이들이 참여할 때 아이는 더 존중받고 있음을 느끼며, 부모가 고쳐시키려는 것을 많이 받아들인다. 결과적으로 아이는 더 협력적이 되며 애초에 자녀교육을 유발한 문제점의 해결책 마련에 도움이 될 가능성이 커진다. 그 결과 부모와 자녀는 그 자녀교육 상황을 어떻게 하면 가장 잘 처리하는가를 이해하는 데 한 팀이 된다.

우리의 마인드사이트mindsight 논의의 중요성을 기억하는가? 그리고 아이가 자신의 행동에 대한 통찰력과 타인에 대한 공감력을 계발하도록 돕는 일의 중요성을 기억하는가? 일단 여러분이 유대감을 형성한 뒤 자녀가 준비되고 수용적이 되면, 여러분은 통찰력으로 향하는 대화("난 네가 규칙을 알고 있다고 생각해. 네게 무슨 일이 있어 이렇게 됐는가가 궁금해.")를 시작할 수 있다. 그리고 공감력과 통합적 치유("넌 그게 그 아이에게 무엇과 같다고 생각하니?" "넌 어떻게 바로잡을 수 있니?")를 시작할 수 있다.

예를 들면 여동생이 '또' 놀이모임에 가기 때문에 8살 아들은 화가 나 통제력을 상실했으며, '아무것' 도 하고 싶지 않다고 느낀다고 하자. 그래서 여러분이 아끼는 선글라스를 방 저쪽으로 던져 깨버렸다고 하자.

일단 여러분이 침착함을 유지하고 아들과 유대감을 형성했다면, 여러분은 아들의 행동에 관해 어떻게 말하길 원할까? 전통적 방법은 다음과 같이 독백하는 것이다. "화내는 것은 괜찮아. 모든 사람이 그러니까. 하지만 화났을 때에도 자신의 몸은 통제해야 해. 다른 사람의 물건을 부수면 안

돼. 다음번에 네가 화나면 격한 감정을 표출하는 적절한 방법을 찾아야 해."

이 의사소통 스타일에 잘못된 점이 있을까? 전혀 그렇지 않다. 사실 그것은 연민, 아이와 그의 감정에 대한 건강한 존중심으로 충만하다. 그러나 여러분은 어떻게 그것이 하향식, 일방적 의사소통에 기초하고 있는가를 아는가? 여러분은 중요한 정보를 주고 있으며 자녀가 그것을 받고 있기 때문이다.

대신에 만약 여러분이 '어떻게 하면 그 상황을 가장 잘 다룰 것인가'를 생각하는 공동의 대화에 자녀를 참여시키면 어떻게 될까? 아마도 여러분은 R-E-D-I-R-E-C-T의 "D"로 시작할 것이다. 여러분이 본 것을 단순히 서술하는describe 것. 그리고 자녀에게 반응을 요구하라. "좀 전에 넌 심하게 화났어. 내 선글라스를 집어 던졌어. 무슨 일이야?"

여러분은 이미 유대감을 형성했으며 여동생의 놀이모임에 대한 아들의 감정을 경청하고 그것에 반응했기 때문에, 이제 아들은 여러분의 질문에 초점을 맞출 수 있다. 그는 자신의 화로 다시 돌아와 "저는 정말 화났었어요!"라고 말할 가능성이 가장 크다. 그러면 여러분은 본 것을 사려 깊은 말투로('어떻게'가 중요하기 때문에) 단순히 서술할 수 있다. "그때 넌 내 선글라스를 던졌어." 여기가 여러분이 "엄마, 미안해요." 같은 말을 들을 가능성이 높은 대목이다.

이 대목에서 여러분은 대화의 다음 단계로 넘어가 가르침에 초점을 맞출 수 있다. "넌 정말 많이 화났어. 화내는 것은 잘못이 아니야. 그러나 다음번에 그렇게 화날 때 넌 무엇을 할 수 있겠니?" 아마도 여러분은 미소까지 지으며 아들이 이해할 약간 미묘한 유머를 던질 수 있다. "넌 알아. 물건을 부수는 것 말고는?" 그리고 어린 아들이 공감, 상호 존중, 윤리, 격한 감정 다루기와 같은 이슈를 생각하는 데 유익한 질문을 함으로써 대화를 계속할 수 있다.

여러분이 독백을 하든 대화를 시작하든 전체 메시지는 똑같다는 점을 인식하라. 그러나 자녀교육에 자녀를 관여시킬 때 자녀에게 자신의 행동에 관해 생각할 기회를 준다. 그리고 그 행동으로 인해 어떤 결과가 생기든 그 결과를 깊이 생각할 기회를 준다. 여러분은 아들이 마인드사이트 능력을 형성하는, 더 복잡한 신경 회로망을 강화하는 데 도움을 준다. 그 결과는 더 깊고 더 오래 지속되는 배움이다.

자녀교육 논의에 자녀를 참여시키는 것은 또한 여러분의 집에서 별 생각 없이 형성된 행동이나 양식을 되돌리는 훌륭한 방법이다. 일방적 하향식 자녀교육 방법으로 인해 여러분은 거실로 뛰어들어 "넌 요즘 비디오게임에 너무 많은 시간을 소모하고 있어! 지금부터는 하루에 15분 이상은 안돼."라고 선언할 수 있다. 여러분은 그 말에 대한 자녀 반응을 상상할 수 있다.

그 대신에 만약 여러분이 저녁식사 시간까지 기다렸다가 모두가 테이블에 앉았을 때 "최근에 네가 비디오게임을 많이 하는 걸 알아. 그건 정말 좋지 않아. 숙제를 미루게 만들어. 마찬가지로 네 다른 활동의 시간 배분도 확실히 해두고 싶어. 따라서 우린 새 계획을 세워야 해. 아이디어 있니?"라고 말한다면?

여러분이 자녀의 영상映像 보는 시간을 단축할 수도 있다고 말하면 아마도 반발에 부딪힐 것이다. 그러나 여러분은 그 문제에 관한 논의를 시작한 것이다. 여러분이 단축에 관해 이야기하고 있다는 사실을 아이들이 알 때, 그들은 '어떤 한계를 설정할 것인가'를 결정하는 대화에서 분명한 한 상대방이 될 것이다. 최종 결정은 여러분이 내릴 것이라는 점을 아이들에게 상기시킬 수 있다. 하지만 여러분이 그들을 존중하고, 그들의 감정·요구를 배려하길 원하며, 그들이 문제해결에 유용하다고 믿기 때문에 그들에게 도움을 청한다는 사실을 알게 하라. 그러면 아이들은 여러분의 최종 결정을 좋아하지 않는 경우에도 최소한 자신이 배려 받았다는 사실은 알 것이다.

많은 다른 문제에도 동일한 것이 적용된다. "우린 저녁식사 후에 숙제를 해왔어. 그런데 그것은 그다지 효과적이지 못했어. 그래서 새 계획이 필요해. 아이디어 있니?" 또는 "아침 학교 가기 전의 피아노 연습을 네가 좋아하지 않는다는 걸 알았어. 네가 연습하길 원하는 다른 시간대가 있니? 무엇이 네게 효과적이니?" 아이들은 그 상황에서 여러분이 낸 해결책과 같은 해결책을 마련하는 일이 흔할 것이다. 그들은 그 일에 위층 뇌를 사용했을 것이며 내내 여러분의 존중심을 느꼈을 것이다.

자녀교육 과정에 자녀를 참여시킴으로써 얻는 최선의 결과 중 한 가지는, 문제해결에서 여러분이 생각조차 하지 못한 좋은 새 아이디어를 자녀가 찾아내는 일이 흔하다는 것이다. 게다가 여러분은 그들이 교착상태의 평화적 해결에 얼마나 열성적인가를 발견하고 충격을 받을지도 모른다.

티나Tina(공저자)는 아침 9시30분이면 4살 아들에게 꼭 간식(구체적으로 과일스낵)을 챙겨줘야 했던 일에 대해 이야기한다. 티나는 아들에게 "그 과일스낵이 맛있지 않니? 네가 점심을 잘 먹으면 곧 그걸 먹을 수 있어."라고 말했다. 아들은 티나의 계획이 마음에 들지 않아 울고 불평하며 말씨름하기 시작했다. 그녀는 "기다리는 것이 정말 힘들지? 넌 과일스낵을 원하지만 난 네가 먼저 건강한 점심을 먹기를 원해. 흠…. 좋은 아이디어 있니?"라고 말하며 반응했다.

그녀는 아들의 작은 두 눈동자가 잠시 돌아가는 것을 보았다. 그리고 그의 눈은 흥분으로 커졌다. 그는 "알았어요! 지금 한 개를 먹고, 나머지는 뒀다가 점심식사 후에 먹을게요!"라고 외쳤다. 아들은 자신의 자율권을 느꼈으며 권력투쟁은 비켜갔다. 티나는 문제를 해결할 기회를 아들에게 줄 수 있었다. 그녀가 치른 비용은 과일스낵 한 개를 먹게 하는 것이었다. 그렇게 대단한 것이 아니었다.

물론 여러분은 자녀에게 어떤 자유 재량권도 줄 수 없을 때가 있다. 자녀가 '노'를 경험하게 하거나, 기다림을 배우고 실망감을 처리해야 할 기회를 줘야 할 때도 있을 것이다. 그러나 대개의 경우 자녀를 자녀교육에 참여시킬 때 그것은 윈win-윈win 해결책이 된다.

우리는 아주 어린 아이라도 그들의 행동을 반성하고 문제를 해결할 방법을 생각게 함으로써 가능한 한 많이 자녀교육에 참여시키고 싶다. "어제를 생각해 봐. 넌 화났었지? 보통 때 넌 때리고 발길질 하는 아이가 아니잖아. 무슨 일이 있었니?" 이런 질문으로 여러분은 자녀에게 자신의 행동을 반성하고 자기 통찰력을 계발할 기회를 준다. 그렇다. 여러분은 어린 아이로부터 훌륭한 대답을 얻지 못하더라도 중요한 초석을 놓는 것이다. 핵심은 자녀가 자신의 행동에 관해 생각하게 하는 것이다.

그러면 여러분은 자녀에게 '다음번에 그렇게 화날 때 어떻게 다르게 행동할 수 있는가'를 물어볼 수 있다. 자녀를 진정시키기 위해 '여러분이 무얼 해주길 원하는가'를 자녀와 의논하라. 이런 종류의 대화는 계속해서 감정을 통제하고, 관계를 존중하며, 미리 계획하고, 자신을 적절히 표현하는 것의 중요성을 더 깊이 이해하게 만든다. 그것은 또한 자녀의 조언과 아이디어가 여러분에게 얼마나 중요한가를 알게 할 것이다.

자녀는 자신이 여러분으로부터 분리된 개인이라는 점을 더 잘 이해할 것이다. 또 여러분이 '자녀의 생각과 감정에 관심이 있다'는 점을 더 잘 이해할 것이다. 자녀를 자녀교육 과정에 참여시킬 때마다 여러분은 부모-자식의 유대를 강화한다. 동시에 자녀가 장래에 자신을 더 잘 다룰 가능성을 높인다.

♣ 두뇌 이동 전략 5 ♣

'노'를 조건부 '예스'로 재구성하라

재차 말하지만 여러분이 자녀의 요구를 거절해야 할 때 '노'를 어떻게 말하는가가 중요하다. 노골적인 '노'는 조건부 '예스'보다 수용하기가 훨씬 힘들 수 있다. '노'는 자동적으로 아이(혹은 누구라도)의 '반발' 상태를 고조시킬 수 있다. 특히 거칠고 무시하는 어투로 말하면 그렇다. 두뇌에서 반응성은 싸움, 도망, 얼어붙음, 극단적인 경우에는 기절의 충동을 수반할 수 있다. 반대로 지지적支持的 '예스'는 심지어 그 행동을 허용하지 않을 때에도 소위 '사회참여 시스템'을 가동한다. 그 결과 발생하는 일에 뇌를 '수용' 상태로 만들며, 배움의 가능성을 높이고, 타인과의 유대를 촉진한다.

이 전략은 아이의 나이에 따라 달라질 것이다. 떠나야 할 시간인데도 할머니 집에서 시간을 더 보내자고 보채는 유아에게 여러분은 이렇게 말할 수 있다. "물론 넌 나나Nana와 더 많은 시간을 보낼 수 있어. 하지만 지금 우린 가야 해. 나나, 이번 주말에 네 집에 다시 와도 괜찮겠니?" 그 유아는 '노'를 받아들이기가 아직 힘들 수 있다. 하지만 여러분은 유아가 원하는 것을 지금 당장은 얻지 못해도, 오래지 않아 '예스'를 듣게 될 것이라는 점을 깨닫게 할 수 있다. 핵심을 여러분이 아이의 감정(나나와 함께 있고 싶은 욕구)을 동일시하고 그것에 공감했으며, 동시에 아이의 내적 구조와 능력(지금 떠날 필요성을 인정하고 욕구 충족을 뒤로 미루는 것)을 계발하는 것이다.

또 만약 여러분의 아들이 장난감 가게에서 토마스 기차 장난감을 충분히 가지고 놀지 못해 퍼시 기차를 내놓으려 하지 않는다면, 여러분은 그 가게를 나와 아들에게 조건부 '예스'를 할 수 있다. 이렇게 말해 보라. "알

아! 퍼시 기차를 들고 저기 있는 판매원에게 가자. 그리고 네가 그걸 원한
다고 말하고, 다음 화요일 이야기 시간에 맞춰 다시 올 때까지 팔지 말고
잘 보관해 달라고 하자." 그 판매원은 일단 동조하는 체 할 가능성이 크다.
그래서 현재의 잠재적인 낭패는 피할 수 있다. 그뿐 아니라 여러분은 자녀
가 선견지명의 정신을 계발하고, 미래를 위한 가능성을 감지하며, 현재의
필요를 충족하기 위해 장래에 어떻게 행동해야 하는가를 상상할 수 있도
록 가르친다. 이것들은 배우면 평생 가는 능력이 될 수 있는 집행 기능이
다. 여러분은 말 그대로 중요한 전전두엽의 감정ㆍ사회적 지능 회로의 성
장을 안내할 수 있다.

　이것은 아이를 좌절로부터 보호하고 아이가 원하는 모든 것을 제공하
는 것과는 전적으로 무관하다는 점을 인식하라. 반대로 그것은 일이 불가
피하게 자신이 원하는 대로 풀리지 않을 때, 아이가 실망을 극복하도록 연
습하는 것에 관한 것이다. 아이들은 그 순간 자신의 욕구를 충족하지 못하
며, 여러분은 그들이 실망감을 관리하도록 돕는다. 여러분은 아이들이 삶
을 통해 '노'를 들을 때마다 도움이 되는 탄력성을 계발하게 한다. 아이들
이 자기 뜻대로 되지 않을 때 인내심을 키우고 만족을 늦추는 법을 연습하
게 한다.

　이것들은 전적으로 여러분이 마음의 뇌로써 자녀교육할 때 발달하는
전전두엽의 기능이다. 단순히 멈춰 서는 느낌으로 귀결되는 자녀교육 대
신에, 이제 자녀는 여러분과의 실제 경험을 통해 여러분이 설정한 한계는
능력의 학습(그리고 속박ㆍ묵살 아닌 미래 가능성의 상상)을 유도하는 일
이 흔하다는 것을 알게 된다.

　그 전략은 큰 아이들(심지어 성인)에게도 마찬가지로 효과적이다. 우리
가 뭔가를 원할 때 어느 누구도 단순히 '노'를 듣길 좋아하지 않는다. 어
떤 다른 일이 생겼는가에 따라서 '노'는 우리를 돌게 만들 수 있다. 따라

서 명백한 거절 대신에 우리는 이렇게 말할 수 있다. "오늘과 내일은 일이 많아. 그래도 네 친구를 초대하자. 하지만 네가 친구와 좀 더 시간을 보낼 수 있는 금요일에 초대하자." 이것이 받아들이기에 훨씬 쉽다. 그리고 아이에게 만족의 연기뿐 아니라 실망감 관리를 연습하게 한다.

예를 들어 여러분의 9살 딸의 친구들이 최근 인기 스타를 보기 위해 집단으로 콘서트에 간다고 하자. 그런데 여러분 생각에는 그 스타가 딸이 모방하지 말았으면 하는 모든 것을 대변한다고 하자. 여러분이 그 이야기를 어떻게 전하든 상관없이 딸은 콘서트에 갈 수 없다는 얘기를 듣고 기분이 좋지 않을 것이다. 그러나 여러분은 그 이슈에서 전향적으로 앞서 나감으로써 그 상황을 적어도 어느 정도는 완화할 수 있다.

예를 들면 여러분은 딸이 관람하고 싶어 하는 콘서트에 관해 딸에게 질문할 수도 있다. 그리고 콘서트 대신 딸과 친구를 극장에 데려가겠다고 제안할 수도 있다. 만약 여러분이 더 노력하길 원하면, 온라인에 접속해 조만간 딸이 관심을 갖고 관람하고 싶어 할 다른 콘서트를 검색할 수 있다.

특별히 큰 아이들에게는 목소리의 톤에 세심하게 신경을 써야 한다. 만약 딸이 정말로 좋아하는 뭔가를 거부해야 한다면, 여러분은 깔보는 듯한 태도나 독단적인 인상을 주는 것을 피하는 것이 매우 중요하다. 다시금 우리는 이 전략이 모든 일을 쉽게 만들며 자녀가 화나고, 상처 받고, 오해 받는 일을 막을 수 있다고 말하는 것이 아니다. 그러나 단순히 "안 돼, 넌 갈 수 없어."라고 말하기보다 일종의 조건부 '예스'를 만들어냄으로써 여러분은 적어도 딸의 반발을 줄이며 여러분이 딸의 요구에 신경 쓰고 있음을 보여줄 수 있다.

우리가 무섭게 그리고 단호히 '노'를 내놓아야 할 때가 있음을 인정한다. 그러나 적어도 어느 정도의 '예스'도 찾지 못한 채 아이들에게 거절해야 하는 경우는 드물다. 결국 아이들이 원하는 것은 우리가 그들에게 원하는 것인 경우가 흔하다. 단지 그 시점이 다를 뿐이다. 아이들은 더 많은 이야기책을 읽거나, 친구들과 놀거나, 아이스크림을 먹거나, 컴퓨터를 가지고 놀기를 원할 수 있다. 마찬가지로 이것들은 모두 우리가 특정 시점에서 아이들이 하길 원하는 활동들이다. 따라서 통상적으로 우리는 쉽게 그 활동을 하기 위한 대체 시간을 찾을 수 있다.

실제로 부모-자녀의 상호작용에서는 중요한 협상의 시점이 있다. 이것은 아이가 커감에 따라 더 중요해진다. 10살 아들이 더 늦게 자기를 원하는데 여러분이 '노' 라고 말했다고 하자. 그런데 아들이 '내일은 토요일이니까 평소보다 한 시간 늦게 자겠다' 고 약속했을 때, 적어도 그것은 여러분의 입장을 재고再考하기에 좋은 시점이다.

협상 불가능한 것("미안해. 건조기를 베개로 채운다 해도, 네 보모를 건조기에 넣을 수는 없어.")들이 있는 것도 명백하다. 그러나 타협은 나약함의 징표가 아니다. 그것은 아들과 아들의 요구에 대한 존중의 증거이다. 게다가 그것은 아들에게 어느 정도 복잡한 생각을 할 기회를 준다. 또 아들이 자신뿐 아니라 타인이 원하는 것을 고려하는 중요한 능력을 계발할 기회를 준다. 또 그런 정보에 기초한 좋은 논쟁의 기회를 부여한다. 그리고 결국 그것은 다른 대안을 고려하지 않고 '노' 라고 말하는 것보다 훨씬 더 효과적이다.

♧ 두뇌 이동 전략 6 ♧
긍정적인 것을 강조하라

부모는 '자녀교육이 항상 부정적일 필요는 없다' 는 사실을 잊는 경우가 흔하다. 그렇다. 그것은 대개 최선이 아닌 뭔가가 발생했기 때문에 우리가 자녀교육을 하는 경우이다. 즉, 자녀가 배워야 할 교훈이나 계발해야 할 능력이 있는 경우이다. 그러나 잘못된 행동을 처리하는 최선의 방법 중 한 가지는 자녀 행동의 긍정적인 측면에 초점을 맞추는 것이다.

예를 들어 자녀교육의 골칫거리인 보챔(징징거림)에 관해 생각해 보라. 우리에게 이를 악물고 귀를 막게 하는 자녀의 칭얼거림, 불평, 노래 부르는 톤의 목소리 듣는 것이 누가 지겹지 않겠는가? 흔히 부모는 "그만 칭얼거려!"라고 말하며 반응한다. 혹은 창의적으로 이렇게 말할 수도 있다. "칭얼거리는 소리를 줄여." 또는 "그게 뭐니? 난 칭얼거리지 않아. 너도 내게 다른 언어로 말해야 할 거야."

우린 이것이 가능한 최악의 방법이라고 말하는 것이 아니다. 그러나 우리가 부정적 반응에 의존할 때 그것은 문제이다. 그것으로 인해 우리가 반복되는 것을 보고 싶지 않은 행동에 우리의 모든 관심을 쏟게 되기 때문이다. 대신에 긍정적인 것을 강조하면 어떨까? 우리는 "칭얼거리지 마." 대신에 "난 네가 정상적인 목소리로 말하는 것이 좋아. 그걸 다시 정상적으로 말할 수 있니?"라는 식으로 말할 수 있을 것이다. 혹은 효과적인 의사소통에 관해 더 직접적으로 가르칠 수 있을 것이다. "강력한, 다 큰 남자 목소리로 다시 내게 물어봐."

동일한 아이디어가 다른 자녀교육 상황에도 적용된다. 여러분이 원하지 않는 것("그만 빈둥대고 준비를 해. 학교 늦겠다!")에 초점을 맞추지 말고, 여러분이 원하는 것("네가 이를 닦고 책가방을 찾았으면 해.")을 강조하라. 부정적인 행동("네가 껍질 콩을 먹을 때까진 자전거를 탈 수 없어.")을 강조하지 말고 긍정적인 것("껍질 콩을 좀 먹어. 그럼 우린 자전거 탈거야.")에 초점을 맞춰라.

여러분이 자녀교육할 때 긍정적인 것을 강조하는 방법들은 많다. 자녀의 좋은 행동과 좋은 결정을 '포착'하라는 오래된 제안을 들었을 수도 있다. 동생에게 항상 비판적인 큰 딸이 동생을 칭찬하는 것을 볼 때에는 언제나 "네가 그렇게 격려하는 것이 좋아."라고 지적하라. 또는 6학년 자녀가 정해진 시각에 숙제를 시작하는 데 어려움을 겪어왔다고 하자. 그런데 자녀가 다음 주로 예정된 리포트를 미리 하기 위해 특별히 노력하는 모습을 목격한다면 "정말 열심히 하는구나. 미리 생각해서 고마워."라고 확실히 말하라. 또는 아이들이 싸우지 않고 함께 웃고 있을 때 반드시 "너희 둘이 정말 재밌게 노는구나. 물론 너희들이 언쟁할 때도 있다는 걸 알아. 하지만 서로 즐겁게 지내는 것은 대단한 일이야."라고 말하라.

긍정적인 것을 강조할 때 여러분이 반복해서 보기 원하는 행동에 초점과 주의를 집중하라. 상호작용을 단지 보상이나 칭찬으로 전락시키지 않고, 그런 행동을 격려하는 것 또한 적절한 방법이다. 단순히 주의를 자녀에게 쏟고 여러분이 본 것을 언급하는 것은 그 자체로 긍정적인 경험이 될 수 있다.

우리는 여러분이 부정적인 행동을 그렇게 할 필요는 없을 것이라고 말하는 것이 아니다. 물론 여러분은 그렇게 해야 할 것이다. 그러나 가능한 한 긍정적인 것에 초점을 맞춰라. 그리고 자녀가 좋은 결정을 내리고 자신을 잘 다룰 때, 여러분이 그것을 인지하며 감사한다는 점을 자녀가 느끼게 하라. 그 느낌으로부터 그것을 이해하게 하라.

♧ 두뇌 이동 전략 7 ♧
상황에 창조적으로 접근하라

여러분이 자녀교육의 도구 박스를 챙길 때 가장 좋은 도구 중 한 가지는 창조성이다. 우리가 이 책에서 반복해서 말했듯이 모든 상황에서 사용할 수 있는 천편일률적인 자녀교육 기술은 없다. 대신 우리는 즉흥적으로 생각할 수 있어야 하고 어떤 문제가 발생하든 그것을 다루는 각각의 방법을 마련할 수 있어야 한다. 제5부에서 언급했듯이 부모는 유연하게 반응해야 한다. 유연성 덕분에 우리는 잠시 멈춰서 상황에 대한 여러 반응들을 고려할 수 있다. 또 우리 자신의 자녀교육 스타일, 자녀의 개별적 기질과 욕구에 기초한 각각의 방법을 적용할 수 있다.

우리는 반응의 유연성을 발휘할 때 전전두엽을 사용한다. 전전두엽은 우리의 위층 뇌와 집행기능 능력의 중심이다. 자녀교육 순간에 뇌의 이 부위를 활용함으로써 공감력, 적절한 의사소통, 심지어 우리 자신을 진정시키는 능력까지 발휘하는 일이 더 용이해진다. 반대로 만약 우리가 유연하지 못하고 완고한 강둑에 남아 있으면, 부모로서 훨씬 더 반발적이 되며 우리 자신도 잘 다루지 못하게 된다.

여러분은 그런 순간을 경험해 본 적이 있는가? 우리 역시 그런 적이 있다. 그때 우리의 아래층 뇌가 상황을 장악해 반발적인 뇌 회로망을 가동시킨다. 그것이 반응의 유연성·창조성의 추구가 그토록 중요한 이유이다. 자녀가 통제력을 잃고 나쁜 결정을 할 때에는 특히 그렇다. 그때 우리는 어려운 상황에 접근하는, 창조적이고 혁신적인 방법을 찾아낼 수 있다.

예를 들면 아이가 속상했을 때 유머는 강력한 도구이다. 특히 어린 아이에게는 단순히 바보 같은 목소리로 말하거나, 넘어지거나 혹은 다른 형태의 익살 동작을 취함으로써 상호작용의 역학을 완전히 바꿀 수 있다. 가령 여러분이 6살이며 여러분의 아버지에게 몹시 화가 났다고 하자. 그런데 아버지가 거실에서 발을 헛디뎌 장난감 위로 넘어졌으며, 여러분이 본 중에서 가장 오랫동안 바닥에 쓰러진 연기를 한다고 하자. 그러면 여러분은 계속 아버지에게 화난 상태로 있기란 쉽지 않다. 마찬가지로 엄마가 차 안에서 꼬꼬댁거리며 공포심을 가장한 비명을 지른다고 하자. 그때 여러분이 엄마를 추적해 차로 가면 공원을 떠나는 것이 훨씬 더 재미있다. 장난치는 것은 아이의 격해진 감정의 거품을 돌파해 통제력을 되찾게 할 수 있는 훌륭한 방법이다.

그것은 큰 아이와의 상호작용에도 적용된다. 여러분은 더 교묘하게 행동하면서 아이가 한두 번 눈동자 굴리는 것을 볼 각오를 하기만 하면 된다. 만약 11살 아들이 소파에 앉아 여러분과 동생들이 하는 보드게임에 동참하고 싶어 하지 않는다고 하자. 그때 여러분은 단지 장난스럽게 아들 위에 앉음으로써 분위기를 바꿀 수 있다. 물론 이 행동은 사려 깊게 해야 하며 아들의 개성과 분위기에도 맞아야 한다. 그러나 "오, 미안해. 네가 거기 있는 걸 못 봤어."라고 장난스럽게 사과함으로써 적어도 "아아아아~빠!"처럼 절망이 가장된 반응을 이끌어낼 수 있다. 또 상황의 역학을 바꿀 수 있다.

이런 형태의 장난기와 유머가 아이들에게(성인들에게도 마찬가지) 효과적인 한 가지 이유는 뇌는 새로움을 좋아하기 때문이다. 만약 여러분이 뇌가 이전에 본 적이 없는 어떤 것을 소개하면 뇌는 그것에 관심을 쏟는다. 그것은 진화론적 관점에서 이해가 된다. 우리가 늘 보는 것과 다른 것은 원시적 자동적 차원에서 우리의 관심을 최고조에 이르게 한다. 결국 뇌의 일차적 임무는 안전을 위해 상황을 살펴보는 것이다. 따라서 뇌는 독특하거나 새롭거나 다른 것이 무엇이든 즉각 그것으로 관심을 옮긴다. 그때 주변 환경의 그 새로운 요소가 안전한가 아닌가를 평가할 수 있다. 뇌의 평가센터는 "이것은 중요한가? 내가 여기에 관심을 쏟아야 하는가? 이것은 좋은 것인가, 나쁜 것인가? 나는 이것을 향해 가는가, 이것으로부터 멀어져 가는가?"를 묻는다.

새로움에 대한 이런 관심은 자녀교육 시점에서 유머와 바보스러움이 그처럼 효과적일 수 있는 핵심 이유이다. 또한 존중심이 담긴 유머감은 위협의 부재不在를 전달한다. 이에 따라 우리의 사회참여 뇌 회로망이 가동할 수 있으며, 우리는 마음을 열고 타인과 유대를 형성할 수 있다. 자녀교육 상황에 대한 창조적 반응은 아이의 뇌가 이런 질문들을 하도록, 더 수용적이 되도록, 우리에게 전적인 관심을 쏟도록 유도한다.

창조성은 모든 종류의 다른 방법에도 쓸모가 있다. 취학 전 딸이 여러분이 좋아하지 않는 단어를 사용한다고 하자. 아마도 딸은 '바보 같은 stupid'과 같은 단어를 사용할 것이다. 여러분은 무시하려고 노력했지만 그 단어를 계속 듣게 된다. 여러분은 그것을 더 듣기 편한 동의어로 바꾸려고 노력했다. "네가 옳아. 저 수영 고글은 '익살스럽지wacky' 않니?" 그러나 딸은 '그 고글은 바보 같다'고 계속 말한다.

무시하고 바꿔 표현하는 것이 효과적인 전략으로 판명되지 않더라도 그 단어를 금지하지 말고 창조적으로 대응하라. 재능 있는 한 유치원장이 그 단어의 사용에 대처하는 고무적인 방법을 제시했다. 아이가 '어떤 것이 바보 같다'고 말하는 것을 들을 때마다 그는 사무적인 목소리 톤으로 '그 단어는 실제로 특정한 맥락에서만 사용하는 것'이라고 설명하곤 했다. "'바보 같다stupid'는 정말 대단한 단어이지 않니? 얘야, 하지만 난 네가 그 단어를 잘못 사용하는 것이 걱정돼. 그건 실제로 병아리에게 말할 때에만 사용하는 매우 특별한 단어야. 일종의 농장農場 단어지. 이 상황에 사용할 수 있는 다른 단어를 찾아보자."

이처럼 상황에 접근하는 방법은 많다. 여러분은 '바보 같다'를 의미하는 암호를 만들자고 제안해, 여러분과 자녀 외에 다른 사람은 아무도 이해하지 못하는 스파이 비밀 언어를 공유할 수도 있다. 그 새 용어는 '글루비 glooby'나 발음이 재미있는 다른 단어가 될 수 있을 것이다. 또는 여러분이 함께 만드는 수신호가 될 수도 있다. 핵심은 여러분이 자녀의 두뇌를 창조적으로 이동시키는 방법을 찾는다는 것이다. 이때 두뇌 이동의 목표는 관런된 모든 사람에게 좋게 작용하며, 심지어 여러분에게 재미있는 유대감을 제공하는 그런 행동이 된다.

그러나 한 가지는 인정하자. 그것은 여러분이 창조적임을 느끼지 못하는 경우가 종종 있다는 것이다. 창조적이 되려면 너무 많은 에너지가 소모된다고 느끼는 것이다. 여러분은 아이들의 행동방식 때문에 전혀 행복을 느끼지 못할 수도 있다. 그 때문에 아이들이 기분을 전환하고 사물을 새 시각에서 보도록 도와야겠다는 생각에 대해 그다지 감흥을 느끼지 못한다. 달리 말해서 여러분은 장난기를 부리거나 재미있고 싶지 않을 때가 종종 있다는 말이다. 여러분은 노래나 춤 없이도 아이들이 그냥 카시트에 앉기를 원한다! 그들이 그냥 냄새 나는 신발을 신기를 원한다! 그들이 그냥 숙제를 하고, 그냥 비디오게임기를 끄고, 그냥 싸움을 중단하고, 그 외에 뭐든지 그냥 하기를 원한다!

우리는 이해한다. 정말 이해한다.

어쨌든 두 가지 선택을 비교해 보라. 첫 번째는 창조적이 되는 것이다. 대개 그것은 아이들의 행동방식이 마음에 들지 않을 때 우리가 쉽게 할 수 있는 것 이상으로 더 많은 에너지와 선의善意를 요구한다. 욱~! 두 번째는 자녀교육 상황이 야기하는 싸움이 무엇이든 그것에 계속 가담해야 한다는 것이다. 욱~욱~! 그 싸움에 가담하는 것은 대개 더 많은 시간과 더 많은 에너지를 소모하는 것으로 끝나지 않는가? 실제로 우리는 재미있고 장난스러운 아이디어를 찾기 위해 단 몇 초를 사용함으로써 대개 그 싸움을 완전히 피할 수 있다.

따라서 다음에 여러분이 자녀와 함께 하기가 힘들다고 느낄 때, 또는 전형적으로 싸움으로 끝나는 특정 문제가 있다면, 여러분의 두 가지 선택을 생각해보라. 자문하라. "나는 진정으로 곧 발생할 것 같은 흥분상태를 원하는가?" 만약 그렇지 않다면 장난을 시도하라. 우스꽝스럽게 굴어라. 그러고 싶지 않더라도 창조적이 되기 위해 에너지를 모아라. 여러분의 삶을 빨아먹고 자녀와의 관계에서 재미를 빼앗는 흥분상태를 피하라. 우리는 약속한다. 이 선택이 모든 사람에게 더 많은 재미를 준다.

♧ 두뇌 이동 전략 8 ♧
마인드사이트 도구를 가르쳐라

우리가 논의할 마지막 두뇌 이동 전략이 아마도 가장 혁명적일 것이다. 마인드사이트mindsight는 타인의 마음뿐 아니라 우리 자신의 마음을 보고, 우리 삶에서 통합을 촉진하는 것에 관한 것이라는 점을 여러분은 기억할 것이다. 일단 아이들이 자신의 마음을 보고 관찰할 수 있는 개인적 통찰력을 계발하기 시작하면, 어려운 상황 해결을 위해 그 통찰력을 사용하는 법을 배울 수 있다.

우리는 이전의 책 〈The Whole-Brain Child〉에서 이 아이디어를 상세히 논의했다. 그 책은 자녀가 뇌를 통합하고 마인드사이트를 계발할 때 부모가 사용할 수 있는 여러 가지 '전체 두뇌' 전략에 초점을 맞춘 것이다. 부모, 치료자, 교육자들로 구성된 청중들에게 그 책의 근본 내용을 가르치면서 우리는 그 아이디어를 더 정교하게 다듬었다.

이 마지막 두뇌 이동 전략의 전반적인 핵심은, 물론 큰 아이가 다음의 메시지를 더 깊이 있게 확실히 이해할 수 있지만 작은 아이도 이해할 수 있다는 것이다. 여러분은 부정적 경험에 얽매일 필요가 없다. 여러분은 외부 사건이나 내적 감정의 희생양이 될 필요가 없다. 여러분은 어떻게 느끼고 어떻게 행동하는가를 책임지기 위해 자신의 마음을 사용할 수 있다.

우리는 이것이 특별한 약속이라는 점을 알고 있다. 그러나 수년 간 함께 일한 많은 사람들에게 그것이 매우 효과적이었기 때문에 우리는 이 방법을 열렬히 지지한다. 부모는 감정의 폭풍우를 헤쳐 나가고 힘든 경험을 잘 처리하는 데 도움 되는 마인드사이트 도구를 자녀와 자신에게 가르칠 수 있다. 그렇게 해서 자녀가 더 나은 결정을 내리고 속상할 때 혼돈과 흥분을 덜 느끼도록 안내할 수 있다. 우리는 아이들이 어떻게 느끼는가에 관해, 세상을 어떻게 보는가에 관해 점점 발언권을 갖도록 도울 수 있다. 영재에게만 통하는 상당히 신비스러운 과정을 통해서가 아니라, 두뇌에 관한 새로운 지식을 사용하고, 그것을 간단하고 논리적이며 실제적인 방법으로 적용함으로써 그렇게 할 수 있다.

예를 들면 여러분은 1960년대와 1970년대부터 유명한 스탠포드 마시멜로 실험에 관해 들어보았을 것이다. 연구자는 어린 아이들을 한 번에 한 명씩 방으로 불러 테이블에 앉도록 했다. 테이블에는 마시멜로 한 개가 놓여 있었다. 연구자는 수분 간 자신이 방을 떠나 있을 것이라고 말했다. 연구자가 없는 동안 만약 그 아이가 마시멜로를 먹고 싶은 유혹을 견디면, 그가 돌아왔을 때 마시멜로 두 개를 주겠다고 설명했다.

결과는 우습고 사랑스러웠다. 온라인 검색을 하면 그 연구의 여러 가지 복제 비디오를 볼 수 있다. 여기에 아이들의 다양한 모습이 나온다. 눈을 감고 있는 아이, 입을 감싸고 있는 아이, 마시멜로에 등 돌린 아이, 포식한 동물처럼 그것을 쓰다듬는 아이, 마시멜로의 귀퉁이를 몰래 조금씩 베어 먹는 아이 등. 어떤 아이들은 연구자가 설명을 다 끝내기도 전에 마시멜로를 쥐고 먹어버린다.

이 연구와 후속 실험들에 관한 많은 글들이 있다. 이 글들은 만족을 지연시키고, 자기통제력를 발휘하며, 전략적 추론을 적용하는 것 등에 관한 아이들의 능력에 초점을 맞추고 있다. 연구자들에 따르면 마시멜로를 먹기 전에 오랫동안 기다리는 능력을 과시한 아이들은 우수한 '삶의 성과'

를 많이 갖는 경향이 있었다. '삶의 성과'는 자라면서 학교생활을 더 잘하며, 미국 대입자격시험SAT에서 더 높은 점수를 받고, 나이 들면서 체력적으로 더 튼튼한 것 등이다.

아이들은 성공적인 만족 지연을 위해 어떻게 마인드사이트 도구를 사용할 수 있었을까? 여기서 우리가 강조하고자 하는 것은 이 질문에 관해 최근의 한 연구가 밝혀낸 내용이다. 이 연구에 따르면 만약 마시멜로를 먹고자 하는 충동의 통제에 도움 되는 정신적 도구(그 순간 아이들이 감정과 욕구를 관리하는 데 도움 되는 것)를 아이들에게 주면, 아이들은 훨씬 더 성공적인 자기통제를 보여주었다. 실제로 연구자들이 눈앞에 있는 것은 진짜 마시멜로가 아니라 마시멜로 그림일 뿐이라고 상상하는 법을 가르쳤을 때, 그 아이들은 기다림에 도움 되는 어떤 전략도 주어지지 않은 아이들보다 18분이나 더 기다릴 수 있었다! 달리 말해서 단지 간단한 마인드사이트 도구를 사용함으로써 아이들은 더 효과적으로 감정과 충동, 행동을 관리할 수 있었다.

여러분은 자녀에게 마찬가지 일을 할 수 있다. 만약 여러분이 〈The Whole-Brain Child〉을 읽었다면 '뇌의 손' 모델을 알고 있을 것이다. 부모가 아이들에게 읽어주는 '전체 두뇌 아이들' 만화에서 우리는 그것을 소개했다.

단Dan(공저자)은 최근 한 교장 선생님으로부터 적응에 힘들어 하는 새 유치원생에 관한 이메일을 받았다. 그 아이의 교사가 학급에 '뇌의 손' 모델을 가르쳤더니 그 아이에게 바로 성과가 나타났다는 내용이다.

「어제 한 교사가 새 유치원생의 행동이 몹시 걱정돼 내게로 왔다. 그 학생은 우리 학교에 온 지 얼마 안 되는데, 테이블 밑을 기어 다니며 '자신은 모든 것을 미워한다'고 말한다. (그는 엄마가 수감됐기 때문에 가족 구성

'뇌의 손' 모델: 자녀에게 위층 뇌와 아래층 뇌를 가르쳐라

위층 뇌와 아래 층 뇌의 관계와 상호작용

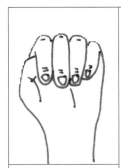

손으로 주먹을 쥐어라. 이것이 우리가 '뇌의 손 모델'이라고 부르는 것이다. 여러분의 뇌에 대해 어떻게 오른쪽과 왼쪽을 만들었는가를 기억하라. 여러분은 뇌의 위층과 아래층을 가지고 있다.

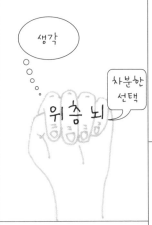

위층 뇌는 여러분이 좋은 결정을 내리고 옳은 이유를 하는 곳이다. 여러분이 정말 속상할때에도 그렇다.

이제 여러분의 손가락을 약간 위로 들어 올려라. 엄지가 있는 곳이 보이는가? 그것이 여러분의 아래층 뇌 부위이다. 실제로 여러분의 격한 감정이 나오는 곳이다. 그것 때문에 여러분은 다른 사람에게 신경 쓰며 사랑을 느낀다. 또 화났거나 실망했을 때처럼 속상함을 느낀다.

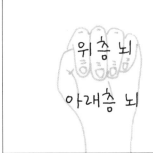

속상함을 느끼는 데에는 잘못이 없다. 그것은 정상이다. 여러분의 위층 뇌가 여러분의 진정에 도움을 줄 때는 특히 그렇다. 예를 들어 여러분 위층 뇌의 사고 부위가 어떻게 엄지를 접촉하는지를 보라. 그것을 아래층 뇌가 여러분의 감정을 차분하게 표현하는 데 도움을 줄 수 있다.

정말 속상할때 종종 우리는 뚜껑이 열릴 수 있다. 이것처럼 손가락을 펴라. 위층 뇌가 더 이상 아래층 뇌를 접촉하지 않는 것이 보이는가? 그것은 위층 뇌가 아래층 뇌를 진정시키는 데 도움이 될 수 없다는 의미이다.

원 한 명과 살고 있다. 그리고 그가 진정으로 좋아한 교사를 떠나야 했다.)

오늘 우리 교사가 '뇌의 손'을 다시 가르쳤다. 이것은 그 학생에게 새로운 것이었다. 교사가 가르치는 동안 그 학생은 대부분의 시간을 테이블 밑에 있었다. 얼마 지나지 않아 그는 교사에게 동작을 취했다. 손으로 몹시 화났음을 표현했다. 그리고 스스로 오랫동안 시원한 장소로 가 있었다. (그는 거의 잠들어 있었다.)

드디어 그가 일어났을 때 수업 중인 교사에게 접근했다. 화를 진정시키고 자신의 '뇌의 손'을 가리켰다. 그리고 그 집단에 참여했다. 조금 후 교사는 그가 수업에 참여한 것을 칭찬했다. 그는 "난 알아요. 난 선생님께 말했어요."라고 말했다. 그리고 화를 진정시킨 채 자신의 '뇌의 손'을 가리켰다. 그것은 놀라운 순간이었다. 교사와 나는 "그가 정말로 그 언어를 필요로 했음이 분명하다."라며 축하했다!

오늘 오후 선택의 시간에 나도 참여해 그와 '식당' 놀이를 했다. 어느 한 순간 그가 꽃병에서 꽃 한 송이를 꺼내 내게 줬다. 내 마음이 녹아내렸다. 어제 교사는 그를 정말 힘들어하는 아이에 비유했다. 오늘 그는 우리와 유대를 가질 수 있는 기회를 찾고 있었다. 그가 이 점을 배우고 있어 나는 너무 감사하다….」

그 교사는 무엇을 했을까? 교사는 그 학생에게 마인드사이트 도구를 주었다. 교사는 자기 주변과 내부에서 발생하는 일을 이해하고 표현하기 위한 전략을 계발하도록 그를 도왔다. 따라서 그때 그는 어떻게 반응할 것인가에 대해 신중한 결정을 할 수 있었다.

달리 말해서 우리는 아이들이 생활 속 사건들을 처리할 때 이중 모드 dual mode를 계발하길 원한다. 첫 번째 모드는 전적으로 아이들에게 주관적 경험의 인식·감지感知 방법을 가르치는 것이다. 즉, 우리는 아이들이 어려운 일을 처리할 때 그 경험을 부정하거나 그 감정을 억누르길 원치 않는다. 우리는 그들이 내적 경험을 설명하며 그 순간에 느끼고 보는 것을 전달함으로써 일어나는 일을 이야기하길 원한다. 단순히 인정하고 그 경험과 함께 하는 것, 그것이 과정상 첫째 모드이다. 그 교사는 그 어린 소년이 어떻게 느끼는가를 부정하길 원치 않았다. 소년의 감정은 그의 경험이다. 그리고 이 경험 모드는 전적으로 주관적 경험을 그대로 단순히 감지하는 것이다.

또한 우리는 아이들이 자기 내부에서 일어나는 일을 관찰할 수 있기를 원한다. 그리고 그 경험이 자신에게 어떻게 충격을 주는가를 관찰할 수 있기를 원한다. 두뇌 연구들에 따르면 실제로 우리는 서로 다른 두 가지 뇌 회로망을 가지고 있는 것으로 밝혀졌다. 그것은 경험하는 뇌 회로망과 관찰하는 뇌 회로망이다. 그것들은 서로 다르며 각각 중요하다. 그 뇌 회로망의 통합은 그것들을 각각 형성해 서로 연결시키는 것이다. 우리는 아이들이 감정을 느끼고 느낌을 감지하길 원한다. 뿐만 아니라 자신의 몸이 어떻게 느끼는가를 인식할 수 있고 자신의 감정을 목격할 수 있기를 원한다. 우리는 그들이 자신의 감정에 주의를 집중하기("내가 슬픔을 느끼고 있다는 걸 인식해." 또는 "내 좌절감은 지금 포도 크기가 아니라 수박만 해!")를 원한다. 우리는 아이들에게 자신을 조사하고 내면적 상태의 인식에 기초한 문제해결법을 가르치길 원한다.

그것이 그 소년이 했던 것이다. 그는 자신의 경험에 살았으며 또한 그것을 관찰했다. 그는 그것 덕분에 자신에게 진행 중인 일을 '소유'할 수 있었다. 그는 경험하면서 동시에 자신의 경험을 관찰할 수 있는 관점을 가졌다. 단지 경험에 머물지 않고 경험을 펼쳐 증언할 수 있었다. 그리고 그는 진행 중인 일을 이해하고 표현하는 언어를 사용함으로써, 일어난 일을 자신과 타인에게 설명할 수 있었다. 도구로 '뇌의 손' 모델을 사용함으로써 그는 자신을 조사하고 자신이 '너무 화났다'는 것을 인식했으며 반응을 보였다. 그렇게 해서 내면의 상태를 바꿨다. 그리고 다시 감정을 통제할 수 있었을 때 집단에 다시 참여했다.

우리는 일하면서 자신의 경험에 얽매이는 아이와 부모들을 본다. 물론 그들은 자신에게 일어나는 일을 처리해야 한다. 그러나 그것은 과정상 한 가지 모드에 불과하다. 그들은 또한 진행 중인 일을 바라보고 생각해야 한다. 그들은 일어나고 있는 일을 인식하고 관찰하기 위해 거의 기자記者처럼 마인드사이트 도구를 사용해야 한다. 그것을 설명하는 한 가지 방법은 그들이 배우가 되어 그 순간의 장면을 경험하게 하는 것이다. 또 그 장면 밖에서 더 객관적으로 보고, 카메라에서 무슨 일이 일어나고 있는가에 관해 더 통찰력을 발휘할 수 있는 감독이 되게 하는 것이다.

아이들에게 '배우와 감독이 되라'고 가르칠 때(경험을 껴안고 그들 내부에서 일어나는 일들을 조사·관찰하라고 할 때) 우리는 그들이 직면한 상황에 어떻게 반응할 것인가를 책임질 수 있는 중요한 도구를 준다. 그것 덕분에 아이들은 "시험이 싫어! 심장이 두근거려. 흥분하기 시작해."라고 말하지만 "그건 이상한 것이 아니야. 난 정말 시험에서 잘 하고 싶어. 흥분할 필요 없어. 단지 오늘 밤 그 TV쇼를 건너뛰고 공부시간을 좀 더 늘리기만 하면 돼."라고 관찰할 수 있다.

이것은 아이들에게 '경험에 얽매일 필요가 없다'는 것을 가르치는 것이다. 아이들은 관찰자가 되고 결과적으로 변화의 주도자가 될 수 있다. 예를 들어 앞의 아이가 내일 시험을 계속 몹시 걱정한다고 하자. 그는 과도한 걱정을 시작해 시험과 학기 성적, 그리고 좋은 대학 입학에 필요한 평균 학점 등에 관해 공포의 소용돌이에 빠진다. 이때가 부모가 그에게 '몸을 움직이고 단순히 신체 자세를 바꿈으로써 감정과 생각을 바꿀 수 있다'고 가르치기에 매우 좋은 때이다.

책 〈The Whole-Brain Child〉에서 우리는 이 특정 마인드사이트 도구를 '그것을 움직여라, 아니면 그것을 잃는다' 기술이라고 부른다. 그 아이의 부모는 그를 2분 간 '국수처럼' 완전히 이완되고 헐렁한 상태로 앉힐 수 있었다. 그리고 그들은 아이의 감정, 생각, 몸이 어떻게 다르게 느끼기 시작하는가를 함께 관찰할 수 있었다. (우리가 긴장했을 때 이 전략이 얼마나 효과적일 수 있는가는 정말 놀랍다.) 그제야 그들은 되돌아가 몇 가지 선택권이 보여주는 '느슨한 지점'에서 시험에 관해 이야기할 수 있었다.

여러분이 아이들에게 마음의 힘에 관해 가르칠 수 있는 방법은 무한정하다. '상어 음악'의 개념을 설명하라. 그리고 과거의 어떤 생각이 그들의 의사결정에 영향을 미치고 있을 수 있는가에 관해 대화하라. 혹은 '웰빙의 강'을 설명하라. 제3부의 그림을 보여줘라. 그리고 그들이 특히 혼란스러웠거나 완고했던 한 가지 최근 경험에 관해 논의하라. 또는 그들이 뭔가에 두려움을 느낄 때 "네가 용감할 때 네 몸이 어떤가를 내게 보여 다오. 그것이 어떤 느낌인지를 보자."라고 말하라. 최근 연구들에 따르면 세상을 보는 방법과 마찬가지로 단지 우리가 여러 가지 자세를 취함으로써 실제로 우리의 감정을 바꿀 수 있다고 한다.

마인드사이트 도구를 가르칠 기회는 어디에나 있다. 차 안에서 9살 딸이 야구 경기에서 놓친 큰 타격 기회 때문에 속상할 때 차 앞유리창의 반점으로 주의를 유도하라. 이렇게 말하라. "각각의 반점들은 이 달에 이미 생겼거나 생길 일들이다. 여기 이것은 네 야구 경기이다. 그건 현실이었으며 네가 속상하다는 걸 나는 알아. 난 네가 네 감정을 인식할 수 있다는 것이 기뻐. 그러나 앞유리창의 다른 반점들을 봐. 여기 이것은 이번 주말의 파티야. 넌 정말 흥분되지 않니? 그리고 그 옆의 반점은 어제 네가 받은 수학 점수야. 네가 얼마나 자랑스럽게 느꼈는지 기억해?" 그리고 대화를 계속하면서 딸이 실수한 타격을 다른 경험과의 맥락에 연결시켜라.

이런 실습의 핵심은 딸에게 야구 경기에 대해 걱정하지 말라고 말하라는 것이 아니다. 전혀 그렇지 않다. 우리는 아이들이 자신의 감정을 느끼도록, 그리고 그 감정을 우리와 공유하도록 격려하길 원한다. 우리가 직접 경험을 하게 만드는 그 감지感知 모드는 과정상 중요한 모드이다. 동시에 우리는 아이들에게 관점을 주길 원한다. 그리고 그들이 현실의 다른 측면에 주의를 집중할 수 있다는 점을 이해하길 원한다. 이것은 단지 우리의 감지 뇌 회로망뿐 아니라, 우리의 관찰 뇌 회로망을 잘 발달시킬 때 나온다.

그것은 어느 한 쪽의 문제가 아니다. 둘 다가 중요하다. 그것들은 함께 하나의 좋은 팀을 만든다! 두 가지 뇌 회로망을 만들었을 때 아이들은 자신을 속상하게 하는 것 아닌 것을 생각하는 데 마음을 사용할 수 있다. 그 결과 세상을 다르게 보고 더 좋은 감정을 느낄 수 있다. 자녀에게 마인드사이트 도구를 가르쳐라. 그때 우리는 자녀에게 감정에 지배되기보다 그 감정을 통제할 수 있게 하는 선물을 준다. 따라서 그들은 환경과 감정의 희생자로 남아 있을 필요가 없다.

다음번에 여러분 집에 자녀교육 기회가 생기면 자녀에게 마인드사이트 도구 몇 가지를 소개하라. 아니면 우리가 제시한 다른 두뇌 이동 전략들 중 한 가지를 사용하라. 모든 상황에 적용되는 전략은 한 가지도 없다. 그러나 먼저 유대감을 형성하고 이어서 두뇌를 이동시키는 '노 드라마no-drama, 전체 두뇌whole-brain' 관점을 사용하면, 여러분은 더 효과적으로 자녀교육의 주요한 목표(그 순간 자녀 협력을 얻고 자녀의 뇌를 형성함으로써 성공적인 관계와 의미 있는 삶을 즐기는, 친절하고 책임감 있는 사람이 될 수 있게 하는 것)를 성취할 수 있다.

결론

희망의 네 가지 메시지
마술 지팡이, 불완전한 부모, 두뇌 이동, 그리고 변화

우리는 이 책을 통틀어 차분하고 사랑이 충만한 상호작용을 가능하게 하는 '노 드라마no-drama' 자녀교육을 강조했다. 또한 '노 드라마, 전체 두뇌' 방법은 자녀와 자녀의 미래, 자녀와의 관계에 좋을 뿐 아니라 실제로 더 효과적인 자녀교육을 가능하게 하며 여러분의 삶을 더 평화롭게 만든다. 그것은 여러분이 자녀로부터 더 큰 협력을 이끌어낼 수 있기 때문이다.

가장 의욕적으로 가장 사려 깊게 자녀교육을 해도 종종 우리 모두는 자녀교육에서 화, 혼란, 좌절의 상호작용을 겪는다. 이 책 마지막 부분에서 우리 모두가 자녀교육 과정에서 한두 번쯤 필연적으로 겪는 어려운 순간에 대한 희망과 위안의 네 가지 메시지를 주고 싶다.

마술 지팡이는 없다

어느 날 티나Tina(공저자)의 7살 아들이 티나에게 몹시 화가 났다. 티나가 '그날은 친구를 초대해 놀아서는 안 된다'고 말했기 때문이다. 아들은 자기 방으로 뛰어 들어가 방문을 꽝 닫았다. 티나는 1분도 안 돼 방문이 열렸다가 다시 꽝 닫히는 소리는 들었다.

다음은 티나의 이야기이다.

『아들을 살펴보기 위해 방문을 두드렸다. 그런데 방문에 '엄마 접근 금지'라는 푯말이 그려진 그림이 붙어 있는 것을 보았다. (여러분은 자녀가 부모에 대한 자신의 감정을 전달하기 위해 규칙적으로 미술적 재능을 사용한다는 사실을 알 수 있다.)

아들 방으로 들어가 늘 보던 것을 보았다. 침대 위 이불 아래에 있는 아이 크기의 몸체. 나는 그 옆에 앉아 어깨로 추정되는 곳에 손을 댔다. 그런데 그 몸체는 갑자기 내게로부터 멀어졌다. 벽을 향해서. 이불 아래에서 아들이 "저리 가요!"라고 울부짖었다.

이런 때 나는 어린아이처럼 되어서 아들 수준에 맞출 수 있다. 평소 같으면 "좋아! 상처를 내는 그 발톱을 내게 잘라 달라고 하지 않으면, 넌 일주일 내내 고통 속에 지낼 거야!"라고 말했을 것이다.

그러나 이 날만은 나는 통제력을 유지하고 내 자신을 아주 잘 관리했다. '전체 두뇌' 관점에서 상황을 처리하려고 노력했다. 나는 먼저 그의 감정을 인정함으로써 유대감을 형성하려고 노력했다. "오늘 라이언Ryan이 올 수 없어 네가 화난다는 걸 알아." 그의 반응은? "그래요. 엄마가 미워요!"

나는 차분하게 말했다. "얘야, 그게 실망스럽다는 걸 알아. 그러나 오늘은 라이언과 함께 할 시간이 없어. 우린 잠시 후 할아버지 할머니랑 저녁 식사 하러 가야 해." 그 뒤 아들은 몸을 더 웅크리며 익숙한 불평을 털어놓았다. 그리고 가능한 한 내게서 멀어지며 "가라고 말했잖아요!"라고 말했다.

나는 앞 부部에서 논의한 일련의 전략들을 실천했다. 비언어적 유대감을 사용해 아들을 진정시켰다. 변화하고 있으며, 변화 가능하고, 복합적인 뇌를 이해하려고 노력했다. '왜'를 추적하고 의사소통의 '어떻게'를 생각했다. 그의 감정을 인정했다. 다음날 놀이모임을 갖기로 제안함으로써 상호 대화를 하려고 노력했으며 내 '노'를 재구성했다.

그러나 그 시점에서 그는 진정할 수 없었으며, 어떤 형태로든 내 도움을 받을 준비가 되지 않았다. 그 방법들은 어떤 유대감도 형성하지 못했다.』

아이들이 힘든 시간을 보내고 있을 때 상황을 '바로잡기' 위해 우리가 할 수 있는 일이 아무것도 없을 때가 종종 있다. 부모가 이 사실을 이해하는 것이 현실적으로 정말 중요하다. 앞에서와 같은 순간들은 이 점을 강조한다. 우리는 침착과 사랑을 유지하기 위해 노력할 수 있다. 전적으로 현재에 있을 수 있다. 창조성을 충분히 발휘할 수 있다. 그럼에도 우리는 당장 상황을 개선할 수 없을 수 있다. 종종 우리가 해줄 수 있는 것은 아이들이 감정의 흐름을 겪을 때 같이 있어 주는 것뿐이다. 아이들이 '혼자 있고 싶다'고 분명한 의사표현을 할 때 우리는 그들이 진정하기 위해 필요하다고 느끼는 것을 존중할 수 있다.

이것은 아이가 자기 방에서 오랫동안 혼자 울게 내버려둬야 한다는 의미가 아니다. 그리고 아이가 우리 도움을 필요로 할 때 계속 다른 전략을 시도하지 말아야 한다는 의미가 아니다. 티나의 경우에 아들 방에 남편을 보내는 것으로 마무리했다. 그런 역학의 변화로 아들은 어느 정도 진정하기 시작했다. 그렇게 해서 아들과 엄마는 다시 함께 '무슨 일이 있었는가'를 이야기할 수 있었다. 그러나 몇 분간 티나가 할 수 있는 일은 "네가 날 필요로 하면 난 함께 있을 거야."라고 말한 뒤 아들을 방에 내버려두는 것뿐이었다. 그리고 '엄마 반대' 표시를 한 문을 닫고 아들이 스스로 타이밍timing을 조절해 자신의 방법으로 상황을 극복하게 하는 것뿐이었다.

동일한 것이 형제간 갈등에도 적용된다. 이상적인 것은 형제 각자가 좋은 마음상태를 회복하도록 돕고, 개별적으로 또는 같이 그들과 함께 하면서, 좋은 관계·대화의 기술을 가르치는 것이다. 그러나 이것이 불가능한 때가 있다. 만약 그들 중 한 명이라도 감정 관리가 안 되면 그것이 평화로운 해결책을 방해할 수 있다. 반응성이 수용성을 이기기 때문이다. 종종 여러분이 할 수 있는 최선책은 모두가 진정돼 합칠 수 있을 때까지 그들을 분리시키는 것이다.

그리고 갈등이 폭발할 때 여러분 모두가 미니 밴을 타고 있다면, 여러분은 상황이 좋지 않음을 명백히 인정하고 음악 소리를 높일 수 있다. 그것은 여러분이 굴복하는 것이 아니다. 그 순간에 효과적인 자녀교육이 힘들겠다고 인정하는 것일 뿐이다. 따라서 여러분은 단지 "우리가 이것에 관해 이야기하기에 좋은 시점이 아니야. 너희 둘 다 화났고 나도 그래. 그러니 플리트우드 맥Fleetwood Mac의 음악이나 듣자."라고 말할 수 있다. (물론 음악으로 아이들을 설득하는 것이 최선은 아닐 것이다. 하지만 여러분은 감을 잡았을 것이다.)

우리(단Dan과 티나Tina)는 자녀교육에 관한 책을 쓰는, 숙련된 아동·청소년 심리치료 전문가들이다. 사람들은 우리에게 자녀가 힘들어 할 때 어떻게 문제를 해결해야 하는가에 관한 조언을 구한다. 그런데 우리는 이 점을 분명히 해두고 싶다. 우리도 자녀에게 마술처럼 평화와 행복을 주기 위해 사용할 수 있는 마술 지팡이가 없을 때가 있다는 것이다. 종종 우리가 할 수 있는 최선은 우리의 사랑을 전하고, 자녀가 가까이 있어 주길 원할 때 그렇게 하며, 그들이 준비가 됐을 때 그 상황에 관해 대화하는 것이다. 그것은 평온을 비는 기도와 같다. "할 수 있는 것을 변화시키는 용기, 할 수 없는 것을 수용하는 평온함, 그 차이를 알 수 있는 지혜를 주소서."

따라서 우리의 첫 번째 메시지는 이 책의 결론처럼 다음과 같다. '마술 지팡이가 없을 때가 종종 있다. 하지만 여러분이 최선을 다하면 그런 사실로 인해 나쁜 부모가 되지 않는다. 또 자녀를 계속 속상하게 하지도 않는다.'

♣ 희망의 메세지 2 ♣
여러분의 실수도 자녀에게 득이 된다

자녀교육 기술이 그 시점에서 항상 효과적인 것이 아니어도 여러분은 나쁜 부모가 되지 않는다. 이와 마찬가지로 규칙적인 실수하더라도 여러분은 나쁜 부모가 아니다.

우리 중 어느 누구도 완벽하지 않은 것이 사실이다. 자녀의 행동을 다룰 때에는 특히 그렇다. 종종 우리는 자신을 잘 다루며, 우리가 얼마나 사랑이 많고 잘 이해하며 인내심이 큰가에 대해 자부심을 느낀다. 다른 때에는 아이들 수준으로 우리 자신을 낮추며, 처음에 우릴 속상하게 한 철없음에 기대기도 한다.

두 번째 희망의 메시지는, 자녀에게 최선이 아닌 반응을 할 때에도 여러분은 자신감을 얻을 수 있다는 것이다. 여러분은 자녀에게 모든 종류의 가치 있는 경험을 제공하고 있을 가능성이 매우 높다.

예를 들면 자녀에게 너무 실망한 나머지 필요 이상의 큰 소리로 "그만!

이 시각 이후로 차 안 어디에 앉을 것인가를 두고 불평하는 사람은 걸어가야 할 거야!"라고 외친 적이 있는가? 또는 8살 딸이 피아노 연습을 시켰다는 이유로 등굣길 내내 뿌루퉁해 불평할 때, 미니 밴에서 내리는 딸에게 "넌 아침 시간을 전부 망쳐 버렸어. 좋은 하루를 보내길 바라."라고 비꼬는 인사말을 한 적이 있는가?

물론 이것들은 최선의 자녀교육 사례가 아니다. 그리고 만약 여러분이 우리와 같다면, 원하는 대로 일을 처리하지 못할 때 자신에게 엄할 수 있다. 여기에 희망이 있다. 그처럼 썩 좋지 못한 자녀교육 순간들도 아이들에게는 꼭 그렇게 나쁜 것은 아니다. 실제로는 믿을 수 없을 만큼 가치 있다.

왜? 완벽하지 못한 자녀교육상의 반응은 아이들에게 어려운 상황을 처리하고 그 결과 새 능력을 계발하는 기회를 주기 때문이다. 비록 부모가 자신을 잘 통제하지 못하더라도 아이들은 자신을 통제하는 방법을 배워야 한다. 그들은 사과하는 법, 일을 바로잡는 법의 모범을 여러분을 통해 보게 된다. 그들은 갈등·논쟁이 있을 때 치유가 있을 수 있으며 상황이 다시 좋아진다는 것을 경험한다. 이런 경험은 아이들이 미래의 관계에서 심한 두려움 대신 안전함을 느끼는 데 유익하다. 그들은 갈등 뒤에 평온·유대감이 따른다는 사실을 신뢰하는 법, 심지어 그것을 기대하는 법을 배운다.

게다가 그들은 자신의 행동이 타인의 감정과 행동에 영향을 미친다는 사실을 배운다. 그리고 그들은 여러분이 완벽하지 않음을 보고 자신의 완벽을 기대하지 않을 것이다. 명절용 장식裝飾 설치를 돕는 일을 두고 아이들이 불평하자, 큰 소리로 '선물을 모두 돌려보내겠다'고 단언하는 부모에게서 그들은 많은 중요한 교훈을 배운다.

물론 육체적이든 심리적이든 학대는 다르다. 만약 여러분이 자녀와의 관계에 상당한 해악을 끼치거나 자녀를 무섭게 하면, 그 경험은 대체로 해로운 결과를 낳는다. 이런 것들은 독이 든 파열, 치유 없는 파괴이다. 만약 여러분이 그런 자신을 반복해서 발견하면 즉각 전문가의 도움을 구해야 한다. 그것은 아이들이 안전하며 보호받고 있다는 사실을 알 수 있도록, 필요하다면 어떤 변화든 시도하기 위해서다.

그러나 자녀와의 관계를 발전시키고 나중에 자녀와 함께 치유하는 한 (그것에 관해서는 다음에 더 상세히) 여러분은 자신을 좋게 봐줄 수 있다. 그리고 '일을 달리 처리했더라면…' 하고 바라는 경우에도 여러분은 치유와 유대감 재형성의 중요성을 가르친다. 그 가르침을 통해 자녀에게 가치 있는 경험을 줬다는 것을 알 수 있다.

우리는 의도적으로 유대감을 깨뜨리라고 말하는 것이 아니다. 스트레스가 높은 상황에서(혹은 다른 경우에도) 아이들에게 반응할 때 최선을 목표로 해서는 안 된다고 말하는 것이 아니다. 우리는 이 점을 분명히 하고 싶다. 우리가 더 사랑을 주고 더 헌신적일수록 더 좋은 것이다. 바람직하지 않은 시점에 최선이 아닌 상호작용을 할 때가 있을 것이다. 만약 여러분이 이 주제로 책을 쓴다고 해도 이런 일은 우리 중 어느 누구에게나 생긴다. 단지 우리는 완벽하지 않을 때에 자신에게 자비와 용서를 베풀 수 있다고 말하는 것이다. 그런 순간들조차 마찬가지로 가치 있기 때문이다. 목표와 의도를 갖는 것은 중요하다. 자신에게 친절한 것, 자기 연민을 갖는 것은 내면적 안식에 필수적이다. 뿐만 아니라 먼저 자신에게 친절하고 그런 다음에 타인에게도 친절함을 베푸는 모범을 아이들에게 보여주는 데 필수적이다. 이런 경험들은 아이들에게 미래 갈등과 관계를 준비하게 하는 중요한 교훈을 배울 기회를 제공한다. 그리고 그들에게 사랑하는 법까지 가르친다. 그야말로 희망이 아닌가?

유대감은 항상 다시 형성할 수 있다

우리는 자녀와의 갈등을 피할 수 없다. 그런 일은 종종 하루에 여러 번 생기기도 한다. 오해, 논쟁, 욕구 충돌, 그리고 의사소통 실패는 소위 관계의 파열을 초래할 것이다. 파열은 여러분이 설정한 한계의 주변에서 생기는 갈등에서 야기될 수 있다. 아마도 여러분은 잠잘 시간을 강요하거나, 자녀에게 좋지 않다고 판단한 영화를 보지 못하게 할 수도 있다. 또는 딸은 여러분이 논쟁에서 여동생 편만 든다고 생각할지도 모른다. 또는 여러분이 '미끄럼틀과 사다리' 게임에서 더 놀아주지 않는다고 실망할지도 모른다.

그 이유가 무엇이든 파열은 생긴다. 그 파열은 종종 크기도 하고 종종 작기도 하다. 그러나 그것을 피할 방법은 없다. 아이들은 적절한 유대감을 유지하기 위해 각자 개성적으로 노력한다. 그 노력은 우리 자신의 문제, 아이의 기질, 우리 이력履歷과 아이 특성 사이의 일치 여부, 우리의 극복하지 못한 과거로부터 아이가 누굴 연상시키는가 등에 의존하고 있다.

대부분의 성인들 간 관계에서 만약 우리가 뭔가를 망치면 결국 모든 것을 자백하거나 어떤 식으로든 그것을 바로잡아야 한다. 그러나 많은 부모들은 자녀와의 관계에서는 그 파열을 무시한다. 그것은 성인에게서와 마찬가지로 아이들에게 혼란스럽고 해로울 수 있다. 여러분이 관심을 가지고 있는 어떤 사람이 반항적으로 여러분에게 정말 무례하게 이야기를 했다고 하자. 이후 그가 다시 그 일을 언급하지 않고 아무 일도 없었던 것처럼 행동하는 상황을 상상할 수 있겠는가? 그것이 좋은 일로 느껴지겠는가? 그것은 아이들도 마찬가지다.

핵심은 부모로서 여러분은 어떠한 관계 손상도 가능한 한 빨리 치유해야 한다는 것이다. 여러분은 자녀와 상호 교육적인 유대를 회복하길 원한다. 치유되지 않은 파열은 부모와 자녀 모두에게 단절감을 남긴다. 만약 이 단절감이 길어지면(특히 그것이 여러분의 화, 적대감, 분노와 연결돼 있다면) 자녀에게 유해한 수치심·굴욕감이 자랄 수 있으며 성장하는 자아감이 손상될 수 있다. 그리고 '인간관계는 어떻게 작동하는가'를 이해하려는 마음상태가 손상될 수 있다. 따라서 파열 후에는 자녀와 적절한 시기에 유대감을 다시 형성하는 것이 필수적이다.

그것은 부모로서 우리의 책임이다. 우리는 용서함으로써 또는 용서를 요청함으로써 유대감을 다시 형성할 수 있다. ("미안해. 오늘 내가 많이 피곤해서 그렇게 반응했던 것 같아. 나 자신을 잘 다루지 못했다는 걸 알아. 만약 네가 어떻게 느꼈는지를 말하고자 하면 경청할게.") 웃음이나 눈물이 동반될 수도 있다. ("그래, 그건 썩 잘 된 일이 아니지? 내가 얼마나 화났었는지를 누가 다시 보여 주겠니?") 재빠른 인정이 있을 수도 있다. ("그걸 내가 좋아했던 대로 다루질 못했어. 날 용서해 주겠니?")

어떻게든 그렇게 하라. 진실하고 사랑이 넘치는 방법으로 가능한 한 빨리 치유하고 유대감을 다시 형성하라. 그렇게 함으로써 우리는 갈등을 야기한 어떤 것보다 인간관계가 더 중요하다는 메시지를 보낸다. 게다가 아이들과의 유대감을 다시 형성할 때 우리는 중요한 능력의 모범이 된다. 그 능력은 아이들이 성장함에 따라 훨씬 더 의미 있는 인간관계를 즐길 수 있게 하는 것이다.

이것이 세 번째 희망의 메시지다. 즉, 우리는 항상 유대감을 다시 형성할 수 있다는 것이다. 마술 지팡이가 없더라도 아이들은 결국엔 부드러워지고 진정될 것이다. 결국 아이들은 우리의 긍정적 의도를 인식하고 우리의 사랑과 위안을 받을 준비를 할 것이다. 그들이 그렇게 할 때 우리는 유대감을 다시 형성한다. 부모로서 반복해서 실수하는 경우에도 우리는 항상 아이들에게 다가가 파열을 치유할 수 있다.

그러면 결국에는 유대감을 완전히 회복한다. 그렇다. 우리는 자녀의 두뇌 이동(아래층 뇌→위층 뇌)을 원한다. 가르치길 원한다. 아이들은 긍정적인 방법으로 자신의 욕구에 집중하는 법을 배우는 데 우리의 도움을 원한다. 즉, 한계를 어떻게 인식하고 처리할 것인가와 도덕, 윤리, 공감, 친절, 베풂의 의미를 어떻게 발견할 것인가에 관해서. 그렇다. 자녀의 두뇌 이동이 중요하다. 그러나 궁극적으로는 항상 두뇌의 전전두엽에 두어야 할 것은 자녀와의 관계이다. 어떤 행동도 잠시 중단하고 자녀와의 관계를 항상 우선시하라. 어떤 식으로든 그 관계에 파열이 생기면 가급적 빨리 유대감을 다시 형성하라.

♣ 희망의 메세지 4 ♣

긍정적 변화에 너무 늦은 때란 없다

여러분을 위한 우리의 마지막 메시지는 가장 희망적인 것이다. 즉, 긍정적 변화에 너무 늦은 때란 없다는 것이다. 이 책을 읽고 나면 여러분은 지금까지의 자녀교육법이 적어도 부분적으로 자녀에게 최선인 것과는 어긋났다는 점을 느낄 것이다. 여러분의 자녀교육 방법은 자녀와의 관계를 손상시켰다고 느낄 것이다. 혹은 여러분은 최선의 성장에 도움이 되는 자녀의 두뇌 계발 기회를 간과하거나 놓치고 있다는 점을 깨달을 것이다. 이제 여러분은 단지 비효율적인, 또 가족 내에서 더 많은 흥분과 실망감을 야기하는, 그리고 같은 행동을 반복적으로 다뤄야 하기 때문에 자녀와 즐겁게 지낼 수 없게 하는 자녀교육 전략을 구사하고 있다는 점을 알게 될지도 모른다.

어떤 경우에도 희망을 가져라. 너무 늦지 않았다. 앞서 말했듯이 신경가소성neuroplasticity(뇌세포의 플라스틱 성질)은 뇌는 일생을 통해 놀랄 정도로 변화가 가능하며 적응력이 있다는 점을 보여준다. 여러분이나 자녀가 어떤 나이이든 여러분은 자녀교육 방식을 바꿀 수 있다. 이 책은 그 방법을 여러분에게 보여준다. 따라야 할 공식을 제시하는 것이 아니다. 모든 문제를 해결하고 여러분을 완벽한 부모로 만들 마술 지팡이를 제공하는 것도 아니다. 여러분은 이제 자녀가 좋은 감정을 느끼는 방식으로 자녀교육할 수 있는 원칙·전략을 가지고 있다. 희망은 이 같은 사실에서 나온다. 또 여러분은 자녀가 감정적으로 현명해지고 좋은 결정을 내릴 수 있도록 자녀의 뇌를 조각彫刻할 수 있다. 희망은 이 같은 사실에서 나온다. 그것은 자녀와의 관계를 강화하고 자녀가 여러분이 원하는 사람이 되도록 돕는 것이다.

여러분이 유대감을 갖고 자녀에게 반응할 때에는 (특히 자녀가 여러분을 실망시키는 일을 할 때에도) 처벌이나 '복종'에 초점을 맞추지 않는다. 오히려 자녀, 자녀와의 관계를 존중하는 데 초점을 맞춘다. 따라서 다음번에 유아 자녀가 떼를 쓰거나, 2학년 자녀가 여동생에게 주먹을 날리거나, 중학생 자녀가 말대꾸를 할 때 여러분은 '노 드라마no-drama, 전체 두뇌whole-brain' 방식의 대응을 할 수 있다. 여러분은 유대감으로 시작할 수 있다. 그런 다음에 자녀에게 개인적 통찰력, 관계의 공감, 일을 망쳤을 때 책임의 중요성을 가르치는 두뇌 이동 전략을 구사할 수 있다.

동시에 여러분은 어떻게 자녀 뇌의 특정 회로망을 활성화할 것인가에 관해 더 사려 깊을 수 있다. 함께 활성화되는 신경세포들은 서로 연결된다. 반복적으로 활성화되는 뇌 회로는 강화되고 더 계발된다. 여러분은 자녀 뇌의 어떤 부위를 강화하길 원하는가?

엄격함, 소리침, 논쟁, 처벌, 완고함으로 자녀교육하면 자녀 뇌에서 반발적 부위인 아래층 뇌를 활성화할 것이다. 그리고 그 부위의 뇌 회로망을 강화하고 쉽게 활성화되게 준비시킨다. 침착하고 사랑이 가득한 유대감으로 자녀교육하면 여러분은 성찰적, 수용적, 통제적 마인드사이트 뇌 회로망을 활성화할 것이다. 그리고 통찰력, 공감력, 통합, 치유를 만들어내는 위층 뇌 부위를 강화하고 계발할 것이다. 힘든 시기에도 그리고 여러분이 없을 때에도 자녀가 자신을 통제하고, 좋은 결정을 내리며, 자신을 잘 관리하기 위해, 지금 이 순간 여러분은 기꺼이 자녀에게 이 증대된 능력을 이용할 도구를 줄 수 있다.

여러분은 완벽하지 않을 것이다. 그리고 기회 있을 때마다 매번 '노 드라마, 전체 두뇌' 관점에서 자녀교육하지는 않을 것이다. 우리도 그렇게 하지 않으며 어느 누구도 그렇게 하지 않는다.

그러나 여러분은 그 방향으로 나아가겠다는 결정을 내릴 수 있다. 그리고 매 걸음마다 여러분은 자녀에게 부모로서의 선물을 줄 수 있다. 자녀의 일생에 걸친 성공과 행복에 크게 헌신하며, 자녀를 행복하고 건강하며 충만한 사람으로 만들어 주는 부모로서.

참고자료

유대감 형성과 두뇌 이동

♣먼저 유대감을 형성하라♣

- **왜 유대감 형성이 먼저인가?**
  - 단기 혜택: 아이를 '반발' 상태에서 '수용' 상태로 바꾼다.
  - 장기 혜택: 아이의 뇌를 계발한다.
  - 관계의 혜택: 자녀와의 관계를 심화시킨다.

- **'노 드라마' 유대감 형성 원칙**
  - '상어 음악'을 꺼라: 과거 경험과 미래 공포에 의해 야기된 배경 소음을 흘려버려라.
  - '왜'를 추적하라: 단지 행동에만 초점을 맞추지 말고, 행동의 이면에 있는 것을 보라. 왜 내 아이는 이렇게 행동할까? 내 아이는 뭘 이야기하고 있을까?
  - '어떻게'를 생각하라: 여러분이 말하는 내용은 중요하다. 하지만 여러분이 그것을 '어떻게' 말하는가는 더 중요하지는 않더라도 마찬가지로 중요하다.

- **'노 드라마' 유대감 형성 사이클**
  자녀가 공감 받고 있다고 느끼도록 도와라.
  - 편안함을 주어라: 눈높이 아래에 위치해 사랑의 터치를 하고, 머리를 끄덕이며, 공감의 표정을 지음으로써 여러분은 격한 상황을 재빨리 완화할 수 있다.
  - 인정하라: 여러분이 그 행동을 좋아하지 않을 때에도 인정하고 감정을 껴안아라.
  - 말하지 말고 경청하라: 자녀의 감정이 폭발할 때 자녀에게 설명하거나 훈계하거나 그 감정에서 벗어나 이야기하려고 하지 마라. 단지 경청하라. 자녀가 전하는 의미와 감정을 찾아라.
  - 들은 것을 반향反響하라: 일단 경청했으면 여러분이 들은 것을 반향하라. 여러분이 들었다는 사실을 자녀가 알게 하라. 그렇게 하면 다시 편안함을 전하게 되며, 그 사이클을 반복한다.

♣그런 다음 두뇌 이동을 하라♣

- **1-2-3 자녀교육, '노 드라마' 방법**
  - 한 가지 정의: 자녀교육은 가르침이다. 다음의 세 가지 질문을 하라.
    1. 왜 내 아이는 이렇게 행동했을까? (내면적, 감정적으로 무슨 일이 일어나고 있었을까?)
    2. 나는 어떤 교훈을 가르치길 원하는가?
    3. 나는 그것을 어떻게 가장 잘 가르칠 것인가?
  - 두 가지 원칙
    1. 아이가 준비될 때까지 기다려라.
    2. 일관성을 갖되 경직성을 피하라.
  - 세 가지 마인드사이트의 성과
    1. 통찰력: 아이들이 자신의 감정, 어려운 상황에 대한 자신의 반응을 이해하는 데 도움이 된다.
    2. 공감: 아이들이 어떻게 자신의 행동이 타인에게 영향을 미치는가를 성찰하게 한다.
    3. 치유: 아이들에게 일을 바로잡기 위해 무엇을 할 수 있는가를 묻는다.

- **'노 드라마' 두뇌 이동 전략**
  - R 말을 줄여라(Reduce words).
  - E 감정을 껴안아라(Embrace emotions).
  - D 서술하라, 설교하지 마라(Describe, don't preach).
  - I 자녀를 자녀교육에 참여시켜라(Involve your child in the discipline).
  - R '노'를 조건부 '예스'로 재구성하라(Reframe a no into a conditional yes).
  - E 긍정적인 것을 강조하라(Emphasize the positive).
  - C 상황에 창조적으로 접근하라(Creatively approach the situation).
  - T 마인드사이트 도구를 가르쳐라(Teach mindsight tools)

여러분만 그런 것이 아니다

자녀교육은 자녀에게 실수할 때가 없다는 것을 의미하지 않는다. 돌이켜보면 매우 재미있지만, 우리가 반발적인 두뇌의 지배를 받을 수 있음을 보여주는 두 가지 이야기가 여기에 있다. 이 이야기는 각각 우리(단Dan과 티나Tina) 자신의 경험담이다.

단의 '분노의 크레이프 빵'

(다음은 공저자 단의 책 〈Mindsight〉에서 인용한 내용이다.)

어느 날 나는 영화 관람 후 간식거리를 사기 위해 13살 아들, 10살 딸과 함께 작은 가게 앞에 멈춰 섰다. 딸은 배고프지 않다고 말했기에 아들은 카운터에서 자신이 먹을 작은 크레이프 빵을 주문했다. 그리고 우리는 의자에 앉았다.

작은 크레이프 빵이 왔을 때 카운터 뒤쪽의 개방된 주방에서 음식 향기가 풍겼다. 아들이 크레이프 빵을 한 포크 떠먹었을 때 딸은 자신도 조금 맛보고 싶다고 했다. 아들은 그 빵을 쳐다보며 자신은 배가 고프니 동생은 따로 주문하면 된다고 말했다. 나는 합리적인 제안이라고 생각해 딸에게 크레이프 빵을 따로 주문하라고 말했다. 그러나 딸은 조금만 먹어보고 어떤 맛인지 알고 싶을 뿐이라고 대답했다. 그 말도 합리적인 것 같아 아들에게 조금만 나눠 주라고 했다.

만약 집에 자녀가 2명 이상 있다면, 또는 만약 여러분이 형제자매와 함께 성장했다면, '형제간 체스' 게임(권력 행사, 부모의 인식과 인정을 목표로 하는 순간들로 가득 찬 전략)에 매우 친숙할 것이다. 이것은 그 같은 형제간 게임은 아니었다. 그럼에도 가족이 운영하는 작은 가게에서 작은 크레이프 빵을 추가로 사는 적은 비용은 불상사를 피하기 위해 지불해야 할 아주 단순한 비용이었다. 나는 추가 구매를 하지 않음으로써 부모로서 실수를 저질렀다. 이 형제간 게임에서 편을 들게 되었다. 나는 아들이 크레이프 빵을 딸과 나눠야 한다고 확고하게 주장했다. 만약 이것이 형제간 체스 게임이 아니었다면 이전에는 내가 개입한 뒤에는 확실히 정리되었다.

나는 "왜 동생이 그것을 맛볼 수 있게 작은 조각을 주지 않니?"라며 재촉했다.

아들은 나를 쳐다보고 크레이프 빵을 쳐다본 뒤 한숨을 쉬면서 포기했다. 어린 10대 소년이었지만 아들은 아직 내 말을 경청하고 있었다. 그리고 수술용 메스처럼 칼을 사용해 상상 가능한 극소량의 크레이프 빵을 잘라냈다. 그것을 집으려면 여러분은 거의 핀셋을 필요로 했을 것이다. 다른 때였다면 나는 웃으면서 이것을 형제간 체스의 창조적인 한 수手로 보았을

지도 모른다.

딸은 그 시료 조각을 냅킨 위에 올려놓고 그것이 너무 작다고 말했다. 게다가 '탄 조각'이라고 말했다. 어린 딸의 대단한 한 수였다.

테이블의 우릴 쳐다보는 외부인은 이상한 점을 발견하지 못했을 것이다. 한 아버지와 활기찬 두 자녀가 밖에서 음식을 기다리고 있다고 봤을 것이다. 그러나 속으로 나는 거의 폭발할 것 같았다. 농담 주고받기가 계속되다가 완전한 언쟁으로 바뀌었다. 그때 내 안에서 뭔가가 번쩍 떠올랐다. 내 머리가 돌아가기 시작했다. 나는 침착함을 유지하고 이성에 호소할 것이라고 다짐했다. 나는 얼굴이 긴장하고 팔이 팽팽해짐을 느낄 수 있었다. 내 심장이 빨리 뛰기 시작했다. 그러나 나는 아래층 뇌가 위층 뇌를 장악하는 이런 신호들을 무시하려고 노력했다. 그게 끝이었다.

그런 대립이 전체적으로 너무 우습다고 느끼면서 나는 일어나 딸의 손을 잡고 밖으로 나왔다. 가게 앞 인도에서 아들이 크레이프 빵을 다 먹기를 기다렸다. 몇 분 뒤 아들이 나타나 왜 자리를 떴는가를 물었다. 내가 딸을 이끌고 차를 향해 급히 이동하자 아들이 급하게 나를 따랐다. 나는 너희들이 음식을 서로 공유하는 법을 배워야 한다고 말했다. 아들은 사무적인 톤으로 동생에게 한 조각을 주었다고 지적했다. 그때까지 나는 실망감으로 부글부글 끓고 있었으며 그 시점에서 주전자 아래의 열기를 끄는 것은 불가능했다. 우리는 차를 타고 집으로 향했다. 그들은 영화 관람과 간식을 위해 외출한 정상적인 남매였다. 나는 정신 나간 아빠가 되었다.

나는 그냥 넘어갈 수가 없었다. 내 옆 조수석에 앉은 아들은 여느 10대들처럼 합리적이고 신중한 내 반응에 일일이 반박했다. 실제로 아들은 비이성적인 아빠를 다루면서 침착함을 매우 잘 유지하는 것 같았다.

그런 상태에 나는 더 격분했고 결국 악담·욕설과 함께 아들이 아끼는 기타를 뺏겠다고 협박했다. 그 모든 것은 아들이 하지도 않은 일에 대한 부적절한 징계였다.

나는 이런 말을 하는 것이 자랑스럽지 않다. 그러나 티나Tina(공저자)와 나는 그 같은 감정 폭발의 상황이 매우 일반적이라고 느낀다. 따라서 그런 상황이 있음을 인정하고 어떻게 마인드사이트가 그런 상황의 부정적 영향을 줄일 수 있는가를 아이들에게 이해시키는 것이 필수적이라고 생각한다. 부끄럽게도 우리는 분노발작의 발생을 무시하려는 경우가 흔하다. 그러나 우리가 발생한 사건의 진실을 알면 상처 치유를 시작할 수 있다. 뿐만 아니라 그 같은 사건의 격렬함과 발생 빈도를 줄일 수 있다.

그래서 집에 도착했을 때 나는 진정하고 아들과 유대감을 다시 형성해야 한다는 것을 알았다. 나는 치유가 매우 중요하다는 것을 알았다. 그러나 내 바이털 사인vital sign들이 급등해 있었기 때문에 뭔가를 하기 전에 그 균형을 잡아야 했다. 밖에 나가 운동하는 것이 내 마음상태를 바로잡는 데 도움이 될 수 있다는 것을 알았으므로 딸과 스케이트를 타러 갔다. 그런 동안 딸은 내 마인드사이트를 회복하는 데 도움이 되었다. 나는 더 많은 개인적 통찰력(적어도 부분적으로는 무의식 차원에서 아들을 내 형과 동일시했음을 인식했다), 그리고 아들이 우리의 대립을 어떻게 경험했는가에 대한 공감을 갖게 됐다.

대화, 스케이팅, 성찰을 통해 결국 냉정함을 되찾았을 때 아들의 방으로 가, 얘기할 수 있느냐고 물었다. 내가 자제력을 잃었다고 생각하며 무슨 일이 있었는지 대화하는 것이 우리에게 유익할 것이라고 말했다. 아들은 내가 여동생을 과보호한다고 말했다. 아들의 말이 절대적으로 옳았다. 비이성적으로 당황한 나는 내 자신과 내 행동을 방어하기 위해 목소리를 높이고 싶었다. 그러나 계속 차분함을 유지했다. 아들은 자신이 잘못한 일은 없기 때문에 내가 화낸 것은 불필요한 행동이었다고 계속 말했다. 아들이 옳았다. 나는 다시 공유에 관해 훈계하고픈 방어적 충동을 느꼈다. 그러나 성찰 상태를 유지하며 내 경험이 아닌 아들의 경험에 초점을 맞춰야 한다는 점을 상기했다. 여기서 중요한 태도는 누가 옳았는가를 따지는 것이 아니라 아들을 수용하는 것이었다. 이 모든 것은 확실히 마인드사이트를 필요로 한다는 점을 여러분은 상상할 수 있다. 나는 내 전전두엽이 다시 작동하는 것에 감사했다.

아들의 말을 경청한 뒤 나는 실은 부당하게 여동생 편을 들었다는 점을 인정했다. 이런 태도가 그에게 얼마나 부당하게 느껴졌는가를 알 수 있다고 실토했다. 그리고 내 감정 폭발은 비이성적이었던 것 같다고 인정했다. 그것은 실제로 비이성적이었기 때문이다. 변명이 아닌 설명을 통해, 그를 내 형의 상징으로 보는 등 내 마음속에서 무슨 일이 일어났는가를 아들에게 알려 주었다. 따라서 우리는 전체 대립 과정을 이해할 수 있었다. 10대의 생각에는 내가 어색하고 어설프게 보였을 것이다. 그럼에도 나는 우리 관계에 헌신적이었으며 손상을 치유하고자 하는 내 노력은 진심이었다. 나는 아들이 이 점을 이해했다고 말할 수 있다. 나는 마인드사이트를 되찾았다. 우리 두 사람의 마음은 다시 유대감을 형성했으며 우리 관계는 정상화됐다.

티나의 혀 절단 협박

큰 아들이 3살 때 어느 날 나(공저자 티나Tina)를 때렸다. 당시 젊고 이상주의적인 부모였던 나는 가장 합리적인 대처법은 3살 아들과 이성적 대화를 하는 것이라고 믿었다. 이 대화를 통해 마술처럼 아들이 내 관점에서 사물을 바라볼 것이라고 믿었다. 나는 아들을 맨 아래 계단으로 데려와 나란히 앉았다. 나는 미소 지으며 사랑스럽게(그리고 천진난만하게) "손은 도와주고 사랑하기 위해 있는 거야. 남을 다치게 하려는 것이 아니야."라고 말했다.

내가 이 뻔한 말을 하는 동안 아들은 또 나를 때렸다.

그래서 나는 공감의 방법을 시도했다. 아직도 천진난만했지만 사랑의 느낌은 약간 덜하게 "어이쿠! 엄마 다쳤어. 엄마한테 조심해야지."라고 말했다.

그 순간 아들은 또 나를 때렸다.

그래서 더 확실한 방법을 시도했다. "때리면 안 돼. 우린 때리지 않아. 화나면 말을 해야 해."

그렇다. 여러분 추측대로 아들은 나를 다시 때렸다.

나는 어찌할 바를 몰랐다. 강도強度를 높여야겠다고 느꼈지만 방법을 몰랐다. 가장 강력한 목소리로 "이제 넌 계단 꼭대기에서 타임아웃timeout(역주: 방밖 외출 금지, 구석에 세우기, 생각 의자에 앉히기 등 일정 시간 동안 문제의 자극에 접근할 기회를 제한하는 것)을 해야 해."라고 말했다. (이런 자녀교육 전략에 관한 기술적, 과학적 용어는 '닥치는 대로 처리하기'이다. 사려 깊은 자녀교육이 아니다.)

나는 아들을 계단 꼭대기로 데려갔다. 아마도 그는 "와! 이전에 이런 적이 없었는데…. 또 엄마를 때리면 무슨 일이 생길까?"라고 생각할 것이다.

계단 꼭대기에서 나는 허리를 굽히고 손가락을 흔들며 "또 때리면 안 돼!"라고 말했다.

아들은 나를 다시 때리지 않았다.

대신에 내 정강이를 걷어찼다.

(요즘도 아들이 지적하듯이 우리가 그 얘기를 할 때 그는 손으로 때리

지 말라는 내 지시에 기술적으로 복종했다.)

그 순간 나는 실제로 자기통제력을 상실했다. 내가 생각할 수 있는 어떤 실행 가능한 선택도 사라졌다. 나는 아들의 팔을 잡고 계단 꼭대기에 있는 내 방으로 끌고 가 "넌 이제 엄마·아빠 방에서 타임아웃을 해!"라고 소리쳤다.

다시 말하지만 나는 어떤 전략도, 계획도, 방법도 없었다. 결과적으로 점점 얼굴이 붉어진 내가 아들을 집안에서 이리저리 잡아당김에 따라 상황은 계속 악화됐다.

그 시점까지 나는 번갈아가며 회유하고, 꾸짖고, 명령하고, 반발하고, 추리했다(말이 너무 많았다). "넌 엄마에게 해를 가해서는 안 돼. 때리기와 발길질은 우리 가족이 하는 행동이 아니야…."

그때 아들이 최대 실수를 저질렀다. 나를 향해 혀를 쏙 내밀었다.

그 때문에 나의 합리적, 공감적, 책임 있는, 문제해결의 위층 뇌는 원시적, 반발적 아래층 뇌에 압도됐다. 나는 "네가 한 번 더 그 혀를 내밀면 입에서 뽑아버릴 거야!"라고 소리를 질렀다.

단Dan(공저자)과 나는 어떤 환경에서도 자녀의 신체 일부를 제거해 버리겠다는 협박을 추천하지 않는다. 이것은 좋은 자녀교육이 아니다.

그리고 이것은 효과적인 자녀교육도 아니다. 아들은 바닥에 주저앉아 울었다. 나는 위협했고 아들은 계속 말했다. "엄마는 비열해!" 그는 자신의 행동은 전혀 생각지 않고 단지 내 잘못된 행동에만 초점을 맞췄다.

나의 다음 행동은 전체 상호작용 과정에서 내가 한 유일한 옳은 행동이었을 것이다. 자녀와의 관계에서 이런 파열이 있을 때 이것은 필수적이다. 자녀와 함께 치유하기. 나는 그처럼 반발적이며 화난 시점에서 내가 얼마나 무서웠는가를 즉각 깨달았다. 만약 다른 사람이 나처럼 내 아이를 위협했다면 나는 심하게 화를 냈을 것이다. 나는 무릎을 꿇어 바닥의 아들을 끌어안고 '정말 미안하다'고 말했다. 나는 아들이 좀 전에 있었던 일을 얼마나 싫어했는가를 말하게 했다. 우리는 아들이 이해하도록 그 이야기를 다시 했으며 나는 그를 안심시켰다.

내가 이 이야기를 할 때마다 청중석에서 항상 큰 웃음이 터진다. 부모들은 이런 일을 자신의 경험으로 동일시하기 때문이다. 부모들은 자녀교육 전문가도 이처럼 완전히 실패할 때가 있다는 이야기를 듣고 즐거워하는 것 같았다. 내가 청중에게 설명한 대로, 우리는 자녀뿐 아니라 우리 자신에게도 마찬가지로 인내심을 갖고 이해하고 용서해야 한다. (사람들은 내게 지금 다르게 행동한다면 어떻게 하겠는가를 항상 질문한다. 이에 대해서는 '유아의 잘못된 행동을 다루는 4단계'를 삽화로 설명한 제6부를 보라.)

앞의 이야기들은 말하기에 약간 당혹스럽지만, 단Dan과 나는 부모들에게 '우리가 통제력을 잃고 자신을 잘 다루지 못할 때, 우리 모두는 그처럼 위층 뇌의 붕괴에 빠질 잠재적 위험성을 갖고 있다'는 증거(물론 유머가 있는 증거)로 제시한다. 그러나 이런 일이 규칙적으로 발생해서는 안 된다. 만약 도저히 참지 못할 일이 반복되면 전문가의 도움을 받을 것을 추천한다. 전문가의 도움은 자녀와의 관계에서 반발적인 태도를 빈번하게 유발하는 감정적 욕구·상처를 이해하는 데 유익할 것이다.

그러나 만약 우리 대부분과 마찬가지로 여러분이 단지 가끔씩만 감정적 접근을 하게 된다면 그것은 단지 자녀교육의 일부일 뿐이다. 핵심은 이런 일들이 언제 발생하는가를 인식하고, 상처를 줄이기 위해 가능한 한 빨리 그것을 끝내며, 그리고 치유하는 것이다. 우리는 진실로 잃어버린 것(마인드사이트)을 되찾아야 한다. 그리고 우리가 정성 들여 보살피는 자녀를 위해, 자신을 회복·치유할 수 있도록 통찰력과 공감력을 사용해야 한다.

자녀교육의 8가지 원칙

여러분은 우리 아이들의 삶에서 중요한 사람이다. 여러분은 그들의 마음, 성격, 심지어 뇌 구조까지 형성함으로써 그들이 어떤 사람이 되는가를 결정하는 데 일익을 담당하고 있다. 우리는 이 믿을 수 없는 특권, 그리고 그들에게 좋은 결정을 내리고 친절하며 성공적인 인간이 되는 법을 가르치는 책임을 공유한다. 이 때문에 우리는 그들의 행동상 문제점을 다루는 법을 여러분과 공유하길 원한다. 우리는 협력할 수 있다는 희망을 가지고, 자녀교육과 관련해 아이들에게 일관되며 효과적인 경험을 주길 원한다.

여기에 우리를 안내하는 8가지 기본 원칙이 있다.

1. 자녀교육은 필수적이다.

자녀를 사랑하고 그들에게 필요한 것을 주는 것은 분명하고 일관된 한계 설정, 높은 기대감을 포함한다고 우리는 믿는다. 이 모든 것은 그들이 인간관계와 삶의 다른 영역에서 성공하는 데 도움이 된다.

2. 효과적인 자녀교육은 어른과 아이 사이에서 사랑 가득하고 존중하는 관계에 달려 있다.

자녀교육은 위협이나 모욕을 포함해서는 안 된다. 신체적 고통을 야기하거나, 아이에게 두려움을 주거나, 어른을 적으로 느끼게 해서는 안 된다.

자녀교육은 안전함을 느끼게 하는 것, 관련된 모든 사람에 대한 사랑을 느끼게 하는 것이어야 한다.

3. 자녀교육의 목표는 가르치는 것이다.

우리는 아이들이 현재의 자신을 더 잘 다루며 미래에 더 좋은 결정을 내릴 수 있는 능력 계발을 위해 자녀교육을 이용한다. 즉각적인 징계보다는 가르치는 것이 더 나은 방법인 경우가 대부분이다. 처벌 대신에 그들이 자신의 행동에 관해 생각하게 함으로써, 창조적이며 잘 놀게 만듦으로써 그들의 협력을 진작시킬 수 있다. 우리는 오늘과 내일 더 나은 행동으로 연결되는 인식 · 능력을 계발하기 위해, 대화를 통해 한계를 설정한다.

4. 자녀교육의 첫 걸음은 아이의 감정에 유의하는 것이다.

아이들이 잘못 행동할 때 그것은 대부분 격한 감정을 잘 다루지 못했거나 좋은 결정을 내릴 능력을 아직 갖추지 못한 결과이다. 따라서 그들의 행동 이면의 감정적 경험에 유의하는 것은 행동 그 자체만큼이나 중요하다. 실제로 과학적 연구에 따르면 아이의 감정적 요구를 다루는 일은 아이들이 성장하면서 자신을 잘 관리하도록 뇌를 계발할 뿐 아니라, 시간이 흐르면서 행동교정에도 가장 효과적인 방법으로 나타났다.

5. 아이들이 속상하거나 몹시 화낼 때가 우리를 가장 필요로 하는 때이다.

우리가 그들을 위해 그곳에 있다는 사실을 아이들에게 보여줘야 한다. 그리고 그들이 최악의 상태일 때에도 우리는 그럴 것이라는 점을 보여줘야 한다. 이것이 그들이 신뢰와 전반적인 안전감을 형성하는 방식이다.

6. 종종 우리는 아이들이 배울 준비가 될 때까지 기다려야 한다.

만약 아이들이 속상하거나 통제가 안 되면 그것은 가르침을 시도하기에 최악의 시점이다. 그런 격한 감정은 아이들이 우리를 필요로 한다는 증거이다. 따라서 우리가 맨 먼저 해야 할 일은 그들을 진정시키는 것이다. 그래서 통제력을 회복해 자신을 잘 관리할 수 있게 하는 것이다.

7. 아이들에게 배울 준비를 하게 만드는 방법은 그들과 유대감을 형성하는 것이다.

그들의 행동에 관해 두뇌 이동(아래층 뇌→위층 뇌)을 시도하기 전에 우리는 그들과 유대감을 형성하고 그들을 편안하게 해줘야 한다. 그들이 신체적으로 다쳤을 때 진정시키는 것처럼, 그들이 감정적으로 속상할 때 우리는 같은 일을 해야 한다. 그들의 감정을 인정함으로써, 사랑의 공감을 함으로써 우리는 이 일을 한다. 가르치기 전에 유대감을 형성해야 한다.

8. 유대감 형성 후 두뇌 이동을 한다.

일단 우리와의 유대감을 느꼈을 때 아이들은 배울 준비를 더 확실히 할 것이다. 따라서 우리는 효과적으로 그들의 두뇌를 이동시키며 그들의 행동에 관해 대화할 수 있다. 두뇌를 이동시키고 한계를 설정할 때 우리는 무엇을 성취하길 희망할까? 우리는 아이들이 자신에 대한 통찰력, 타인에 대한 공감력, 그리고 실수했을 때 바로잡는 능력을 갖추길 원한다.

자녀교육은 우리에게 간단한 한 문장으로 요약된다. '유대감을 형성하고 두뇌를 이동시켜라.' 우리의 첫 반응은 항상 진정시키는 유대감 형성이어야 한다. 그런 다음에 자녀의 행동에 관한 두뇌를 이동시킬 수 있다. 우리가 아이들의 행동에 '노'라고 말할 때조차, 그들의 감정에는 그리고 그들이 일을 경험하는 방식에는 항상 '예스'라고 말하길 원한다.

최고 부모도 저지르는
20가지 실수

우리는 항상 자녀를 교육하기 때문에 우리의 자녀교육 전략을 객관적으로 보기 위해서는 현실적인 노력이 필요하다. 좋은 의도는 효과적이지 못한 습관이 될 수 있다. 그리고 그것 때문에 우리는 맹목적으로 움직일 수 있고, 우리 자신이나 자녀에게 최선이 아닌 방식으로 자녀교육할 수 있다. 여기에 가장 사려 깊고, 가장 박식한 부모들이 저지르는 공통적인 자녀교육의 실수가 있다. 이런 실수들은 우리가 '노 드라마, 전체 두뇌' 자녀교육의 목표를 생각지 않을 때 불쑥 생긴다. 그 실수들을 기억하면 우리는 그것을 효과적으로 피할 수 있다. 그리고 우리가 감정적인 교육법을 선택하려고 할 때에 거기서 효과적으로 물러날 수 있다.

1. 가르침보다 징계를 기반으로 한다.

자녀교육의 목표는 매번 잘못할 때마다 징계 받는다는 점을 확신시키는 것이 아니다. 진정한 목표는 이 세상에서 어떻게 잘 살 것인가를 아이들에게 가르치는 것이다. 그러나 많은 경우 우리는 자동조종으로 자녀교육을 하며 징계에 초점을 맞춘다. 따라서 그것이 최종 목표, 전체 초점의 대상이 된다. 따라서 자녀교육을 할 때 실제 목적이 무엇인지를 자신에게 물어라. 그리고 그 교훈을 가르치는 창조적인 방법을 찾아라. 아마도 여러분은 징계를 전혀 사용하지 않고도 그것을 가르치는 더 나은 방법을 찾을 수 있을 것이다.

2. 자녀교육은 따뜻하고 헌신적일 수 없다고 생각한다.

여러분이 자녀교육하는 동안에 침착하고 사랑이 충만하며 헌신적인 부모가 되는 것이 실제로 가능하다. 현실적으로 분명하고 일관된 한계, 사랑이 충만한 공감을 결합하는 것이 중요하다. 여러분이 바꾸길 원하는 행동에 관해 자녀와 대화할 때 목소리 톤의 중요성을 과소평가하지 마라. 궁극적으로 여러분은 따스함, 사랑, 존중, 연민을 전하는 방식으로 자녀와 계속 상호작용하며 자녀교육에서 강함과 일관성을 유지하려고 노력한다. 자녀교육의 이 두 가지 측면은 공존할 수 있으며 공존해야 한다.

3. 일관성과 완고함을 혼동한다.

일관성은 신뢰할 수 있고 논리 정연한 철학을 가지고 일한다는 의미이다. 따라서 아이들이 우리의 기대를 안다는 것이다. 그것은 임의의 규칙 조합에도 변함없이 헌신하는 것을 의미하지 않는다. 따라서 종종 여러분은 그 규칙에 예외를 두거나 사소한 위반에는 눈 감을 수도 있을 것이다. 혹은 자녀의 사정을 봐줄 수 있을 것이다.

4. 말을 너무 많이 한다.

아이들이 반발적이며 우리의 말을 경청하는 데 어려움을 겪는다면, 우리는 그냥 조용히 있어야 할 때가 자주 있다. 우리가 속상한 아이들에게 계속 말할 때 그것은 대부분 역효과를 낳는다. 단지 우리는 그들을 더 기능부전에 빠뜨릴 수 있는 감각적 주입을 할 뿐이다. 대신에 비언어적인 의사소통을 하라. 그들을 안아줘라. 그들의 어깨를 다독여줘라. 미소 짓거나 공감의 표정을 지어라. 고개를 끄덕여라. 그리고 그들이 진정해 경청할 준비가 될 때, 여러분은 말을 사용하고 언어적, 논리적 차원에서 그 문제를 다룸으로써 아이의 두뇌를 이동시킬 수 있다.

5. 행동 이면의 '왜' 보다 그 행동에 지나치게 초점을 맞춘다.

좋은 의사라면 누구나 증상은 어떤 뭔가가 처리되어야 한다는 표시라는 점을 안다. 아이들의 잘못된 행동은 대개의 경우 어떤 뭔가의 증상이다. 만약 우리가 그 행동을 유발한 아이들의 감정과 주관적 경험에 대한 유대감을 형성하지 않으면 증상은 계속 발생할 것이다. 다음번에 자녀가 잘못된 행동을 하면 셜록 홈즈의 모자를 쓰고 어떤 감정(호기심, 화, 좌절, 피로, 배고픔 등)이 그 행동을 야기했는가를 알기 위해 그 행동을 세심하게 관찰하라.

6. '어떻게' 말할 것인가에 초점 맞추는 것을 잊어버린다.

우리가 아이들에게 무엇을 말하는가는 중요하다. 물론 그렇다. 그러나 우리가 '어떻게' 그것을 말하는가도 마찬가지로 중요하다. 쉽지는 않지만 우리는 자녀와 의사소통할 때마다 친절과 존중을 목표로 삼길 원한다. 우리가 항상 그렇게 할 수는 없지만 그것을 목표로 삼아야 한다.

7. 자녀에게 격한 감정, 부정적 감정을 경험하지 말라고 한다.

일이 자기 뜻대로 풀리지 않아 자녀가 강하게 반발할 때 여러분은 그 반발을 중단시킨 적이 있는가? 그렇게 하라는 의미가 아니다. 부모들은 '자녀가 행복할 때에만 자녀와 함께 있는 것에 관심 있다'는 메시지를 흔히 보낸다. 자녀가 부정적인 감정을 표현할 때에는 그렇지 않다는 것이다. 마치 우리는 "네가 기분 좋을 준비가 될 때 우리 가족에 다시 합류할 수 있다."라고 말하는 것 같다. 그 대신에 우리는 자녀가 최악의 상태일 때에도 그들을 위해 그곳에 있을 것이라는 메시지를 전하길 원한다. 특정 행동이나 특정 감정이 표현되는 방식에 '노'라고 말할 때에도 우리는 자녀의 감정에는 '예스'라고 말하고 싶다.

8. 과잉반응해 자녀가 그들의 행동이 아닌 우리의 과잉반응에 초점을 맞추게 한다.

우리가 자녀교육에서 도가 지나칠 때(우리가 처벌을 우선시하고, 너무 거칠고, 지나치게 반발적일 때) 아이들은 자신의 행동에 초점 맞추기를 중단한다. 그 대신에 '부모가 매우 비열하며 불공정하다'는 그들의 느낌에 초점을 맞춘다. 따라서 침소봉대하는 것을 피하기 위해 여러분이 할 수 있는 것이면 무엇이든 하라. 잘못된 행동을 다루고 필요하다면 자녀를 그 상황에서 벗어나게 하라. 그리고 많은 말을 하기 전에 여러분 자신에게 진정할 시간을 줘라. 그래야 여러분은 침착하고 사려 깊게 반응할 수 있다. 또 여러분이 아닌 자녀의 행동에 계속 초점을 맞출 수 있다.

9. 손상된 관계를 치유하지 않는다.

우리는 자녀와의 갈등을 피할 수는 없다. 그리고 우리 자신을 다루는 일에서 완벽할 수는 없을 것이다. 우리는 종종 미성숙하고, 반발적이며, 불친절할 것이다. 가장 중요한 것은 우리 자신의 잘못된 행동을 처리하면서 가능한 한 빨리 자녀와의 관계 손상을 치유하는 것이다. 아마도 그 방법은 용서하고 용서를 구하는 일이다. 진실하고 사랑 가득한 방법으로 가능한 한 빨리 치유함으로써 우리는 아이들에게 중요한 능력의 모범이 된다. 그 능력 덕분에 아이들은 자라면서 훨씬 더 의미 있는 관계를 즐길 수 있다.

10. 감정적 반발 순간에 강압적으로 말한 뒤 과잉반응했음을 깨닫는다.

우리의 말이 약간 '놀라울' 때가 종종 있을 수 있다. "넌 남은 여름 기간 내내 수영하러 갈 수 없어!" 이럴 때에는 상황을 바로잡도록 하라. 확실한 마무리가 중요하다. 그렇지 않으면 여러분은 신뢰를 잃을 것이다. 그러나 여러분은 일관성을 가지면서 융통성을 발휘할 수 있다. 가령 여러분은 "네가 한 일이 내 마음에 들지 않아. 하지만 네가 그것을 바로잡을 기회를 한 번 더 줄게."라고 말함으로써 '한 번 더' 카드를 사용할 수 있다. 또 여러분은 과잉반응했다는 것을 인정할 수 있다. "내가 성급하게 화를 냈어. 내가 충분히 잘 생각하지 못했어. 그래서 다시 생각하고 마음을 바꿨어."

11. 자녀가 좋은 결정을 내리고 자신을 진정시킬 때 종종 우리 도움을 필요로 한다는 사실을 잊는다.

아이들이 통제력을 잃기 시작할 때 우리는 "당장 그만 둬!"라고 말하고 싶은 유혹을 느낀다. 그러나 종종, 특히 어린 아이의 경우에 실제로 자신을 즉각 진정시킬 능력이 없다. 그것은 여러분이 개입해서 그들이 좋은 결정을 내리도록 도와야 한다는 의미이다. 그 첫 걸음은 언어적 그리고 비언어적 의사소통을 통해 자녀와 유대감을 형성하는 것이다. 그렇게 해서 여러분이 자녀의 실망감을 알고 있다는 점을 이해시키는 것이다. 이런 유대감 형성 뒤에 여러분은 자녀가 좋은 결정을 내리도록 자녀의 두뇌를 이동시킬 수 있다. 그리고 자녀도 이에 대한 준비를 할 것이다. 여러분이 자녀의 나쁜 행동에 반응하기 전에 자주 기다릴 필요가 있다는 점을 기억하라. 아이들이 통제력을 잃었을 때는 규칙을 엄격하게 강요하기에 적합한 시점이 아니다. 그들이 침착해지고 더 수용적인 자세를 갖췄을 때 교훈을 더 잘 배울 수 있을 것이다.

12. 자녀교육할 때 청중을 생각한다.

우리 중 대부분은 다른 사람의 생각에 지나치게 신경을 쓴다. 그것이 자녀교육 방법에 관한 것일 때에는 특히 그렇다. 다른 누군가가 지켜본다고 다르게 자녀교육하는 것은 아이들에게 불공정하다. 예를 들면 인척들 앞에서 그런 유혹은 훨씬 더 강해질 수 있다. 그들로부터 부모라는 인정을 받고 싶기 때문이다. 그러니 그런 유혹을 없애라. 자녀를 불러서 다른 사람이 듣지 못하게 조용히 이야기하라. 이렇게 하면 여러분은 방안의 다른 사람들에게 어떻게 들릴지 걱정할 필요가 없을 것이다. 뿐만 아니라 자녀에게 더 집중할 수 있으며, 자녀의 행동과 요구에 잘 조율할 수 있다.

13. 권력투쟁에 빠진다.

아이들은 코너에 몰렸다고 느낄 때 본능적으로 반격하거나 완전히 멈춰버린다. 그러니 그런 덫을 피하라. 자녀에게 출구를 주는 것을 고려하라. "먼저 뭐 좀 마신 뒤 장난감을 고를래?" 또는 협상하라. "우리 두 사람 모두가 원하는 것을 얻을 수 있는 방법을 찾아보자." 협상할 수 없는 것들이 있는 것은 사실이다. 그러나 협상은 나약함의 표시가 아니다. 자녀와 자녀의 요구에 대한 존중의 신호이다. 심지어 자녀에게 도움을 요청할 수도 있다. "의견이 있니?" 여러분이 몸을 낮춰 서먹함을 평화롭게 해소하길 얼마나 열렬히 원하는가를 발견하면, 자녀는 충격을 받을지도 모른다.

14. 특정 시점의 자녀 개개인보다 우리의 습관·감정에 대한 반응으로 자녀교육을 한다.

우리는 피곤하기 때문에, 우리 부모가 그렇게 했기 때문에, 또는 아침 내내 말 안 듣는 작은 아이에게 질렸기 때문에 종종 자녀를 몰아세운다. 그것은 공정하지 못하지만 이해는 가능하다. 필요한 것은 우리의 행동을 반성하고, 아이들과 그 순간을 함께 하며, 그 순간 발생한 일에만 반응하는 것이다. 이것은 자녀교육에서 가장 어려운 일 중 하나이다. 그러나 우리가 이 일을 더 잘 할수록 사랑이 가득한 방법으로 아이들에게 더 잘 반응할 수 있다.

15. 다른 사람들 앞에서 자녀를 교육함으로써 그들을 당황하게 한다.

공개적으로 자녀교육할 때 자녀의 감정을 고려하라. 만약 여러분에게 중요한 누군가가 다른 사람들 앞에서 여러분을 공개적으로 반박한다면 어떤 느낌일지 상상해보라! 가능하면 방밖으로 나가거나, 아니면 자녀를 가까이 끌어당겨 귀엣말을 하라. 이것이 항상 가능하지는 않다. 그러나 가능하다면 자녀의 잘못된 행동을 다루기 위해 여러분이 해야 할 일이 무엇이든 그것에 경멸감을 담지 마라. 그렇게 함으로써 존중심을 자녀에게 보여줘라. 만약 자녀가 당황하면 여러분이 가르치고자 하는 교훈에 집중하지 못할 것이며, 여러분이 말하고자 하는 것에 귀 기울이지 못할 것이다.

16. 자녀에게 설명을 요구하기 전에 최악을 가정한다.

상황이 나쁜 것처럼 보일 때가 종종 있으며 또 실제로 그렇기도 하다. 그러나 종종 상황은 보이는 것만큼 나쁘지 않다. 벌하기 전에 아이의 말을 경청하라. 자녀가 설명을 잘 할 수도 있다. 여러분은 자신의 행동에 근거가 있다고 믿지만, 자녀가 "난 신경 안 써. 그것에 관해서는 듣고 싶지 않아. 이유나 변명이 없어."라고 말할 때 그것은 정말 실망스러운 일이다. 여러분은 천진난만할 수 없으며 모든 부모는 항상 비판적 사고를 해야 한다. 언뜻 보기에 명확한 것 같은 것 때문에 아이를 비난하기 전에, 아이가 무슨 말을 할까를 파악하라. 그러면 여러분은 어떻게 최선의 반응을 할 수 있는가를 결정할 수 있다.

17. 자녀의 경험을 묵살한다.

아이가 상황에 강하게 반응할 때, 특히 그 반응이 부적절하고 우스울 때 이렇게 말하고 싶은 유혹을 느낀다. "넌 단지 피곤해." "왜 이 일에 울고 있니?" "호들갑 떨지 마." "그것은 대단한 일이 아니야." 그러나 이런 말들은 아이의 경험을 축소한다. 여러분이 속상했을 때 누군가 이런 말들 중 하나를 여러분에게 한다고 상상해보라. 반응하기 전에 자녀의 경험을 경청하고 공감하며 이해하는 것이 감정적으로 훨씬 잘 반응하는 것이며 더 효과적이다. 그것이 여러분에게는 우스운 것 같아도 자녀에게는 현실이라는 점을 잊지 마라. 여러분은 자녀에게 중요한 것을 묵살하길 원치 않을 것이다.

18. 자녀에게 너무 많은 것을 기대한다.

대부분의 부모는 아이들이 완전하지 않다는 점을 알고 있다고 말할 것이다. 그러나 동시에 그들은 자녀가 항상 잘 행동하길 기대한다. 게다가 부모는 감정 관리와 좋은 선택에 관한 한 자녀에게 너무 많은 것(성장단계상 적정 수준 이상의 것)을 기대하는 일이 흔하다. 이런 일은 첫째 자녀인 경우 두드러진다. 너무 많은 것을 기대할 때 우리가 저지르는 또 다른 잘못은 자녀가 '종종' 일을 잘 처리하기 때문에 '항상' 일을 잘 처리할 수 있다고 기대하는 것이다. 특히 아이가 어릴 때에는 좋은 결정을 내리는 능력은 실제로 변동을 거듭한다. 단지 아이가 한 번 일을 잘 처리하는 것이 다른 때에도 그럴 수 있다는 것을 의미하지 않는다.

19. 우리의 재능보다 전문가를 맹종한다.

'전문가'라 함은 친구나 가족 구성원뿐만 아니라 저자나 다른 스승을 의미한다. 다른 누군가의 생각에 기초한 자녀교육은 피해야 한다. 따라서 여러분의 자녀교육 도구 상자를 많은 전문가(그리고 비전문가)들로부터 얻은 정보로 채워라. 그리고 그런 다양한 방법의 여러 측면 중에서, 여러분의 상황(그리고 가족과 자녀의 개성)에 가장 잘 어울릴 것 같은 방법을 선택할 때에는 여러분 자신의 재능에 귀 기울여라.

20. 지나치게 자책한다.

지나치게 자책하는 사람이 가장 훌륭한 부모인 경우가 흔하다. 이것은 우리가 발견한 사실이다. 그들은 자녀가 잘못할 때마다 매번 완벽하게 자녀교육하길 원한다. 그러나 그것은 불가능하다. 그러니 여유를 가져라. 자녀를 사랑하고, 분명한 한계를 설정하며, 사랑으로 자녀교육 하고, 여러분이 잘못했을 때 자녀와 화해하라. 그 같은 자녀교육은 관련된 모든 사람에게 좋다.

아이의 마음을 계발하는
혁명적 전략

여러분도 일이 안 풀리는 날이 있었을 것이다. 수면 박탈, 진흙투성이 운동화, 새 웃옷에 묻은 땅콩버터, 숙제로 인한 다툼, 컴퓨터 키보드의 점토, "쟤가 먼저 시작했어!"라는 불평으로 인해 여러분은 잠자리에 들 때까지 시간을 세게 된다. 몹시 힘든 이런 날에 여러분이 바랄 수 있는 최대치는 '생존'인 것 같다.

그러나 그것이 자녀에 관한 문제일 때 여러분은 단순한 생존 이상의 높은 목표를 지향한다. 물론 여러분은 이처럼 힘든 순간을 극복하길 원한다. 여러분이 부모이든, 조부모이든, 아이의 삶에서 허용된 다른 보호자이든 여러분의 궁극적인 목표는 아이가 성공하도록 양육하는 것이다. 여러분은 아이들이 의미 있는 인간관계를 즐기고, 배려와 연민을 가지며, 학교에서 잘 하고, 열심히 일하며, 책임감 있고, 자신이 누구인가에 관해 좋은 느낌을 갖길 원한다.

생존. 번성.

우리는 수년 간 수천 명의 부모들을 만났다. 우리가 그들에게 '무엇이 가장 중요한가' 라는 질문을 할 때, 이 두 가지 목표에 관한 것들이 거의 언제나 최상위를 차지한다. 그들은 자녀교육의 어려운 순간을 극복하길 원한다. 그리고 자녀와 가족이 번성하길 원한다. 우리는 부모로서 가족을 위해 이 동일한 목표를 공유한다. 고결하고, 조용하며, 마음이 온전할 때 우리는 자녀의 정신적 성숙, 경외감 증대, 그리고 삶의 모든 영역에서의 잠재력 계발에 관심을 갖는다. 그러나 정신없고, 스트레스 심하고, '축구경기에 가기 위해 뇌물을 써서 유아를 카시트에 앉히는' 순간에, 종종 우리가 바랄 수 있는 것은 소리치는 것을 피하거나, 누군가로부터 "너무 비열해!" 라는 말 듣는 것을 피하는 것이 전부이다.

여유를 갖고 여러분 자신에게 물어보라. 내가 진정으로 자녀에게 원하는 것은 무엇일까? 자녀를 어떤 품성의 인간으로 키우길 희망할까? 대부분의 경우 자녀가 행복하고 독립적이며 성공적이길 원할 것이다. 여러분은 자녀가 행복한 인간관계를 즐기며 의미·목적을 가진 삶을 살길 원한다. 이제 여러분 시간의 몇 %를 자녀의 이 같은 능력 계발에 사려 깊게 사용하는가를 생각해보라. 여러분이 대부분의 부모와 같다면 간신히 하루(그리고 종종 추가로 5분 더)를 보내는 데 너무 많은 시간을 소모한다고 걱정한다. 또 오늘 그리고 장래에 자녀를 번성시키는 경험을 만들어 주는 데는 충분한 시간을 쓰지 않는다고 걱정한다.

여러분은 자신을 완벽한 부모(이들은 결코 생존을 위해 투쟁하지 않으며, 표면적으로는 매 순간을 자녀의 발전을 위해 사용한다)와 비교할 수도 있다. 학부모회 회장은 완벽하게 균형 잡힌 유기농 음식을 요리하면서 자녀에게 타인을 돕는 일의 중요성에 관한 책을 라틴어로 읽어준다고 여러분은 생각한다. 또 학부모회 회장은 클래식 음악을 들려주며 에어컨을 통해 라벤더 향기요법을 시행하는 복합적인 미술관에 자녀를 데려간다고 여러분은 생각한다. 우리들 중 어느 누구도 이런 가상의 슈퍼 부모에 필적할 수 없다. 우리가 하루 중 많은 시간을 전적으로 생존 모드에 쓴다고 느낄 때, 그래서 생일 파티가 끝날 무렵 분노에 찬 눈과 붉어진 얼굴로 "그 활을 가지고 한 번만 더 언쟁하면 어느 누구도 절대 선물을 받지 못할 거야!"라고 외칠 때 특히 그렇다.

만약 이것들 중 한 가지라도 친숙하게 들리면 그런 여러분에게 좋은 뉴스가 있다. 여러분이 생존을 위해 노력하는 순간이 실제로는 자녀의 번성에 유익한 기회이다. 종종 여러분은 사랑 가득하고 중요한 순간(연민과 성격에 관한 의미 있는 대화처럼)은 자녀교육상의 어려움(숙제에 관한 다툼이나 분노발작 등)과는 분리돼 있다고 느낄 수 있다. 그러나 그것들은 전혀 분리돼 있지 않다. 자녀가 존중심 없이 여러분에게 말대꾸할 때, 여러분이 교장 선생님의 면담에 호출 받을 때, 온 벽에 크레용이 칠해져 있는 것을 발견할 때 이런 경우들은 생존의 순간이며 그것에는 의문의 여지가 없다. 그러나 동시에 그것들은 기회(심지어 선물)이다. '생존의 시점'은 또한 '번성의 시점'이다. 이 시점에 중요하고 의미 있는 자녀교육이 이루어지기 때문이다.

자녀교육과 두뇌

부모는 대개 자녀의 신체에 관해서 전문가이다. 그들은 체온이 37도 이상이면 고열이라는 사실을 안다. 베인 상처는 감염되지 않도록 깨끗이 해야 한다는 것도 안다. 자녀가 잠자기 전에 어떤 음식이 그들을 흥분상태로 만들 가능성이 가장 큰가를 안다.

그러나 교육을 가장 잘 받은, 가장 배려심 있는 부모들조차 자녀의 두뇌에 관한 기본적 정보가 결여된 경우가 흔하다. 놀랍지 않은가? 부모가 신경 쓰는, 자녀 삶의 실제적 모든 측면(절제력, 의사결정, 자아의식, 학교, 인간관계 등)에서 두뇌의 핵심 역할을 고려할 때 특히 그렇다. 실제로 두뇌는 '우리가 누구인가' '우리가 무엇을 하는가'를 대부분 결정한다. 뇌 자체는 부모로서 우리가 제공하는 경험에 의해 의미 있게 만들어진다. 그러므로 그 변화의 방식을 아는 것은 자녀의 뇌를 더 강하고 더 탄력성 있게 만드는 데 유익하다.

우리는 여러분에게 '전체 두뇌' 관점을 소개하려고 한다. 우리는 뇌에 관한 근본 개념을 설명하고 싶다. 그리고 자녀교육이 더 쉽고 더 의미 있게 이루어지도록, 여러분의 새 지식을 적용하는 데 도움을 주고 싶다. 우리는 '전체 두뇌' 방법이 자녀교육에서 발생하는 모든 실망을 없앨 것이라고 말하는 것은 아니다. 그러나 두뇌가 어떻게 작동하는가에 관한 몇 가지 간단하고 터득하기 쉬운 기본을 이해함으로써, 여러분은 자녀를 더 잘 이해할 수 있다. 또 어려운 자녀교육 상황에 더 효과적으로 대응할 수 있다. 그리고 자녀에게 사회적, 정서적, 정신적 건강의 근본을 형성시킬 수 있다. 부모로서 여러분이 하는 일은 중요하다. 우리는 여러분에게 그 기본 즉, 자녀와 굳건한 관계(자녀의 뇌를 만들며, 건강하고 행복한 삶에 최대의 근본이 되는 것)를 형성하는 데 유익한, 과학에 기초한 아이디어를 제공할 것이다.

통합은 무엇인가? 왜 중요한가?

우리의 뇌는 다른 기능을 가진 많은 다른 부위를 가지고 있다. 우리들 중 대부분은 이런 사실을 생각지 않는다. 예를 들면 여러분은 논리적으로 생각하고 생각을 문장으로 만드는 좌뇌를 가지고 있다. 그리고 감정과 비언어적 신호를 경험하는 데 도움이 되는 우뇌를 가지고 있다. 또 본능적으로 행동하며, 순식간에 생존 결정을 내릴 수 있게 하는 '파충류 뇌'를 가지고 있다. 그리고 유대감과 대인관계를 추구하게 하는 '포유류 뇌'를 가지고 있다. 뇌의 일부분은 오로지 기억을 다루는 데 사용되며, 다른 부분은 도덕적 윤리적 결정을 전담한다. 그것은 마치 여러분의 뇌가 복합적 개성을 가진 것과 같다. 일부는 이성적이나 일부는 비이성적이며, 또 일부는 성찰적이나 일부는 반발적이다. 우리가 다른 시기에 다른 사람 같을 수 있다는 것은 놀랄 일이 아니다.

자녀를 번성하게 만드는 핵심은 이런 부위들이 서로 잘 작동하도록 돕는 것이다. 즉, 이들을 통합하는 것이다. 통합은 여러분 뇌의 뚜렷이 다른 부위들이 전체로서 함께 작동하게 하는 것이다. 그것은 몸에서 일어나는 일과 비슷하다. 몸은 다른 기능을 수행하는 여러 장기들을 가지고 있다. 폐는 호흡하고, 심장은 혈액을 펌프질하며, 위는 음식물을 소화시킨다. 몸이 건강하기 위해서는 이런 장기들이 모두 통합되어야 한다. 달리 말해서 각 장기들은 전체로서 협업하는 동시에 개별적 기능을 수행해야 한다.

통합은 단순히 그런 것이다. 잘 기능하는 전체를 만들기 위해 서로 다른 요소들을 결합하는 것이다. 건강하게 기능하는 몸과 마찬가지로, 여러분의 뇌는 각각의 다른 부위들이 협동과 균형의 방식으로 함께 작동하지 않으면 최상의 기능을 발휘할 수 없다. 그것이 통합이 하는 일이다. 즉, 뇌의 각 부위를 연결시켜 서로 협동하고 균형을 유지하게 한다. 아이들이 통합되지 않은 때(감정에 압도되고, 분열되며, 혼란스러워 할 때)를 아는 것은 쉬운 일이다. 아이들은 당면한 상황에 침착하고 유능하게 반응할 수 없다. 성질부림, 분노발작, 공격성, 그리고 자녀교육(그리고 인생)상의 다른 힘든 경험들은 통합의 상실(즉 분열)의 결과이다.

부모로서 우리는 아이들이 잘 통합돼 '전체 두뇌'를 협동의 방식으로 사용할 수 있길 원한다. 예를 들면 아이들이 수평적으로 통합되기를 원한다. 그래서 좌뇌의 논리와 우뇌의 감정이 함께 잘 작동하기를 원한다. 또한 그들이 수직적으로 통합되길 원한다. 그래서 구조상 위층 뇌(행동을 사려 깊게 생각하게 한다)가 아래층 뇌(본능, 소화관의 반응, 생존과 더 관련돼 있다)와 함께 잘 작동하길 원한다.

실제로 통합이 일어나는 방식은 매력적이다. 하지만 대부분의 사람들은 그것을 인식하지 못한다. 최근 몇 년간 과학자들은 이전에는 불가능했던 방식으로 뇌를 연구할 수 있는 두뇌 스캔 기술을 발달시켰다. 이 신기술은 이전에 우리가 뇌에 관해 믿었던 많은 것들을 확인해 주었다. 신경과학의 근본을 흔든 놀라운 일들 중 한 가지는, 뇌는 실제로 '플라스틱' 같으며 형성이 가능하다는 사실의 발견이다. 이것은 우리 삶의 전 과정을 통해(사람들이 이전에 생각했던 것처럼 단지 어린 시절만이 아니라) 뇌는 물질적으로 변화한다는 의미이다.

무엇이 뇌를 형성할까? 경험이다. 심지어 늙은 나이까지 우리의 경험은 실제로 뇌의 물질적 구조를 바꾼다. 우리가 경험을 할 때 뇌세포(뉴런)는 활성화된다. 뇌에는 1,000억 개의 뉴런이 있으며 각각의 뉴런은 다른 뉴런들과 평균 1만 개의 연결망을 가지고 있다. 뇌의 특정 회로가 활성화하는 방식은 시각·소리의 인식에서부터 추상적 사고와 추론에 이르기까지 정신활동의 본질을 결정한다.

뉴런은 함께 활성화할 때 서로 간에 새 연결망을 형성한다. 활성화로 인해 만들어진 신경 연결망은 시간이 지나면서 뇌에서 다시 연결되는 결과를 초래한다. 이것은 믿을 수 없는 흥분되는 뉴스이다. 이것은 우리가 지금 이 순간 우리의 뇌가 작동하는 방식의 포로로 잡혀 있지 않다는 것을 뜻한다. 즉, 우리는 더 건강하고 더 행복해질 수 있도록 신경 연결망을 실제로 다시 연결할 수 있다는 의미이다. 이것은 아이와 청소년뿐 아니라, 삶의 전 과정을 통해 우리 모두에게 진실이다.

바로 지금도 여러분 자녀의 뇌신경은 부단히 연결되고, 다시 연결되고 있다. 그리고 여러분이 제공하는 경험은 지속적으로 자녀의 뇌 구조를 결정할 것이다. 부담스럽지 않는가? 어쨌든 걱정하지 마라. 본질은 뇌의 기본구조는 적절한 음식, 수면, 자극이 주어지면 잘 발달할 것이라는 점이다. 물론 유전학은 사람이 어떻게 변하는가에 큰 역할을 한다. 특별히 기질의 관점에서 보면 그렇다.

그러나 발달심리학의 여러 영역에서 발견한 사실들에 따르면, 우리에게 일어나는 모든 일(우리가 듣는 음악, 우리가 사랑하는 사람, 우리가 읽는 책, 우리가 받는 훈육의 종류, 우리가 느끼는 감정 등)과 우리가 경험하는 모든 것은 우리의 뇌 발달 방식에 깊은 영향을 미친다. 달리 말해서 탄력성 있고 잘 통합된 두뇌를 만드는 경험을 제공하기 위해, 부모는 기본적인 뇌 구조와 타고난 기질 외에 할 수 있는 많은 것들을 가지고 있다. 이 책은 자녀의 뇌를 더 통합시키기 위해 매일매일의 경험을 어떻게 사용할 것인가를 여러분에게 알려 줄 것이다.

예를 들어 부모가 자녀의 경험에 관해 함께 대화하면 그 자녀는 그 같은 경험의 기억에 더 잘 접근하는 경향이 있다. 부모가 자신의 감정에 관해 자녀와 얘기하면 그 자녀는 정서지능이 발달하며 자신뿐 아니라 타인의 감정까지 더 잘 이해할 수 있다. 부모가 자녀의 세상 탐험을 지원해 용기를 북돋아 주면 수줍은 아이들도 행동상 제약에서 벗어나는 경향이 있다. 반면 부모가 아이를 과보호하거나 정서적 지지 없이 불안감을 자극하는 경험을 하게 하면 수줍은 아이들은 그 수줍음을 유지하는 경향성을 보인다.

이런 견해를 뒷받침하는 아동발달·애착 과학의 폭넓은 분야가 있다. 그리고 신경가소성neuroplasticity(뇌세포의 플라스틱 성질) 분야에서의 새로운 발견들은 부모가 어떤 경험을 제공하는가에 따라 자녀 뇌의 성장을 직접 만들 수 있다는 관점을 지지한다. 가령 영상물(비디오게임, TV시청, 문자 보내기 등)을 보는 시간은 특정한 방식으로 뇌의 신경 연결망을 형성할 것이다. 교육적 활동과 운동, 음악은 다른 방식으로 뇌 연결망을 형성할 것이다. 가족·친구와 함께 시간을 보내면서 인간관계를 배우는 것(특히 대면對面 상호작용)은 또 다른 방법으로 뇌신경을 연결할 것이다.

우리에게 일어나는 모든 일은 뇌 발달에 영향을 미친다. 이 같은 뇌신경의 연결·재연결 과정은 모두 통합과 관련된 것이다. 즉, 우리 아이들에게 뇌의 서로 다른 부위 사이에 연결망을 형성할 수 있는 경험을 제공하는 것이다. 이들 부위가 서로 협동할 때 그것들은 뇌의 다른 부위들을 연결하는 통합 섬유들을 형성하고 강화한다. 결과적으로 그것들은 더 강력하게 연결되며 더 조화롭게 협력할 수 있다. 합창단에서 단원 개개인은 자신의 뚜렷한 목소리로써 어느 한 사람이 만들 수 없는 화음을 만들 수 있다. 이와 마찬가지로 통합된 뇌는 개별 뇌 부위가 개별적으로 성취할 수 있는 것보다 훨씬 많은 것을 할 수 있다.

그것이 우리가 자녀들을 위해 하고자 하는 것이다. 즉, 정신적 자원을 능력의 극대화에 사용할 수 있도록 그들의 뇌를 더 통합시키는 것이다. 뇌를 이해하면 여러분은 자녀에게 가르치는 것, 그들에게 반응하는 방법, 그리고 그 이유에 관해 더 사려 깊을 수 있다. 그러면 여러분은 단순한 생존 이상으로 더 많은 것을 할 수 있다. 자녀에게 통합을 발달시키는 반복 경험을 제공함으로써 일상적인 자녀교육상의 위기를 더 적게 겪게 될 것이다. 게다가 통합을 이해함으로써 여러분은 자녀를 더 깊이 알게 되며, 어려운 상황에 더 효과적으로 반응하게 되고, 사랑과 행복이 가득한 삶을 위한 기초를 사려 깊게 형성하게 될 것이다. 그 결과 여러분의 자녀는 현재 그리고 성인이 되어서도 번성할 것이다. 뿐만 아니라 여러분과 가족들도 마찬가지로 번성할 것이다.

　(역주: 저자들의 이전 책 〈The Whole-Brain Child〉의 내용 일부를 발췌한 것이다.)

이 도서의 국립중앙도서관 출판예정도서목록(CIP)은 서지정보유통지원시스템 홈페이지(http://seoji.nl.go.kr)와 국가자료공동목록시스템(http://www.nl.go.kr/kolisnet)에서 이용하실 수 있습니다.(CIP제어번호: CIP2015029069)

아이의 인성을 꽃피우는 두뇌 코칭

초판 1쇄 인쇄　　　2015년 11월 3일
초판 1쇄 발행　　　2015년 11월 5일

지은이 | 다니엘 J. 시겔, 티나 페인 브라이슨(공저)
옮긴이 | 김선희, 김창기(공역)

발행인 | 김창기
편집 · 교정 | 김제석, 김연수
디자인 | 박지숙

펴낸 곳 | 행복포럼
신고번호 | 제25100-2007-25호
주소 | 서울 광진구 광나루로52길 40, 504호(구의동)
전화 | 02-2201-2350
팩스 | 02-2201-2326
이메일 | somt2401@naver.com

인쇄 | 평화당인쇄(주)

ISBN 978-11-85004-01-3 03370

값은 뒤표지에 있습니다.
잘못된 책은 바꾸어 드립니다.